读客文化

人类正义史

从古希腊到20世纪，看人类追求公平正义的艰难历程！

[韩] 朴炯南 著　　吴荣华 译

재판으로 본 세계사　박형남

文匯出版社

图书在版编目（CIP）数据

人类正义史 /（韩）朴炯南著；吴荣华译. -- 上海：
文汇出版社，2022.10

ISBN 978-7-5496-3843-7

Ⅰ. ①人… Ⅱ. ①朴… ②吴… Ⅲ. ①案例－世界

Ⅳ. ①D910.5

中国版本图书馆CIP数据核字（2022）第146238号

재판으로 본 세계사
©박형남 / 朴炯南 / Park Hyeongnam, 2018
The simplified Chinese translation is published by Dook Media Group Limited
arrangement with Humanist Publishing Group Inc. through Rightol Media in China.

本书中文简体版权经由锐拓传媒取得(copyright@rightol.com)。

中文版权 © 2022 读客文化股份有限公司
经授权，读客文化股份有限公司拥有本书的中文（简体）版权
著作权合同登记号：09-2022-0601

人类正义史

作　　者 / ［韩］朴炯南
译　　者 / 吴荣华

责任编辑 / 甘　棠
特约编辑 / 刘芷绮　　黄巧婷　　沈　骏
封面设计 / 王　晓　　张　璐

出版发行 / **文匯**出版社
　　　　　 上海市威海路 755 号
　　　　　 （邮政编码 200041）
经　　销 / 全国新华书店
印刷装订 / 嘉业印刷（天津）有限公司
版　　次 / 2022 年 10 月第 1 版
印　　次 / 2022 年 10 月第 1 次印刷
开　　本 / 889mm × 1270mm　　1/32
字　　数 / 265 千字
印　　张 / 12.5

ISBN 978-7-5496-3843-7
定　　价 / 68.00 元

侵权必究
装订质量问题，请致电010-87681002（免费更换，邮寄到付）

前 言
有必要重温的审判案例

  当今世界，为争夺幸福而展开的竞争愈演愈烈。随着竞争越来越激烈，"没有法也能生存的好人"越来越少，"有社会就有法"的说法正在变成现实。在一周召开一两次的"集日"（审判官们通常把审判日叫作集日）上，法官们审理几十件案件，切身感受伸张正义的呼声。可现实却对这样的审判只是以笼统的"有钱无罪"或"无钱有罪"的言辞来抨击，很少人做出具体、系统的批判。法官以"法官只是以判决来说话"来掩饰其内心，司法人员止于整理文件、点评案例，人文学者和社会科学家则对法律制度和案例干脆置之不理。诉讼者专找"与司法部有关系"的律师，如果败诉则责怪法律和法官不公正，而政界或舆论界甚至根据是否符合自己追求的理念或政策，对判罚做出不同的评价。"只许州官放火，不许百姓点灯"，当今社会对现行法律的看法是"对己有利则遵从法律，对己不利则靠政治手段或人情关系"。

我在这样的现实中有三十多年的法官经历，总想通过正当且健康的争论在市民和司法之间达成某种共识以缩短他们之间的距离。本想写一部描述当今处于风口浪尖的法官的书，可考虑到我自己目前身处司法部门，便改变想法，编写一部像古典名著那样能给后人留下无穷的回味价值的历史性审判案例，好让人们拿这些案例审视一下我们所处的现实生活。在繁重的审判工作中忙里偷闲读一些历史书反省自我，也成了我编写这本书的一个契机。

在此期间，这类书已经出版了好几本，也有一些译文书。已出版的这些书虽然有很多优点，可这些书大多将重点放在挑选案例和案例的叙述上，甚至有的书只是迎合读者的兴趣和爱好，在联系我们现实社会抨击各种弊端方面有所欠妥。我认为对司法和审判也应该从历史的角度去考察，于是挑选了几个世纪性的案例，生动、有趣地介绍其审判过程，并全面地阐述了该审判发生的社会背景和对社会产生的影响。总之，我想让读者们思考一下通过这本书所要回味的到底是什么。

从古代雅典到现代美国，我挑选了几个能够体现当时社会状况和社会矛盾的审判案例，这些审判案例包含着政治上（如喀提林审判案、查尔斯一世审判案、马伯里审判案等）、经济上（如洛克纳审判案等）、社会上（如苏格拉底审判案、德莱弗斯审判案、艾希曼审判案、米兰达审判案等）、文化上（如德雷德斯科特审判案、布朗审判案等）、宗教上（如托马斯莫尔审判案、伽利略审判案、塞勒姆女巫审判案等）、伦理上（如马丁盖尔审判案、潘克赫斯特审判案等）的矛盾和纠纷。虽然在审判过程中暴露出了社会对立和社会矛盾，但通过一系列的争论和评价，这些审判案解决了暴露出来的这些社会对立和社会矛盾，并寻求了解决问题的新方案。

本书不仅介绍了千古流芳的正义的审判案，还介绍了成为千古奇冤的个别冤假错案。通过重新查看冤假错案，我们在怀念因历史错判而蒙冤去世的人们的同时，还能进一步了解到错案发生的原因。通过这本书我们还可以了解历史对审判案的评价，可以了解哪些审判案未遵守审判原则，了解新设的法和审判的原理及其原则。这本书还特意提及与法庭审判相反的评价，阐明了作者的见解，分别讲述了审判真相和对审判的各方评价。

这本书讲的是几例史上著名的审判案的故事，然而我想读者的目光一定会从头到尾注视着我对现实社会的描述。是的，"他山之石""反面教材"各有用武之地，我们确实需要借鉴别国的审判案来审视我们自己的社会。读完描述以法律形式规定劳动者最长劳动时间的"洛克纳审判案"章节，读者们能够了解到早在百年前展开的围绕劳动者问题的争论的始因和影响力。在当代限制劳动者最长劳动时间曾经是违宪行为，可多亏伟大的少数人的意见，"限制劳动时间"一词成了象征一个时代的名词。读完"米兰达审判案"和"德莱弗斯审判案"章节，读者们会感受到刑事审判中的立场差异和陈年案件的再审过程中的难处。这些审判案虽然对现实问题做不出什么解答，可我们完全能够当作解决现实问题的线索。

这本书是为关心或批判我们的法院和法庭的市民以及对法律感兴趣的众多学生而撰写的。当我们初次接触作为法律入门的《民法总则》时，总觉得那是一部外星人写的奇怪的书，为其不适应我们的现实而感到失望。可现在想来，我们这些司法人员似乎开了个"青蛙笑蝌蚪"的愚蠢玩笑。也有不少司法人员年轻时叫嚷"法律万能主义"，可随着年龄的增长却陷入"法律虚无主义"，最后痴迷于哲学或宗教。随着感悟法律仅仅是解决某种纷争的手段、法学并不是"为己之学"[1]的道理，我认识到了平时多接触人文学科的必要性。平时因审理过多的案件而没有闲暇时间去思考这些问题，现在我敢向身边的同事法官们说："要多反思审判和社会的共鸣，要多体恤民众的悲伤，树立对社会和历史的责任感。"

滔滔不绝地说了一大堆，读者们完全可以当作故事来听，只要听一遍我就满足了。看着这个社会的乱象，看着人世间的贪欲和愚蠢，不少法官认为人的本性和生活面貌并没有发生什么变化，可我觉得以真挚的态度去寻找历史进步的法官也不乏其人。法律和审判都具有两面性，所以对法律和审判的看法也因人而异。我承认这本书有很多缺陷，因为我没有读过当事国的原始资料和研究结果，只是参考包括历史学界在内的诸多学者的文章和之前出版的一些同类书籍进行比较、整理。也许有些读者觉得这本书严重缺乏对当时的法律内容和法理的说明，也有读者认为对审判案例的描述过于烦琐，对时代背景的说明过于简略。他们说的这些都很正确，但我觉得只要写清楚浓缩法学与哲学的"苏格拉底审判案"，就足以增添本书的分量。在"加拉帕戈斯群岛"那样的审判和司法与我们的社会相隔十万八千里的今天，我认为从法官角度上应该向全体国民毫

---

1 儒学用语，即学习是为了修养自己的道德和增进学问。——译者注（若无特别说明，本书注释均为译者注）

无保留地公开历史性的典型审判案例。法院赖以存在的基础不是权力或权威，而是全体国民对法律的信赖。在国民对法院和法庭的信赖度日益下降的今天，我们一起重温世界性的审判案例，可以为那些不善于与人沟通的法官增添勇气。真诚希望关于审判和司法的故事走出法庭，传遍整个社会。

在前言的结尾处，我想向读者说明我的愿望。我年轻时的梦想是当一个历史学家，可阴差阳错当上了法官。我觉得这部作品算是给历史书筑起的万里长城添上了一颗不同颜色的石块。写作途中走进无文可写的"堵头路"便漫步在乡间小路，欣赏自然的美丽和季节的变换，恐怕这是我一生难忘的记忆。我会永远记住劝告我写这本书并给予亲切鼓励和严厉批评的李浩根老师的友情。号称"近代历史故事王"的朱京哲老师在百忙之中抽出时间与弟子们一起为我检查这本书的史实正确与否，在此表示深深的谢意。如果说这本书有这样那样的缺陷，那纯粹是我的责任。感谢从法学角度上提出原稿的不足之处的尹成根法官和全尚贤教授。人道主义者出版社整理修改我的处女作使我的这本书终于问世，在此也向他们表示谢意。

朴炯南

2018年7月

目 录

3

人类正义史

苏格拉底没有信仰神，
还唆使年轻人堕落？

雅克·路易·大卫：《苏格拉底之死》
（ *La Mort de Socrates* ，1787）

苏格拉底审判案

——公元前399年，雅典

时间与法庭

公元前399年，雅典陪审员法庭

案件当事人

苏格拉底（Socrates）

审判焦点

苏格拉底没有信仰神，还唆使年轻人走向堕落？

审判结果

有罪，死刑

历史质问

对与错是根据个人的理性标准来判断的，还是根据多数人的意见或共同体的权威来判断的？

苏格拉底是否说过"恶法也是法"?

苏格拉底以"认识你自己""恶法也是法"两句名言成为雅典妇孺皆知的哲学家。第一道命题在伦理学和社会学上没什么问题,所以并没有产生什么争论(这句话被刻在德尔斐神殿的大门上,而且不是苏格拉底第一次说的)。可第二道命题却因在社会学(道德、法律、政治)和哲学上有一定的问题,从而在学术界引起了争论。苏格拉底到底是不是真的认为或者说过"恶法也是法",我们先简单地观察一下国内[1]学术界的争论状况。对这道命题最早提出质问的是权昌殷、姜正仁教授。据他们透露,直到20世纪90年代,很多道德学、哲学教科书里记载着如下的内容:

> 苏格拉底以肆意渎神罪和唆使年轻人堕落罪被判处死刑后,曾经有人劝说监狱里的苏格拉底亡命国外,可他始终坚持"恶法也是法,既然是法就不能违背"的信念,最后欣然喝下了毒药。[1]

1993年,两位教授在各自的文章里详细分析柏拉图的著作《苏格拉底的申辩》和《克里同》之后做出结论:苏格拉底并没

---

1 韩国国内。

有说过那样的话，也没有因为那句话就喝下毒药，而是为了坚持自己的哲学主张才选择死亡的。换句话说，那是过去权威主义政权为了强调守法精神而炮制的言论。很多纸刊上介绍了两位教授的主张，后来李正浩、金柱日、朴东千等教授也先后发表了支持他们主张的文章。

在学术界提出这样的观点且没有多少反对声音的情况下，2002年韩国国家人权委员会向韩国教育部部长呼吁，有关苏格拉底的故事有可能对人权尊重意识的形成产生负面影响，因此有必要适当修订小学教科书里有可能对人权侵害合理化或者造成偏见的一些内容。2004年韩国宪法法院指出，过去的儒臣和权威主义政权出于维护共同体利益的目的强调了牺牲个人基本权利的主张，从而在强化守法教育的过程中滥用"苏格拉底逸事"，为此宪法法院要求用实质性的法治主义讨论资料来修订教科书的一些内容。

2007年开始发行的教科书里已经删除了"苏格拉底逸事"，也没有过多地记述有关守法精神方面的内容。然而这并不意味着国家人权委员会或宪法法院全面认可教授们的主张，他们不提谁对谁错，只是认为将"苏格拉底逸事"编入教科书对民主主义国家的法治主义和人权意识有所不适而已。换句话说，他们采取的是模棱两可的暧昧态度。

对此，崔凤哲教授反驳道，苏格拉底认为恶法也是法，但同时他又认为当恶法给他人造成伤害时，可以不遵守恶法。然而到头来恶法竟给他自己带来伤害，苏格拉底在无奈之下只能接受罢了。金尚敦教授主张，"苏格拉底逸事"展现了对恶法的抵抗与守法的高尚之间的对立关系，因此作为守法精神的典型案例理应在教科书里活用。这些都是专业性极强的观点，而且不是通过争论得出的观点，因此一般人很难理解。这里我想通过对苏格拉底案审判过程的反复研究，谈一谈我的个人所见。事实上因没有对审判过程的正规记录，我只能在审判结束后柏拉图为自己的老师所撰写的《苏格拉底的申辩》和其他对话录中寻找一些依据。

雅典民主主义的成长与斯巴达战争的失败

忒修斯在希腊东南方地区建立的城邦（Polis）——雅典——最初以君主政体的形式出现，后来随着贵族掌握实权便逐步改换成贵族政权。通过海上贸易致富的商人和手工业者们对贵族政权极为不满，于是推举梭伦为首席执政官，要求实施公民大会主导下调整贵族和平民权利的政策。梭伦虽然实行了多项改革措施，但因双方都不满意，只好退出了首席执政官位置。后来僭主庇西特拉图通过武力夺取政权，实施了救济贫民、发展经济的一系列政策。他死后，雅典经历了贵族之间争夺权力的混乱局面。到了公元前6世纪末，克利斯提尼实施了陪审员制度、五百人议事会制度、给公选公职人员发放津贴制度、驱逐有可能成为独裁者的人物的陶片放逐制等有利于扩大平民权限的制度，从而史上第一次实现了激进的直接民主。

在体现人民意志的民主政治（demokratia）制度下，18岁以上的男性自由公民可以在公民大会参与并决定对共同体产生重要影响的事项。他们把参与陪审员审判当作最高权限。在古雅典没有专门负责控告的机关，凡是市民都可以成为控告人。负责审判的陪审员都是通过公选产生的，他们在认真听取控告人和被控告人的陈述之后作出判断。

公元前490年，发生了东方大帝国波斯入侵希腊城邦国家的波斯战争。通过马拉松战役和萨拉米斯海战，雅典与其他城邦国家联手将战争引向了胜利，其中重武装步兵和由帆船舵手组成的海军立下了汗马功劳。由此雅典急速发展成最大、最强的城邦国家，市民的权限也进一步扩大了。公元前479年，波斯大军被希腊联军打败，从那个时候起，大约在半个世纪的时间内，雅典将殖民地扩展到小亚细亚，以民主政体帝国的姿态享有了最高的荣誉和权力。除了竞争对手斯巴达以外，雅典与众多城邦国家联合起来，结成提洛同盟，以强大的海军力量和繁荣的贸易积蓄财富。作为同盟的盟主，雅典还介入兄弟城邦的政治，颠覆那里的寡头政治，帮助他们实施民主政治。此间他们还在雅典卫城构筑了众多建筑物。埃斯库罗斯、索福克勒斯、欧里庇得斯三大悲剧作家和希罗多德、修昔底德等历史学家非常活跃，苏格拉底也作为街头游说的哲学家活跃在雅典集市上。

公元前443年，雅典民主政治的最高领导者伯里克利正式登场，从此雅典确立了民主制度，在经济、文化等方面迎来了鼎盛期，在公民大会权限得到强化的同时国力也有了巨大的提升。然而雅典帝国的辉煌并没有持续多久，随着斯巴达与南希腊城邦国家结成伯罗奔尼撒同盟，从公元前431年起，实施民主政治的雅典和实施寡头政治的斯巴达之间爆发了长达27年之久的战争（伯罗奔尼撒战争，前431—前404）。战争中，伯里克利不幸牺牲，接替他的领导者不过是个没有责任感的鼓动家，根本没有能力指挥国民参加战争。到了公元前404年，战争以雅典的投降而宣告结束。战争结束后，雅典因长时间的战乱和传染病人口锐减，因战争费用和战后赔款等问题财政几近崩溃，再加上围绕战争追责和国家运行问题政权内部意见不统一，雅典社会陷入极其混乱的局面。

公元前404年，在斯巴达的唆使下，雅典的富裕阶层和贵族阶层发动政变，成立了"三十人寡头政权"。他们极力抨击雅典的民主主义，赞扬斯巴达，掌权那天起就实施了掠夺市民和外国人的财产、处死包括民主派领导人在内的1500人、将参政权只给3000名富裕市民等恐怖主义政治。对此，已经经历过民主主义的市民们奋起抵抗独裁和恐怖政治，民主派市民们还组成军队欲与寡头派决一死战。然而两派经过8个月的协商最终达成妥协，即国家恢复民主政体，对市民除了直接杀害反对派的行为以外不再追究其过去的政治行为（赦免）。雅典恢复民主主义时代，市民也过上了往日的和平生活。尽管如此，内部纠纷和暴力事件给市民留下深深的创伤。在这样的情况下，苏格拉底被市民审判，最终被处以死刑。

对苏格拉底的控告，审判的开始

公元前399年5月的一天早晨，70岁的苏格拉底被推上设置在集市（Agora）上的雅典陪审员法庭，开始受审。苏格拉底的父亲是石匠，母亲是助产婆，苏格拉底年轻的时候也与别的市民一样在评议会工作过一年，也曾作为重武装步兵参加过三次伯罗奔尼撒战争并获得过勇士奖。

然而从40多岁开始，苏格拉底走上了与众不同的路。他整天在雅典的市场和马路上走街串巷，见人就提出与实际生活没有什么关联的"什么是道德，什么是正直美好的人生"等问题。苏格拉底说自己对这些问题不太清楚（无知之知），所以向对方讨教。他以这种方式向那些误认为自己什么都懂的人不断提出质问，从而引出他们的想法（对话法或产婆术）。苏格拉底试图通过这种形式引导人们走向伦理上、道德上正确的人生路（知行合一）。很多人一开始觉得苏格拉底的这种提问非常愚蠢、老套，可在反复的对话中，他们不知不觉反省或回想自己走过来的人生路。包括年轻人在内的一些人拜苏格拉底为师向他求教，但也有不少身居社会领导层的人对此很不快，甚至觉得有辱于自己的地位和名誉，并开始敌视苏格拉底。苏格拉底对自己的年轻弟子们强调，对传统的宗教信仰和传统人生价值观也要敢于提出疑问，并自我做出理性分析和理性判断。

若在和平时期，对这种具有批判性和负面性的思维方式可以有所宽容，然而当时的雅典形势是因斯巴达战争的失败国内政局混乱不堪，整个社会处于动荡不安的严峻时期。有些人还认为苏格拉底在"三十人寡头政权"恐怖政治时期并没有受到多少迫害，还有他的不少弟子曾参与过当时的恐怖政权，由此人们怀疑苏格拉底对雅典民主政体的忠诚心。治理混乱、拨乱反正往往需要一个替罪羊，世界史上著名的"苏格拉底审判案"由此拉开了序幕。

图1　苏格拉底的弟子们也许是混乱时代的产物，苏格拉底以亵渎神灵罪和唆使年轻人堕落罪获得了死刑判决。尼古拉斯：《给伯里克利说教的苏格拉底》（1780）

　　诗人梅雷图斯（Meletus）、雄辩家卢孔（Lycon）、民主派政治家阿尼图斯（Anytus）三人以"不信仰国家信仰的神而信仰新的神""唆使年轻人堕落"等嫌疑控告苏格拉底，要求法庭审判苏格拉底。当时雅典法律到底都有哪些条目我们无从知晓，而这个"不信仰神"罪现在只能推断为亵渎神灵罪和大不敬之罪。这是个很模糊的罪名，其适用范围也应该是非常广泛的。

根据至今流传的希腊神话，古雅典人一开始坚信包括宙斯在内的奥林匹斯诸神左右所有人的命运，可随着贸易和人际交流的发展，人们逐渐与外部世界接触，在此过程中他们的传统宗教信仰渐渐淡薄，探索自然（自然哲学家）、探讨人类社会秩序、说教他人（诡辩家）的思潮渐渐兴盛起来了。苏格拉底也在年轻的时候又是学自然，又是说教他人，等等，与那些诡辩家没什么两样。唯一不同的是，苏格拉底从年轻的时候就说自己能够听到"精灵"（Daimom）的教导，并以此引导人们从内心选择正确的人生，做正确的事情，抵制不良行为。用现在的观念来分析，应该说这是苏格拉底出自良心的劝告。雅典人认为，有一种人类所不知的超自然力或超自然灵魂在左右苏格拉底的思想。事实上他的弟子们确实为他的说教所迷惑，显现出轻蔑或怀疑传统信仰的迹象。他的弟子阿尔基比亚迪斯甚至说雅典的年轻人被苏格拉底的哲学思想深深迷惑，就像"被毒蛇咬而无可治愈"一样，达到不能自拔的境地。在控告人看来，苏格拉底是拒绝传统神灵的人、大逆不道的人、误导年轻人走向堕落从而败坏社会风气的人。

　　对苏格拉底的审判是在由抽签选出的500名陪审员组成的法庭上进行的，这些陪审员都是鞋匠、木匠、铁匠、农夫、商人等不同领域的普通市民。法庭既没有指导陪审团的法官，也没有对他们的意见产生影响力的检察官和律师。陪审团在听完控告人和被控告人的陈述之后（此次审判也没有证人），当天就做出了结论。陪审团以双方平时的人品和口碑作为重要的判断依据，而控告人和被控告人则以说服力极强的口才攻击对方或为自己辩解。陪审团有时还复读别人拟好的文章，可苏格拉底却拒绝友人的帮助，仅凭自己的理性和口才做了自我辩解。当时没有上级法院推翻以超过半数赞成的简单方法推定是否有罪的陪审团的决定，也没人向法庭判决提出异议。只要陪审团宣告有罪后要求双方列出适用的刑罚，再从列出的刑罚中选择一项判决即可。

《苏格拉底的申辩》里只介绍了被控告人苏格拉底的申辩内容，并没有叙述此前的法律程序。现在推测，有可能是行政官将控告状和在预备听证会上作的苏格拉底的陈述内容向旁听者念诵之后，分别给控告人和被控告人各三个小时的陈述时间和辩解时间。《苏格拉底的申辩》由三部分构成：针对有罪判决之前的控告理由和对控告的第一次辩论；针对有罪判决之后处以哪种刑罚的第二次辩论；针对死刑判决之后被控告人感受的辩论。

第一次辩论

> 雅典市民们，因控告我的人，我不知道你们都经历了哪些事情。其实因为控告我的人，现在连我自己都不知道自己是什么人。这说明他们的控告词具有非常强大的说服力。可面对案情的真相，我敢说他们等于什么也没说。[2]

开场白之后，苏格拉底向陪审团请求谅解，自己不会有条有理地进行辩解，而是像平时在街头演讲一样想到什么说什么。苏格拉底对控告人控告自己的原因推测道："苏格拉底不信神，成天琢磨天上的东西、地下的石块。他具有极力宣扬依据不充分的逻辑的智慧，误导年轻人提出各种疑问从而使他们失去虔诚之心以致堕落。"苏格拉底的这个推测说明当时雅典人都在误解苏格拉底的言行从而对其持有偏见，即他们认为苏格拉底的言论只不过是无神论者的思想加诡辩论者的言论而已。苏格拉底觉得这就是对判决产生影响的重点，于是先发制人地进行了反驳。

苏格拉底强调，陪审员们应该知道自己这一生根本就没有做过什么自然哲学探索，也没有宣扬过依据不充分的逻辑。他还具体说明了作为偏见的祸根——诡辩论者的言论与自己的举止谈吐根本不一致的事实。他极力反驳道，自己给人家说教从来没有收过钱，自己也根本不具备像诡辩论者那样值得炫耀的高深知识，在这一点上自己与诡辩论者完全不同。苏格拉底说自己受到人们的非议只是因为自己与自然哲学家和诡辩论者不同，具备了人类的智慧。至于这是什么样的智慧，他说自己也说不清楚。对于蒙受非议的理由，苏格拉底复述了德尔斐神殿一个女祭司向自己的友人说抽签抽得一个神谕的故事，那个神谕上写着"世上没有比苏格拉底更智慧的人"。听到这个故事，苏格拉底与政治家、诗人、工匠等人谈论了那句神谕，他们都表示现在才知道自己一直不明白什么是真正美好的东西。随着自己无知的暴露，他们感到羞耻、愤怒，以致唤起了他们控告苏格拉底的想法。这里我们先听一听苏格拉底对那个"神谕"内容的解释：

　　市民们，事实上真正具备智慧的就是神，我觉得
这句神谕的意思是人类的智慧几乎或者根本没有什么价

图2　城邦国家雅典：这里既有古建筑群雅典卫城，也有商业活动繁忙的集市。哲学家和市民一般聚集在这个集市讨论政治及社会问题。这里当然少不了苏格拉底的身影。

图3　抽签神谕的场所：德尔斐是供奉智慧与预言之神阿波罗的神殿，也是神圣的抽签神谕的场所。入口处刻有两条箴言"认识你自己""有所为，有所不为"。

值。我觉得神只是借用苏格拉底的名字说说人类的无知罢了。就是说把我的名字当成一个例子说说罢了。这句神谕实际上就是这样的一句话："世上的人们，你们当中如果有一个人像苏格拉底那样知道自己在智慧方面是毫无价值的人，那么他就是最智慧的人。"[3]

　　苏格拉底解释了人们对自己的误解和偏见以后，又对控告理由做了反驳。这一部分在梅雷图斯的对话中有记载，且争议较多，因此简单归纳一下。第一，关于国家信仰的神的问题。说苏格拉底既是无神论者又是信仰新的神的人，这本身就是一个矛盾的话题。苏格拉底不主张"太阳是石，月亮是土"的无神论，他本身也坚信神的存在，而且在更高的层面上坚信神的存在。第二，关于新的神的问题。苏格拉底从内心深处聆听精灵引导我们走向正确的人生路的声音，这是来自神的精灵的神谕。别人也从德尔斐神殿抽取神谕，坚信神的子孙——精灵，在这一点上苏格拉底与他们没有什么两样，因此他并不是信仰新的神的人。第三，关于唆使年轻人堕落的问题。就像驯马只有具备驯马资格的人去做一样，教育年轻人也必须由具备教育资格的人去做。苏格拉底在年轻人中间生活，的确年轻人很容易学坏，可他没有理由唆使他们学坏或者堕落下去，更没有一个弟子说因为苏格拉底的说教而堕落了。接着，苏格拉底又做了"为自己生涯的辩论"：

　　如果有人问我："苏格拉底先生，您现在还不为把自己送上不归之路的事情感到羞耻吗？"我将对那个人做出如下正义的回答："先生，您问的这句话才让我感到羞耻。但凡有一点社会价值的人，在做某一件事的时候首先考虑的是自己做的事情是不是正义的，是不是有益于他人或有害于他人的。可与此相反的人却往往先考虑生与死的问题。您向我提出这样的问题，恰恰说明您正是属于后者的那种人。"[4]

我在街头游说不是为了别的，首先是为了照看在座的年轻人或年长人的灵魂（让他们的灵魂升华到最高境界），然后是说服他们不要把肉体和金钱看得太重。我经常劝告他们："并不是有钱就有德，而是有德才有钱，有德才能得到对人类有益的所有东西，不管是私人领域还是公共领域。"如果说我的这句话使年轻人走上歧途，那么我的这句话就算是有害的了。[5]

苏格拉底还把自己比喻成牛虻（长相类似苍蝇的昆虫），大块头纯种血统的马一般都是又懒又笨的，因此需要牛虻蛰一下。同样，既然自己是神为了保护雅典而派下来的，因此绝不停止对雅典市民的说教和批评教育。

在第一次辩论中，苏格拉底在极力申辩自己无罪的同时着重强调了自己的哲学原则和人生观的正当性。他说，他是神派下来保护雅典的，他们判他死刑完全是出于忌妒。陪审团判他死刑，其实是在害他们自己。他不会跪求免除死刑，相反他会极力指教、说服审判官的。然而，苏格拉底的这些言论反而激起了陪审团的愤怒与仇恨。法庭上摆放了两口青铜缸，用来决定有罪与否。辩论结束后，陪审团向其中的一口青铜缸里投入了一枚青铜圆盘。最后投票数为有罪票280张，无罪票220张，有罪票多于无罪票。苏格拉底最终成了犯下不敬罪的罪人。

第二次、第三次辩论

法庭宣告罪名成立之后，梅雷图斯请求法庭给苏格拉底下达死刑判决。当时有个惯例，罪犯可以提出离开祖国流亡国外的请求，如果没有特殊情况，陪审团往往接受罪犯的流亡请求。然而在第二次辩论中，苏格拉底的态度超出了所有人的意料。苏格拉底说自己这一生忙于说教别人根本没有闲暇时间受到过贵宾待遇，因此理应像奥运冠军那样在迎宾馆吃一顿饭，这才是最公平的刑罚。本应要求宽大处理的罪犯反而要求奖赏一顿饭，苏格拉底也觉得自己说得有些过分，于是改口说自己没有理由被判刑蹲监狱，因驱逐出境而背井离乡到处流浪也不可取，最后提出自己可以缴纳一定量的罚金。他的傲慢态度对陪审员来说简直是一种戏弄。在结束辩论之前，苏格拉底再次强调了作为一个人应该怎么生活的问题：

> 我天天与人们谈论道德问题和其他一些问题（比如如何反省自己、警醒他人的一些话题），我觉得这

才是人类所享受的最美好的人生。如果我说没有反省的人生是没有价值的人生，你们会更加不信任我的。可事实上人类就应该按我的这一主张生活下去。只是很难说服而已。[6]

票数是360∶140，陪审员们最终还是接受了控告人的将苏格拉底处以死刑的提案。审判进行了约10个钟头后当天宣告结束。事已至此，对别的罪犯来说已经没有什么机会，可也许是考虑到苏格拉底的名声，法庭最后还是给了他一个向陪审团提出质问的机会。苏格拉底依次对投下死刑票的人和投下无罪票的人说：

如果你们杀一个人就觉得能够阻止人们对你们不义行为的谴责，恰好说明你们的人生是一个很不光彩的人生，你们的心理也是非常阴暗的。你们不可能从这种阴暗中解脱出来，即使解脱出来了也是很不光彩的。相反，对人宽谅、对己严格的人，就没有什么阴暗心理，对这些人来说解脱也是一种美好的事情。[7]

如果说死亡就像没有任何知觉的睡眠一样，也就是说如同连一场梦都没有的睡眠，那么死亡可以说是一次意料不到的收益。由此看来整个人生再长也不过是一个夜晚的时间。还有一种说法，就是死亡等于从这个地方迁移到另一个地方去生活，即迁移到全部死亡的人集中生活的地方。审判官先生们，如果这是真的，世上还有什么比这更好的事情呢？审判官先生们，你们必须寻找一个良好的死亡机会，还要留意如下的一个真实，即一个好人不管他活着还是死亡不会有任何坏的结果。对他们，神不能不关照。[8]

苏格拉底最后再说一遍人的命运，走向了监狱：

哦，已经到了离开这里的时间。我走向死亡，你们走向生活。我们双方到底哪一方走向更美好的地方，除了神以外谁都不知道。[9]

与克力同的对话

为颂扬建国者忒修斯，对苏格拉底的死刑执行推迟到派往德洛斯岛阿波罗神的祭司回来为止。在祭司回来前夕，苏格拉底小时候的朋友克力同来找他，诚心劝告他越狱。可苏格拉底向他耐心解释了自己不能越狱的理由，《克力同》中记载着全部的对话内容。

克力同劝说苏格拉底道："哪怕采取不正当的方法也要越狱，能越狱却坐以待毙的是胆小鬼，一个真正勇敢的好男人，哪怕为了回报劝说越狱的亲友的一片好心也应该坚强地活下去，养育子女，教育子女，与他们同甘共苦。"对此，苏格拉底强调了自己一贯的人生态度。人活着固然重要，而过一种堂堂正正的日子更重要。任何时候故意做出不正当的行为都是不正义的事情，哪怕对方以不当的行为来加害自己，也不能因此以不正当的行为来报复对方。一旦同意某一件事情是正确的，那么我们就一定遵守下去。如果自己现在越狱，就等于是加害于人，是不正义的行为。克力同表示无法理解，于是苏格拉底便将国法和国家拟人化，以想象性的自问自答的对话方式给他作了说明，而这一部分正是与"苏格拉底到底说没说恶法也是法？"的质问有关联的部分。这里先介绍一下李正浩教授撰写的一篇论文：

- 越狱是以个人的意志将判决的约束性肆意无效化的行为，因此实际上是破坏国法和国体的行为。
- 越狱是违背个人与国法之间协议的行为。
- 国法是养育和教育苏格拉底自身及其祖上的父母一样的存在，甚至是比父母和祖上更高的存在，而苏格拉底则是国法的子女或奴隶般的存在，因此违背国法是比抗拒父母的意志更不正义的行为。
- 任何时候都有离开的自由，可看完审判和国事的处理结果仍没有离开，说明他已经同意遵循国家的命令。
- 既可以接受国家的处分，如有不服也可以说服国家，二者当中可以选择一个。可在这种情况下仍然选择越狱，那么对苏格拉底这样一个对个人与国家的协议比性命更重视的人来说，无疑是犯下一生最大的罪过。
- 审判过程中曾判过驱逐刑给他免死机会，他当时拒绝了，可到现在却要越狱，这是违背与国法之间协议的奴隶般卑贱的行为。

· 与国法之间的协议是自愿的而不是强迫的，而且苏格拉底本身又是个非常喜欢和看好国法的人，这样一个人面对死亡却违背国法，显然是自相矛盾的笑话。

· 苏格拉底若是逃跑了，不用说给朋友们添麻烦，在国外也会因破坏法律罪而受到指责。

· 苏格拉底若是逃跑了，反而证明审判官的判决是正当合理的。

· 苏格拉底若是逃跑了，与他平生给弟子们讲的道德与正义以及法律是人间最珍贵的东西的说教相互矛盾，往后也不能继续说教他人，对子女的养育也毫无益处。

· 苏格拉底接受死亡，算是以死亡来澄清自己是因别人强加给他的莫须有的罪名而死亡的冤情，可如果越狱，就是对诽谤和迫害自己的人的报复，是对协议的背弃，也是有辱于国家和朋友的行为。因此，越狱是非正义的，从而克力同的恳求也是不正当的。[10]

审判结束约一个月后的公元前399年6月，苏格拉底在牢房里送走家属之后，在亲友和弟子们面前喝下毒芹汁结束了生命。柏拉图的对话录《斐多篇》详细记载了苏格拉底最后一天从早到晚的所有经过。苏格拉底对弟子们讲完死亡和灵魂的不灭性以后，到隔壁洗澡间洗澡，洗完澡回到原来的牢房安慰大声痛哭的众弟子之后毅然喝下毒药。当他感知药性已经发作，便掀开盖在脸上的白布说出了最后一句话：

> 克力同，我还欠阿斯克勒庇俄斯[1]一只鸡，别忘了代我偿还。[11]

在历史的法庭上

雅典善良的市民苏格拉底为什么会被人控告以致处以死刑呢？现在想来，苏格拉底对人们喋喋不休的有关道德和人生的说教，在一些人心目当中不仅没有起到自我反省的效果，反而引发了反感和羞辱感。当学会对话法的年轻一代对着大人或长辈刨根问底的时候，那些大人或长辈们有可能心里一个劲儿地埋怨苏格拉底，是因为他的说教惯坏了那些年轻人，以致毁掉了这一代人。苏格拉底倾耳聆听发自内心的声音并以此分辨是非，还主张别人也必须这么做。对此不少人认为他的这一主张使市民在对待神的信仰问题上产生混乱。在此之前，雅典人一直把神看作伦理规范的源泉、形成市民共同体的神圣力量。不是依据普通市民杂七杂八的意见，而应由品德高尚的人以他的智慧来治理这个国家。苏格拉底的这一主张作为反对雅典民主主义、无视市民权利的思潮，显然违背了当时的时代潮流。

---

1 希腊神话中的医术之神。

苏格拉底的有些弟子们在与斯巴达的战争中曾背叛过祖国和参与过"三十人寡头政权"，这些人对民主派政治人物们来说无疑是转嫁当时混乱局面的政治责任和社会责任的最好的替罪羊。战争结束后雅典恢复安定局面的时期，市民们需要的不是对他们一直信仰的价值观和信念进行挑战的人，而是对这一价值观和信念给予认可的人。在这样的情况下，苏格拉底不仅没有低头认罪，获取陪审团的同情心，反而一个劲儿地主张自己的正当性，从这里也可以看出苏格拉底是个十分固执己见的人。当初决定有罪与否的表决上有罪票数和无罪票数相差无几，如果当时苏格拉底的辩论稍微温和一点就可以得到无罪判决。结果苏格拉底的"刨根问底"的哲学思想被陪审团认为是煽动人们不信神、引发社会混乱的思潮，因此得到陪审团的容许已经是不可能的事情了。

再来看看苏格拉底审判案是否适法、公正。用现在的观念来看，审判仅一天就结束，既没有证人，也不允许上诉，这些现象都是难以理解的，可在当时情况下，这个审判过程并没有违反雅典法律。"不信仰国家信仰的神，唆使年轻人堕落"，事实上这些嫌疑在一般情况下很难做出有罪推定，苏格拉底的辩论并没有过错。对信仰新的神的嫌疑，尽管苏格拉底辩解说，那不是新的神，而是来自灵魂深处的良心的声音，但这种神在传统意义上是没有被人们接受过的，因此很难判断有罪与否。要想申明自己无罪，苏格拉底应该积极说清自己信仰的神到底是什么，自己冒着生命危险去服从的神的命令到底是什么。然而，即使这样申辩，以当时的传统观念也是很难得到无罪判决的。雅典政权在"维护

图4　国民参与审判：韩国自2008年1月起实施了陪审员审判制度，在满20岁以上的国民申请者中任意选定陪审员参与刑事审判。先由他们评定嫌疑人有罪与否，裁定适当的刑罚，然后审判庭参考他们的意见做出判决。电影《委托人》（2011）中国民参与审判的剧照

国家权力、有益于制定政策"的主旨下给了市民在公民大会和集市上自由发言的权利。可陪审团却认为苏格拉底的言行与这个权利毫不相关，完全是危害共同体的言行。在雅典历史上以唆使年轻人堕落罪和不信仰神的罪名被判死刑的，苏格拉底是第一人。虽然不能说是公正的审判，但因犯罪后果严重，不足以用罚金来弥补，因此只能判死刑。针对雅典民主主义，后世的哲学家对这场审判提出了很多批评，这场审判的第一责任人无疑是陪审团，被告人也从此失去了往日的自由。

现在我们探讨一下苏格拉底审判案提出的哲学性的质问，即

分辨对错与是非是根据个人理性标准来判断的，还是根据多数意见或共同体的权威来判断的问题。如今的自由民主社会尊重个人的良心和自律性，保障社会的多样性，这是民主国家赖以存在的基础。因此，在道德层面上由每一个个人根据自律性来判断对与错，在共同体政治决策层面上则遵循民主程序，以多数人的意见来判断对与错。可在雅典，人们只能在国家的框架内从事有益活动，因此共同体的规则成了人们日常遵守的道德标准，而共同体的判断标准又是根据高度重视国家力量和市民利益的民主政体中多数人的意见而制定的。可苏格拉底并没有完全接受长期以来形成的习惯和共同体的权威性见解，而是对其持以怀疑的态度（理性的怀疑主义），认为应该不断地思考什么是道德，什么是美好的生活（道德性个人主义）。他说帮助人们过上这样的生活才是自己的政治目的。柏拉图认为老师是因雅典普通市民的无知和忌妒而含冤死去的，由此他主张一个好的国家必须由具备最高智慧和品德的哲学家来治理。在善人和良民之间发生矛盾，个人自由和社会安定之间产生隔阂，当高尚的少数人和普通百姓相互对立的时候，由于苏格拉底重视的是前者，而雅典人重视的是后者，于是悲剧不可避免地发生了。

苏格拉底是否真的说过"恶法也是法"？柏拉图的《苏格拉底的申辩》《克力同》等对话录里并没有出现这句话。有人说《克力同》里的拟人化国法和国家声音里多少含有这句话的意思，可这种观点很难令人接受。第一，苏格拉底已经向克力同表示按照哲学原则自己不愿意越狱的意图，可克力同没有理解他的意思，于是他用普通百姓的传统观念作了补充说明。第二，因苏格拉底本人对争议焦点的这个问题没有像平时那样予以尖锐的批判，因此很难认定这是他的真正想法。第三，苏格拉底受审的时候说过"哪怕国家命令我抛弃哲学，我也绝不会抛弃"，从这一点上看，苏格拉底比起国法更重视自己的良心和哲学精神。因此，这句话不符合苏格拉底一贯的做法和信念。第四，在公元前406年的一场战争中，有一批将军未能拯救一艘被击沉的军舰里的士兵，于是"五百人评议会"对那些将军作了一次性的审判，当时苏格拉底坚决反对他们的违法决定。公元前404年，苏格拉底还曾公然反对为处以死刑将某一个人从某一个地点带过来的"三十人寡头政权"僭主不当的指示，他的这些举动说明他"如果是恶法就不遵循"的想法。即便有"恶法也是法"的理念，苏格拉底拒绝越狱也不能认为是他心里有"恶法也是法"的意念，他最后喝下毒药完全是"任何情况下也不能行恶""不懂哲学的人生对哲学家来说是毫无意义的"等信念的使然。

据金柱日教授透露，日本统治时期，日本法学哲学教授在课堂上说过一句没有任何出处的话："苏格拉底曾说过恶法也是法。"然而当时的学生们没有提出什么异议就接受了这一观点。笔者反对将"苏格拉底逸事"作为守法案例写入小学、中学、高中教科书，因为"苏格拉底逸事"有可能带来诸多误解，再说古雅典和今天的韩国在法律秩序和市民权利等方面存在着很大的差异。我们不应把守法教育的重点放在有着众多争议的某一哲学家的特殊案例上，而应该放在日常生活中发生的各种案例上，并让学生们根据他们的理解能力去思考、去讨论。

苏格拉底审判案长期以来被众多学者和知识分子研究和深入

探讨。20世纪60年代，美国曾兴起了反对越南战争的反战运动和民权运动，当时围绕着"表现自由"和"市民不从"两个观点发生了广泛的争论。公元前5世纪至公元前4世纪，民主政权下的雅典是一个言论自由的国家，市民在公民大会、法庭、集市上畅所欲言，随意表达自己的观点。保障言论自由，不仅是为了保障市民的权利，更是为了提出多种见解后通过反复的驳斥和论证能准确地制定政策的主要方向。由于这种言论自由是基于维护共同体的存在、维护共同体的利益，因此与此无关的或是反对和批评共同体的主张往往被压制、被禁止。尽管苏格拉底自认为自己的主张会把自己的祖国和雅典人引向正确的路子上，可当时因战败和内乱而面临危机的雅典政权再也没有给批判传统价值观的哲学家以宽容。苏格拉底要求市民接受批判精神，然而正是这个要求成了祸根，他最终被处以死刑，这不能不说是对雅典民主政权的历史性的讽刺。"市民不从"与前面提到的"恶法也是法"有着很大的关联。很多人认为苏格拉底践行了"市民不从"，然而这也需要分析国家体制和社会状况、政策和法律的不当程度、不从者平时的信念和不从方式等因素。

最后再从执法人员执法水平的角度看一看苏格拉底审判案。苏格拉底曾表示自己不懂法庭上使用的辩论技巧，所以不使用诡辩式的修辞法。可是据后世学者的研究，在当时的辩论中滑稽模仿（parody）和反语讥讽（irony）修辞法达到了当代修辞法的最高水平，只是苏格拉底不仅没有用赞扬或笼络来获取陪审员的同情心，反而向陪审员灌输自己的哲学信念。苏格拉底审判案在这一点上与当时别的辩论有所不同，也正因如此才得到了死刑判决。

我国（韩国）执法人员的执法教育通常是"像律师那样能言善辩"，即像律师那样会说、会想、会编。律师的辩论并不是宣读书面材料或简明扼要地宣读辩论内容，因此笔者认为有必要学习和熟悉号称"语言盛餐"的雅典式或罗马式修辞学的法庭辩论。

02

喀提林策划颠覆罗马共和政体的阴谋？

切萨雷·马卡里：《西塞罗弹劾喀提林》
（ *Cicero Denounces Catiline*，1888 ）

喀提林审判案

——公元前63年，罗马

时间与法庭

公元前63年，罗马元老院

案件当事人

路西乌斯·塞尔吉乌斯·喀提林（Lucius Sergius Catilina）

审判焦点

喀提林策划颠覆罗马共和政体的阴谋？

审判结果

有罪，死刑

历史质问

·以牺牲市民权为代价来保障国家安全？

·贵族和平民的矛盾该如何解决？

罗马最伟大的演说家西塞罗

德国法学家耶林说过："罗马三次征服世界，三次统一各民族。"即罗马在其最繁荣的时候用武力统一了国家；国家沦亡后统一了基督教；中世纪传承罗马法统一了法律。

根据罗马神话，公元前753年罗马建国后相继经历了君主政体（直到公元前509年）、共和政体（直到公元前27年）、帝国政体（直到476年，东罗马帝国延续到1453年）等政治体制，控制了西欧大部分地域和非洲北方地域。马略、苏拉、庞培、恺撒等青史留名的将军和士兵们用长矛和盾牌扩张领土，建设了罗马帝国。在辽阔的地域上，不同的民族信仰各自的宗教，遵从各自的习俗。如果没有适合于所有民族和地域的统一的制度，如此多样的社会不可能成为统一的国家，也不可能维持那么长的时间。每当领土扩展、发生社会矛盾的时候，罗马人及时制定法律、探究法理，因此，历史上称罗马人为"法律民族"。

罗马的许多法律是6世纪东罗马帝国的查士丁尼大帝通过编撰《罗马大法典》（*Corpus Juris Civils*）而制定的，《罗马大法典》包括为法学初学者编写的教科书《法学提要》（*Institutiones*）、法学家论文汇编《学说汇纂》（*Digesta*）、历代皇帝敕令汇编《敕令汇纂》（*Codex*）三部书。中世纪下半期开始，西欧各民族建立各自的独立王国，为集中政治权力和维持社会秩序，各个独立

图5 罗马帝国最伟大的演说家：喀提林审判案的主角就是西塞罗。西塞罗堪称整个罗马时代最能言善辩的演说家，在法庭上经常以无与伦比的演说征服众多旁听者。

王国主动接受已经接近完善的罗马法。18世纪英国历史学家爱德华·吉本在他的《罗马帝国衰亡史》（*The History of Decline and Fall of the Roman Emeire*）中用50多页的篇幅详细介绍了1000多年来罗马法的发展过程和法律法规。

罗马共和政体时代，社会开始分化并发展，发生了许许多多民事案件和刑事审判案，法庭简直门庭若市。随着人口的增长和财富的积累，保护私有财产的声音越来越大，同时随着私有财产的合法化，民间诉讼活动越来越活跃，律师职业越来越吃香，其社会地位也越来越提高了。近年来，我国（韩国）的律师们一旦接手诉讼案件，首先做的事情就是把握事实真相，用书写的方式缜密分析该案例中的法理。而古罗马的律师们更重视用逻辑性极强的语言来反驳对方，说服法务官（负责司法业务的政务官）和审判官。事实上，律师的雄辩能力对诉讼的胜败起着举足轻重的作用。马尔库斯·图利乌斯·西塞罗（Marcus Tullius Cicero）在元老院法庭以其精湛的演说征服所有的听众，正因如此，研究过希腊哲学的历史家们把西塞罗看成罗马首屈一指的优秀律师。

讲述喀提林审判案，为什么开头先提起律师西塞罗呢？原来是西塞罗揭露路西乌斯·塞尔吉乌斯·喀提林的反叛阴谋，敦促元老院采取对策给他定罪，最终除掉了喀提林和他的追随者。西塞罗因此得到了"祖国之父"的称号。喀提林审判案实际上是一部讲述败者喀提林与胜者西塞罗之间长期以来恩怨交织的连续剧。

罗马共和政体体制中贵族和平民之间的矛盾

共和政体时期，罗马在贵族和平民之间的矛盾和冲突中确立了以元老院为中心的政治体制，通过多次的战争统一了意大利半岛。以意大利城市联盟为基础，在与迦太基帝国之间进行的三次布匿战争中罗马均取得胜利，霸占了地中海全域。可在战争胜利果实的分配上，他们并没有做到贵族和平民公平分享。出自地中海东部地域的各种奢侈品大部分落入了贵族的手中，而平民的债务却像滚雪球一样越来越大，破产平民日益剧增，他们天天在高利贷主的逼债中受煎熬。参与各种选举需要花钱，抢购奢侈品需要花钱，于是贵族阶层中的不少年轻人也欠了一屁股债。

罗马共和政体才确立几年，平民问题便日益凸显。战争胜利得来的利益全部落入贵族的兜里，可豁出命来去打仗的平民却什么也没有得到，这是为什么？绝大多数平民生活在暴力恐怖之中，更有多数平民陷入沉重的债务之中沦落为奴隶，这还能说平民已经拥有了完全的市民权？贵族凭什么把平民视为下等人？

共和政体看到已经不能凭着自己的权势欺压平民，于是为了打消平民的怨气而设置"护民官"职位，把包括"执政官（console）"在内的主要政务职位让给了平民，取消了债务奴隶制度，此外又确立了罗马市民的自由是不可转让的权利的原则。

史料上将这一时期的罗马共和政体称为以执政官、元老院、公民大会为中心的混合政体（君主政体、贵族政体、民主政体之混合体）。事实上罗马共和政体与其说是混合政体，不如说是以元老院为中心的寡头体制。像执政官一类的政务要职大部分由元老院议员来担任，任期结束后他们又重新回到元老院。两名执政官出于征战需要经常离开罗马，所以掌控罗马内政、外交、军事等要害部门的实际上还是元老院。当时的罗马法律规定元老院没有政策决策权，只有提出建议、劝告等权限，可事实上，元老院还是左右国家政权的中心机关。

共和政体时期，贵族们凭着元老院的权势确保了自己的利益和权限。尽管平民也通过护民官和公民大会伸张自己的权利，可结果还是微乎其微。随着这种状况持续下去，一些贵族呼吁要保护那些请求农地分配、谷物配给、负债豁免、退伍士兵补偿的平民，并结成了一个新的党派——"平民派（populares）"。而大部分贵族则为了保护自己的私有财产，在极力主张与元老院议员和骑士（贵族与平民之间的中间阶层）和谐共存的同时还结成"贵族派（optimates）"，以此来对抗平民派。在这种背景下，在执政官选举中多次落榜的喀提林组织那些深陷债务泥潭的贵族和对共和政体怀有不满情绪的平民策划了颠覆罗马现有政权的阴谋。元老院经过激烈的争论后决定，为了维护国家的秩序无须经过法律程序将参与那场阴谋活动的人全部抓起来判刑。这就是喀提林审判案。

喀提林的抱负和挑战

公元前108年，喀提林出身于一个有悠久家史的贵族大户人家，他年轻时就展现出了出众的军事才能。他在不同阶层拥有很多追随者，在罗马具有一定的威望。然而他在担任财务官、法务官等职务期间开销过大，再加上参加几次选举，到头来欠了很多债。

公元前65年，喀提林立志参与所有贵族羡慕的"升官之梯"——执政官选举。迟迟加入平民派的喀提林提出了给退役士兵分配土地、不管是富人还是穷人必须一律豁免债务的公约。对此，元老院议员们惊恐万状，便以喀提林在任阿非利加省总督期间以不明来源财产罪曾被控告并至今无果为理由，剥夺了喀提林的参选资格。被判无罪之后，喀提林于公元前64年再次参与执政官选举，可由于当时红极一时的著名律师西塞罗和一位著名律师的儿子捷足先登当选为执政官，使得喀提林名列第三，惜败于前两名。

图6 罗马谋反者：喀提林到底是否对当时社会不满而谋反，如今我们不得而知。然而，当时已经形成公安政局[1]这一事实有力地证明当时的罗马社会充满各种矛盾，且已经达到不可调和的地步。

　　然而，喀提林并没有气馁，再次参与了于公元前63年10月20日举行的执政官选举。尽管参与选举的候选人比前一年好对付，但是由于喀提林提出的土地分配和豁免债务的公约触及贵族派的利益，于是贵族派又发出反对声音，最终喀提林还是落得个第三名。当时有一个候选人因违反选举法而被控告，多亏当时任期尚未结束的西塞罗出面为他辩护，他侥幸被判了个无罪。现在我们可以做出这样的推测，即以"或许能当上"的侥幸心理参加竞选的喀提林最终因西塞罗的横加阻挠以"还是跟上次一样"的结果眼睁睁地失去了还清债务的机会，喀提林对西塞罗的反感也许是从这个时候开始的。

　　也许有人会问："发生在两千年前的事情，怎么连日期都记

---

1 执政势力为强化和巩固自己的权力，以削弱反对势力为目的对其采取镇压措施的极其保守的政局。

得这么准呢？"对此的回答是："信不信由你。"因出色的口才和文笔登上执政官位置的西塞罗，搜集了四篇自己在元老院和公民大会上攻击喀提林的演说稿推出了《喀提林阴谋记》（*In Catilinam*，又名《喀提林弹劾记》）一书。20年后，萨卢斯提乌斯也推出了详细介绍喀提林事件始末的《与喀提林的战争》（*Bellum Catilinae*）一书。遗憾的是，败者喀提林没有留下任何书面资料。

执政官西塞罗攻击喀提林

论家庭背景，喀提林家族可以溯源到罗马建国始祖，而西塞罗不论在政治理念上还是在家族背景上，都与喀提林相差甚远。西塞罗出身于罗马东南方阿尔皮诺一个骑士家族，他的家族虽然是一个地方名门，可在政界崭露头角的人却一个也没有。然而西塞罗却在法庭上以哲学性、文学性的演说博得审判官们的青睐，为"名门家族的几个子女"成功地辩护而得到众多贵族的欢心，同时还与他们结下多渠道的因缘，最终成功地走上了执政官的地位。不敢说他是"鸡窝里飞出金凤凰"，可他确确实实是在政治上白手起家的人。

公元前60年代，罗马普通人的生活还是十分拮据的。由于房产和土地租赁费直线上涨，无法按时还债的人越来越多，甚至还出现了家破人亡的现象。在那之前也曾实行过豁免四分之三债务的政策，可债务人的人数和负债额还是有增无减。赞成喀提林土地再分配、豁免债务公约的人当中，多数人是退役后务农的军人和经营小规模商铺的买卖人，生活陷入困境、对罗马政府不满的一些落魄的贵族也加入了支持喀提林的行列。现在我们看看喀提林是如何说服与自己共谋反叛的那些贵族的：

> 我们连生活必需品都缺乏，可独裁者却拥有大量的财富，他们把精力放在移山填海之上。试问凡是精神正常的人谁能容忍他们的这些行径呢？不仅如此，他们都拥有两个或两个以上的豪华宅邸，而我们当中家里有壁炉的人有几个呢？他们房屋里到处都是名画、雕塑、阳刻花瓶，他们还砸掉旧的不断换新的。他们在很多方面用错了财产，到头来因极度奢侈失去了守护财产的能力。可我们仍旧那么贫穷，即使没有负债也看不到明天的希望。看看现在的我们，除了悲惨的人生还有什么？[1]

我们所知道的喀提林的计划是这样的。公元前63年10月28日暗杀包括西塞罗在内的政务官员，放火烧毁他们在罗马市内的官邸，进军罗马的军队经过托斯卡纳时组织退役军人和农民与他们一起进攻罗马。然而，几个元老院议员和落魄的年轻贵族共谋的这一计划不幸胎死腹中，还未付诸实施便被发现了。根据西塞罗的话，共谋者中有一个人过于自信而将这次谋反计划说给了自己的情妇，而那个女人又将这一消息透露给了西塞罗。

公元前63年9月，执政官西塞罗召集元老院议员开会，主张采取强硬的措施坚决粉碎颠覆国家政权的阴谋。当时喀提林作为议员也参加了那场会议。会议上喀提林坚持否认谋反，大部分议员也以没有确凿的证据为由反对西塞罗的主张。然而谋反说已经在人们中间散布，更有事实证明一些士兵已经集结在罗马城外。10月21日，元老院表决通过旨在停止所有法律和市民权限的"元老院最后通牒（senatus consultum ultimum）"，给执政官赋予了"非常时期特权"。事实上这是罗马版的"非常状态令"或"戒严令"。然而，喀提林却一直没有离开罗马，似乎在告诉人们这是他们炮制的一场"阴谋论"。11月7日，前往西塞罗家暗杀西塞罗的杀手们看到门前戒备森严便落荒而逃。西塞罗确认喀提林一伙的阴谋之后，立即召开了元老院非常会议。

发生在元老院的一场舌战

11月7日夜，包括喀提林在内的在罗马的议员全部来到会场，会上西塞罗发挥其最擅长的雄辩术做了他职业生涯中最精彩的演说。为了处决喀提林，西塞罗在此后11月8日和12月3日召开的公民大会上做了四次演说。这四篇演说稿至今还流传在拉丁语系学生的演讲教科书中，甚至包括美国前总统奥巴马在内的著名政治家们也经常引用西塞罗的演说稿。现在我们听一听西塞罗的第一次演说：

> 喀提林，你要把我们的忍耐力考验到什么时候？你知道你的疯狂之举嘲弄了我们多久？像你这样一匹脱缰之马我们该放任到什么时候呢？你知道今天会议是在什

么形势下召开的吗？告诉你是在斯普利物山坡上增设夜间警备，城里布下千万哨兵，人民在恐怖中瑟瑟发抖，所有善良的市民汇集在一起，全城戒备森严，这样一个严峻的局势下召开的。看着参加会议的所有议员的表情，难道你什么也没有察觉到吗？你没有察觉到你的计划已经暴露在光天化日之下吗？这里的人都已经看到，难道你还没看到你的阴谋已经破产了吗？昨天晚间，前天晚间你在什么地方，召集哪些人都搞了什么阴谋诡计，你以为我们还不知道吗？

时代啊，世态啊！这一切元老院都知道了，执政官都看见了。可这个人还在这里坐着平稳地呼吸呢。何止平稳地呼吸，他甚至出席元老院会议，参与公共争论。他现在盯着我们每一个人正在决定自己的死亡。仅提前阻止这个人的疯狂之举和暴力行为这一条，我们已经足够被人们认为是为国家尽职尽责的勇敢的男人。

元老院议员先生们，祖国向我提出了一个非常正当的不满意的意见，我想在这里作出回应。先生们，请大家倾耳恭听我说的每一句话，也请把我说的每一句话铭刻在你们的心中和头脑中。

也许比生命还宝贵的我的祖国——罗马会对我说："马尔库斯·图利乌斯你在干什么？面对一个国家已经认定的敌人、已经认定为将来发动战争的罪魁祸首、注定将来在敌人要塞里当一个司令官的人、犯罪主谋者、叛逆魁首、强制征集堕落的奴隶和市民的战争贩子，你还要视而不见吗？如果人们认为你不仅没有把他驱逐出境反而引狼入室，唆使他攻击罗马，你该怎么办？你不打算把他送进监狱，处以死刑，命令以最严厉的刑罚来铲除他吗？到底有什么东西在阻碍你？是祖上的惯例吗？可在这个国家，某一个人私自处死一个危险人物并不是罕见的事情。或者说是因为有关对罗马市民处罚的法律？可在这个国家，法律规定一个危害国家利益的市民不能伸张任何权利。或者是你在害怕后人的指责？记住，你不是仰仗祖上的恩赐，而是一个凭着自己的能力得到罗马全民的认可而当上国家最高政务官的人。如果你因为害怕人们的指责而疏忽你的亲友和市民的安宁，他们凭什么向你表示真诚的谢意呢？如果你觉得有一种无形的指责在威胁你，那么那个指责不是来自正义和勇气的指责，而是来自无知和无能的指责。当战火把罗马烧成废墟时你没有想过自己也会被这场战火烧成灰烬吗？"

　　元老院议员先生们，我敢向各位发誓，有我们执政官的周到的工作态度，有各位巨大的威严，有罗马骑士固有的巨大勇气，有善良的市民团结一致的坚强意志，喀提林离开罗马后所有的真相定将暴露在光天化日之下，你们还会看到他应有的下场的。[2]

　　面对突如其来的攻势，喀提林劝告议员们不要轻信西塞罗的话。他以家世的优越性嘲弄了西塞罗卑贱的出身。然而喀提林看到市民们得知自己的计划是毁灭整个罗马而纷纷转过身背向自己，当天晚上便悄然逃出了罗马。第二天西塞罗向元老院报告了喀提林出逃的事情，可由于当时还有不少喀提林的同伙留在罗马市内，再加上尚未掌握确凿的证据，元老院也就没有采取进一步的措施。约一个月后，西塞罗掌握了罗马的部分贵族绑架边境上的一个部落长之后加盟谋反派的情报，于是当即下令逮捕了现任法务官和元老院议员5名，并在12月5日召开了围绕处罚问题的元老院会议。

由于"元老院最后通牒"已发布，执政官在维护国家安全的名义下便拥有了不经过审判程序直接将谋反者处以死刑的权力。可被人们称为"法之子"的西塞罗对不经过法定审判程序而随意处死罗马市民的行径还是有所不安，在这天会议上西塞罗表明，对他们的判决将在会议结束之后通过投票表决来决定，而已经被选定为下届执政官的两名执政官则必须立即处死。被选定下届法务官且在罗马历史上饱受诟病的平民派恺撒在如此阴森的气氛中还是心平气和地提出了自己的"温和主义理论"。现在我们看一下萨卢斯提乌斯笔下的恺撒的反对意见：

　　元老院议员先生们，对某一案件做出结论的时候，我们应当抛弃过去的憎恶、友情、愤怒、慈悲之类的情感因素，我认为这才是正确的态度。我说的这些不仅适用在座的各位，而且适用于整个人类。揭开被面纱笼罩的真相并不是一件容易的事情，尤其是一时给人们以某种程度的满足并被认为是对共同体有益的真相更难揭开。如果将重点放在理性上，那么我们的头脑就成为主

图7　被弹劾的喀提林：左侧亮光下的演说者为西塞罗，右下角独自坐在椅子上的为喀提林。切萨雷·马卡里：《西塞罗弹劾喀提林》（*Cicero Denounces Catiline*，1888）

宰我们行为的主人。可如果感情支配我们的行为，我们的结论只能是感性的，理性就会消失不见。

如果射出第一支箭的人就是现在的执政官西塞罗，那么我们就不会有什么顾虑。可在罗马还有很多与西塞罗不同性格的人。在另一个场合另一个执政官将虚假的阴谋当成真实的阴谋而滥用自己手中的权力，结局会怎么样呢？如果这次的事件成为先例的话，当下一个执政官或下一个"元老院的最后通牒"向人们举起屠刀的时候，还有谁敢站出来提醒他们权力的限度，又有谁胆敢阻止他们的暴行呢？

现在我向大家说出结论。为了考虑对后世的影响而释放罪人，这简直是荒谬的举止。这样的结果只能助长喀提林一伙的嚣张气焰。所以我想提议没收那五个人的全部财产，将他们送到五个不同的城市分别监禁。还有，永远剥夺他们在元老院或者在公民大会的发言权。谁要是违反这一条，那么他就会成为国家的敌人，理应受到全民的指责，理应得到相应的处罚。[3]

在阴谋尚未实施的情况下，听到恺撒如此具有逻辑性的主张，原先决定立即处以死刑的元老院的氛围有所缓解了。这时号称"贵族派新星"的加图求得发言权后猛然站起来针锋相对地说：

这要是别的犯罪，可以事后再处罚，可这次事件非同普通案件。对这些人必须要防患于未然，虽然还没有产生实质性的危害，但还是要加以严厉的制裁。我向永生不灭的神呼吁，也向在座的各位呼吁。坦率地说，在你们的心中占最重要位置的不是国家利益，而是自己的个人利益。敢问在座的各位谁没有拥有一两栋豪宅、别墅？谁家没有珍藏肖像、名画等贵重物品？如果你们想心安理得地享受这些财产，就应该为国家的命运分忧，哪怕一点点也好。我现在说的不是针对物品税或特别税。我想提醒各位的是，必须要维护我们的自由。这是关系我们生死存亡的重大问题。

最近我觉得人们似乎忘掉语言的真正含义而随意说

话。强夺别人的财产叫自由，对人施暴叫勇敢。正因为有了这种倾向，我们的共和国正面临破灭的危机。把强夺别人财产的人称颂为自由人，对侵吞税金的人施以宽容，还说这是我们的传统。这些不当的言论也就算了，可我们绝对不能容许在与我们的生死攸关的事情上如此胡言乱语的人。

因此我要提出如下的方案，因他们的阴谋诡计国家面临危机，而且他们以杀人放火的方式危害国家和市民的物证已经十分充足，更有他们的供状，所以我认为我们有充分的理由送给他们像有人说的那样的"幸福的死亡"。为了忠于我们祖先，我们也必须送给他们死亡。[4]

加图的一席话使元老院议员们再次发生动摇，进入表决程序之前，执政官西塞罗作了最后的辩论：

现在各位应该像开始时那样，本着严肃、认真的态度表明自己的观点。请不要忘记这是关系罗马市民和各位家属安全的问题，也是关系城市、家庭和神殿，即关系整个罗马共和国命运的重大问题。记住，你们的身边有一位把你们的决定毅然付诸现实的执政官西塞罗。这个执政官，只要他还活着就会忠实履行维护国家利益的神圣义务。[5]

元老院的最终决定和对喀提林一伙的处决

公元前63年12月5日，元老院以压倒多数的票数决定对5名叛贼处以死刑。西塞罗算是重新掌握了"元老院最后通牒"的执行权限。被逮捕的5个人当天根据西塞罗的命令在没有经过法定审判程序的情况下，在监狱中被处死了。

喀提林离开罗马来到了北方临时成立的一个军部。虽然他手下拥有1.2万名士兵，可喀提林并没有立刻采取军事行动。由于士兵大多数是贫穷的农夫和退役士兵，因此不可能购入那么多的兵器。喀提林将他们中的大部分送回故乡，只留下3000多名士兵，并给他们发放了长矛和盾牌。元老院为了讨伐已经被剥夺市民权利从而任何人都可以杀死他们的喀提林一伙，向北方地区派出了3万人的军队。公元前62年1月的某一天，罗马正规军包围叛军，以优势兵力迅速结束了战斗，包括喀提林在内的3000多名士兵全部丧命，没有一个俘虏，也没有一个伤者。他们都是在胸部和头部受到大刀和长矛的袭击而死亡的。喀提林的追随者没有一个投降的，全都战斗到死亡为止。那些士兵为什么拼死拼活战斗到最后？这里我们看一看喀提林对士兵的演讲：

> 走向战场的时候大家要记住握在我们右手的自由和祖国，还要记住我们的财产、荣誉、名誉。如果我们胜利了，所有的一切因为我们而变得安全，军需品会堆满军火库，自由集市和殖民集市会正常运营下去的。可是如果我们因害怕而停止脚步，事情会变得与之相反，在

任何场合下任何亲人也不能保护用武器不能保护的人。再说，我们和敌人战斗的目的不一样，我们是为了国家和自由而战斗，而他们则是为了维护少数人的权力而作出无谓的牺牲。所以我们要鼓起勇气奋勇向前。请大家别忘了过去是多么勇猛的。[6]

西塞罗的支持者们称颂他果断粉碎喀提林的谋反，拯救了危机中的国家，称他为"祖国的父亲"。然而，当西塞罗执政官在任期最后一天在公民大会上做告别演说的时候，有两个政敌突然站起来粗暴地打断了他的演说："没有经过法庭审理而随意杀害罗马市民的人没有发言权。"公元前58年，罗马作出"未经审判而随意处死罗马市民的人一律驱逐出境"的决定，西塞罗便自行离开了罗马。一时被人们称为"国父"的西塞罗直到罗马重新召回他之前，在罗马北方地区度过了一年多孤独的日子。

处死喀提林一伙之后的20年里，西塞罗一直标榜自己是"拯救国家的功臣"、在罗马共和政体里"不可或缺的重要人物"。现在我们再看一下他给自己的朋友写的一封信：

希望你发挥天才的文学水平尽情称颂我在罗马历史上所起的作用。我以赤胆忠心将国家从危难中拯救出来了，我对国家的忠诚之心比你想象的还要赤诚。所以哪怕脱离历史的客观性，换句话说觉得有点夸张也要多多宣传我的功绩。如果我的名声继续传颂下去，人们就会认可我过去的主张。既然已经没有谦逊可言，不如干脆摘下虚伪的面具，做一次厚脸皮的人。我看这也是一个不错的选择。[7]

在历史的法庭上

在长达1000多年的罗马历史上，喀提林谋反事件到底处于什么样的位置呢？英国古典学家玛丽·比尔德在她的名著《罗马元老院与人民》一书中说明，以这起案件为契机，罗马人才开始系统研究城市与帝国的初创期，进而深入探讨了罗马的发展方向。

喀提林真的策划了颠覆罗马共和政体的阴谋？根据相传至今的记录，正如西塞罗的主张，喀提林共谋叛乱是事实，问题是，从开始谋划到被人揭露为止，并没有给喀提林正式定下谋反罪。虽然元老院已经下了最后通牒，罗马最高律师、执政官西塞罗通过非法搜查掌握了证据，可并没有把喀提林处以死刑。当时在别的国家某个人只要被怀疑有谋反倾向就会被抓起来处以死刑，令人不可思议的是号称"法律民族"的罗马人居然对谋反者采取如此暧昧的态度。

如果喀提林的阴谋没有事前被暴露，喀提林一伙的谋反会得逞吗？在历史学上经常使用"如果……那么……"等词汇，可普通人对这种假设更为疑惑。关于喀提林谋反能否得逞的问题，回答应该是"不能"。因债台高筑而举步维艰的人越多，高利贷业主们逼债的欲望则越膨胀，随之逼债的方法也越来越多样化。对那些高利贷业主来说，喀提林要给大部分贵族和平民豁免所有债务的公约是非常荒诞、非常可怕的。若是减免部分债务或豁免难以偿还的利息，抑或是延长偿还时间的政策还情有可原，可喀提林的公约实在是过于苛刻。事实上这样的政策在罗马不止一次地施行过。还有，虽说喀提林拥有自己的军队，然而靠那些虾兵蟹将，喀提林是根本不可能推翻共和政体的。几年前由数万名训练有素的斗剑士和逃亡奴隶组成的斯巴达克斯叛军不是也被号称"战争机械"的罗马正规军打得落花流水吗？

根据很久以前制定的罗马法，如果罗马市民犯法，不经过审判绝对不能处死。在和平时期，如果市民被判死刑则有权利向公民大会上诉。12月5日被处死的那5个人和喀提林都是罗马市民，他们只有谋反嫌疑，对他们的嫌疑既没有做过侦查也没有经过审判程序而直接把他们处死了，因此对他们来说，根本没有什么上诉权可言。换句话说，当政者无理剥夺了他们正当的市民权利。元老院辩论中围绕这个问题也产生过激烈的争论。西塞罗的逻辑是他们都是背叛祖国的人，因此不能认定他们是罗马市民。然而没过多久，西塞罗以滥用执政官权力无理侵犯罗马人视为生命的市民权为由被驱逐出境了，从这一点上看西塞罗对那些人的处死是根本没有考虑普通人法律意识的决策。社会动荡、政权摇摆的时候，当政者以"非常时期"为由不遵守法律程序，那么后人就会以"前一个先例"为由肆无忌惮地启动"紧急状态"。在贵族派和平民派以政治命运为赌注的争斗中，罗马市民的自由和权利往往根据当权者的需要或者做出让步或者成为牺牲品，尽管市民的自由和权利是由法律来保护的。喀提林事件发生约20年后，罗马贵族派和平民派开始了全面的内战。在内战的旋涡中，"法之子"西塞罗于公元前43年被平民派将军安东尼乌斯派去的士兵杀死。当然他的死也没有经过任何法律程序。西塞罗死后，人们把他的头颅和右手挂在广场中央很长时间。

公元前63年前后，罗马贫富差距十分严重，整个罗马市食物短缺、环境恶劣，大部分市民在水深火热中受煎熬。由此来看，多次竞选执政官的贵族血统的喀提林以暴力推翻当时的政权，应该说是情有可原的。最后剩下的3000多名士兵没有一个逃跑或投降，一直战斗到牺牲，这也反映了他们对信念的坚定程度。粉碎喀提林阴谋的当年，执政官西塞罗将给罗马部分城市贫民重新分配土地的提案搁置一边，根本没有理睬。传说公元前63年西塞罗拯救了国家，是真是假如今无从得知，但是看几十年后在内战中赢得胜利当上皇帝的恺撒的养子奥古斯都所实施的一系列政策，西塞罗所要维护的共和政体根本不可能继续维持下去。

如今有关介绍罗马共和政体和政治家西塞罗生平和活动的书籍非常多，总体上看，人们对西塞罗的评价是，他既是政治家又是杰出的哲学家、数学家。西塞罗在研究希腊哲学的时候写了不少书，其中《义务论》《最高善恶论》《关于友情》等书已经译为韩文在国内（韩国）发行。西塞罗对修辞学情有独钟，曾写过《修辞学》论文，还把自己的54篇演讲稿汇编成一本书出版了。西塞罗又是一个既有能力又受人们喜爱的律师，是以理性分辨正义和不正义的法学家。他认为"国家的安全只有在所有善良的人，特别是富人有利可图的时候才能得到保障"，主张喀提林一伙的谋反并不是对严酷的社会经济状况的反抗，而是出于个人利益的邪恶情感的结果。然而，与政治理念无关，西塞罗的言论和举止在长长的2000多年中对西方知识界产生了深远的影响。

在国内（韩国）出版的书中通常把喀提林案件说成"喀提林弹劾案"。"弹劾"一词一般是指追究高层公职人员的过错使之离开其职位的行为，而刑事审判则是对包括谋反罪在内的刑事犯罪追究犯罪当事人、决定加以什么刑罚的行为。就喀提林案件来说，虽然也可以看成"弹劾"，但笔者认为还是说成"审判"较为合适。由于喀提林谋反案是一起重案，所以当时并没有将此案交给陪审员审判制度中的"常设调查机构（Quaestio Perpetua）"[8]来处理，而是直接由元老院决定处理的，但并不能因此改变审判的性质。

03

大法官托马斯·莫尔
是否犯了反叛罪？

大法官、红衣主教托马斯·沃尔西因反对亨利八世的离婚而以反叛罪被赶下台，接替沃尔西的人就是托马斯·莫尔，然而他的命运和托马斯·沃尔西没什么两样。

托马斯·莫尔审判案

——1535年，英格兰

时间与法庭

1535年，英格兰伦敦威斯敏斯特大厅王座法庭

案件当事人

托马斯·莫尔（Thomas More）

审判焦点

托马斯·莫尔是否犯了反叛罪？

审判结果

有罪，死刑

历史质问

· 该如何保障良心自由？

· 知识分子参与政治是值得提倡的吗？

法官们的心声

据2015年世界经济合作与发展组织（OECD）发表的对司法系统的信任度调查，韩国在42个被调查国中排名第39位（27%），接近末位。另据2017年韩国行政研究院以8000名国民为对象进行的"社会综合实情调查"，回答"法院能够保障公正的审判"的比率仅占37.9%，"相信法院"的比率仅占29.8%，可见韩国国民对司法部的否定态度占压倒性的多数。据此，社会各界纷纷呼吁进行司法改革。普通百姓很想知道法官们是如何看待自己的。米歇尔·德·蒙田（Michel de Montaigne）在法国佩里格税务法院和波尔多高级法院当过税务专职法官15年以上，他在自己的著作《随笔集》（*Essais*）中说：

> 法之所以得到人们的信任，不是因为它公正而是因为它是法。这才是法拥有权威的不可思议的根据，除此之外没有任何根据。这个根据给法的权威提供了非常有力的帮助。法在很多场合下是愚蠢的人制定的。不，更准确一点说是反对公平的人，或者说是根本不公平的人制定的。[1]

我们时代的律师和法官想方设法寻找按自己的意思

打圆场的漏洞。知识领域往往被众多的见解和独断专横的权威所束缚，正因如此，在判断上不能不引发极度的混乱。所以根本不存在没有反对意见的、条理清楚的诉讼事件。一方做出某种判决，那么肯定有另一方做出相反的判决，即使是同一方，在不同的时间段也会做出不同的判决。[2]

16世纪中期的法国，在税目、税率等诸多方面，法律、法理、判例非常混乱。当时蒙田是个只受理税务案件的法官，在一次晋升中受到挫折后，他愤然辞去税务法官一职。尽管《随笔集》是他看破红尘后写的，但还是让人感到惊讶。那么我们的主人公托马斯·莫尔又是怎样看待法律和司法部门的呢？现在我们一起看一看他在1516年写的《乌托邦》（*Utopia*）中的一段内容：

在他们（乌托邦人）看来，别的国家（英格兰）的不足之处就是法律以及有关法律的解释过多。用读不完且谁都看不懂的暧昧模糊的法律来束缚民众，这是非常不公正的事情。我认为律师实际上是增加案件数量刻意制造矛盾的人，因此在乌托邦是根本没有必要的存在。每个人只要对自己的案件做好自我辩论，有些话不用通过律师的嘴说出，而直接向法官表述就可以。这才是克服法律的模糊性，向真理更加靠近一步的捷径。[3]

如果法律模糊不清，那不过是一张废纸。我们很多法律是一些喜欢玩弄骗术的人在辩护的名义下以喋喋不休的争论给那些思维单纯的人（大部分人属于这一类，对这一类人有必要告诉他们自己的义务是什么）做出解释，这样的法律是毫无意义的。普通人很难理解这种法律名义下的诡辩。哪怕用一生的时间去研究也不会理解的。[4]

　　如果在法官之间产生分歧，那么世界上再清楚不过的事情也会变得模糊不清，真理也会成为怀疑的对象。于是，国王就获得以自己的意志对法律做出解释的机会，其他人则或出于羞耻或出于恐惧遵从国王的意志。法官们更会毫不犹豫地拥护国王的利益，因为他们可以随便找一个借口做出对国王有利的判决。他们可以提出对国王有利的平衡法，也可以利用法律中恰好相对应的条文来为国王辩护，如果没有这样的条文就临时歪曲条文来辩护。如果这些伎俩都行不通，他们就挥动国王手中的大权来压制反对意见。这是那些"明知自己义务"的法官永远立于不败之地的理由。[5]

清理下级法院相互矛盾的判例竟是英格兰大法院的职责，莫尔按自己的信仰否认国王权威竟成为以反叛罪被处刑的"殉教徒"，这一切不能不说是荒唐的事情。面对这些事情，受到惊吓的是不谙世事的法官们，而市民却认为这是再自然不过的事情，没必要挂在嘴边。

四季之人

> 莫尔是拥有天使的智慧和出众的知识的人。他是既温柔又和蔼的人。他是懂得欢喜和娱乐的人，也是身负重力的人，"四季之人"（a man for all seasons）。[6]

莫尔在英国历史上被列为最智慧和最聪明的人（《四季之人》，1966年拍摄了以莫尔一生为主题的同名电影）。16世纪欧洲文艺复兴运动的代表人物荷兰文学家伊拉斯谟（Desiderius Erasmus）评价莫尔"是遇到什么问题都能够认真思考该问题两方面的人，是能够坚定地坚持自己选择的观点，能够说出适合时宜的话并用那些话表达自己思维的杰出的人物"。可见，莫尔是值得我们仔细观察的一个人。

莫尔出生于1478年，父亲约翰·莫尔是一个有名望的法律专家，莫尔是他的长子。莫尔从12岁开始在坎特伯雷大主教、大法官约翰·莫顿红衣主教家当了两年侍童。那两年莫尔深受莫顿在学问上的指教和人品上的熏陶，终于在14岁那年进入牛津大学开始学习希腊语和数学。当时希腊语和数学能够让人们感受文艺复兴的崭新的精神氛围，父亲觉得这种氛围有可能妨碍儿子的学习，于是在父亲的带领下莫尔离开牛津进入了新法学院（New Inn）。两年后莫尔又进入林肯法学院（Lincoln's Inn）修了4年法学，22岁时获得了法学教授和律师资格。莫尔同别的优秀生一样并没有满足于法律，与伊拉斯谟等人文学者深入交流，广泛阅读了哲学、希腊文学、历史学等方面的很多书。

图8 坚守信念的人：莫尔被称为英国心态学造就的伟大的人物。我们只知道他是《乌托邦》的作者，其实他在政治、法律、圣职等领域也是非常有名望的人。

虽然获取了律师资格，可是莫尔发现在人文学科和宗教冲动之间存在着一定的矛盾，于是"为了通过祈祷和苦行发现真正的使命"走进了卡图西亚修道院，在那里莫尔度过了4年专心冥思和祈祷的修道士生活。后来他想到"与其当一个不称职的祭司，不如做一个忠实的丈夫"，并于1505年与珍妮·考尔结为伉俪，此后生了一男三女。莫尔细心照料家庭，生活俭朴，坚守信仰和学问，过上了踏实、幸福的生活。

莫尔的公职生涯也一路坦途。他于1504年当选为下议院议员，1510年开始担任伦敦副市长和下议院议长，此后历任国王法庭法官（1517）、枢密院委员（1518）、财务副大臣（1521）、英格兰下议院议长（1523）、兰开斯特公爵领地大臣（1525），到了1529年当上了兼任首相与法官为一身的大法官（Lord Chancellor）。人们称他是"公平的行政官""公正的法官"，赞扬他是"身陷困境的人们的保护者"。他还以英格兰大使的身份在国外发挥过外交使节的作用。

莫尔当选为下议院议员之后也受过残酷的磨炼。1504年亨利七世向议会要求征收子女结婚和骑士授职的特别税，莫尔在下议院说服同事将国王要求的份额减少到了三分之一。然而，因为这件事莫尔辞去议员职务暂时回到修道院，法官父亲也因"教子有误罪"被送进监狱并罚了款。到了1509年，年仅18岁的亨利八世即位，莫尔便对他寄予了厚望，亨利八世也十分看重莫尔并授予他好几项公职。莫尔于1517年当上廷臣（朝廷大官，亲信大臣），之后人们经常看到亨利八世将一只手搭在莫尔肩膀上在庭院散步的场面。"伴君如伴虎"，虽然国王十分欣赏莫尔，可莫尔心里总是忐忑不安，觉得这是十分危险的关系。有一天，莫尔对自己的侍卫罗珀说了这样一句话："如果我的人头真的能给国王换来法国的一座城池，我的人头肯定会被砍下来的。"然而没想到无意中说的这句话成了祸根。

亨利八世突如其来的改教和离婚

亨利八世是英国人最爱提起的一位国王，也有很多讲述这位国王故事的影视剧，电影《安妮的一千日》（*Anne of the Thousand*

Days，1969年，英国）在韩国几乎是家喻户晓的片子，有关亨利八世及其六个夫人和子女的书也有10多种。

　　王室内部围绕王位继承权而发生的"玫瑰战争"结束以后，以唯一正宗王子的身份登基的亨利八世不仅在体育方面无所不能，拉丁语和法语讲得也非常流利，是一位文武双全的国王。可王妃的问题成了他的一块心病。亨利八世在即位那年与哥哥阿瑟的遗孀凯瑟琳（Cathrene of Aragon）结为夫妻。由于传言凯瑟琳与阿瑟并没有夫妻关系，于是比凯瑟琳小六岁的亨利便与当时欧洲最强国家西班牙皇家出身的嫂子结婚了。婚后他们夫妻共生下八个女儿，但除了玛丽公主以外其他都夭折了。亨利八世在埋怨凯瑟琳只会生女儿的同时开始在外面拈花惹草，最终他移情别恋，看上了小巧玲珑且性情开朗的凯瑟琳的侍女安妮·博林（Anne Boleyn）。面对国王亨利八世的求婚，安妮态度十分坚决，亨利不跟妻子离婚她决不接受他的求婚，而妻子凯瑟琳又死活也不肯离开亨利。亨利八世心急如焚地寻找赶走妻子的借口，终于在《圣经·利未记》第二十章第二十一节找到了答案：

　　　　你若娶了弟兄的妻子，那是污秽的事，等于是露现了自己弟兄的下体，最终你们二人都不会生育子女。

　　当时的天主教教会法是不承认夫妻离婚的，因此为了主张自己与凯瑟琳的婚姻是无效的，亨利八世试图动员身兼红衣主教和大法官的托马斯·沃尔西去说服教皇。然而当时掌管教皇廷的罗马帝国皇帝卡尔五世恰好是凯瑟琳的侄子，这对亨利八世来说是非常不幸的事情。所有的方法都成了泡影，沃尔西无奈之下劝告亨利八世重新考虑婚姻无效的决定。亨利八世恼羞成怒，剥夺沃尔西的全部财产并以反叛罪处死了沃尔西。1529年，托马斯·莫尔取代沃尔西担任英格兰大法官职位，成了史上第一位平民身份的大法官。莫尔当上大法官以后，亨利八世再次要求他作为国王手下的大臣在离婚问题上站在自己的一边，但莫尔认为如果公职人员丢掉良知，整个国家就会陷入混乱之中，于是坚定地表态："我的选择是宁愿断臂也要守住自己纯洁的良心。"

知道与凯瑟琳之间婚姻无效的提议已经不可能得到教皇的承认，亨利八世便与罗马教皇廷决裂，制订了国王直接掌管英格兰教会的计划。1520年，当马丁·路德主张天主教改革时，亨利八世站在其对立面，撰写《捍卫七项圣礼》的小册子极力捍卫天主教。为此，罗马教皇授予亨利八世"信念捍卫者（Fidei Defensor）"的称号，国王也给教皇写信称颂"教皇陛下是整个教徒和所有君主必须服从的世界上最伟大的人物"。如今，所有这些盟誓和誓约成了一张废纸。

英格兰的著名神学家和圣职者们发表论文和散发小册子，纷纷表示国王和凯瑟琳的婚姻从神学角度上看是无效的，而且国王的婚姻是国家大事，因此不能用教会法来解释，而应该用国法来解释。1532年废止了英格兰教会向教皇廷直接献金的惯例，大主教会议也做出决议，从今以后没有国王的同意不再召集会议，也不再作出重要决定。1533年1月，国王如愿以偿地与怀上身孕的安妮秘密结婚，同年3月制定阻止向教皇廷上诉的法律，5月在与凯瑟琳的离婚诉讼中宣告亨利八世与凯瑟琳的婚姻为无效婚姻，6月安妮正式被册封为王妃。虽然教皇开除了亨利八世的教籍，可议会却于1534年10月颁布《至尊法案》（Acts of Supremacy），任命亨利八世为"英格兰教会唯一首领"。从此，英格兰教会再也不受教廷的支配，完全属于英格兰国王，人们也称英格兰教会为"英格兰国教会（the Anglican Domain，英国国教会、英格兰圣公会）"。2016年6月，英国以国民投票方式做出退出欧盟（EU）的"脱欧决定（Brexit）"，这是500年前英国退出欧洲宗教共同体的翻版。

沉默的代价

任职大法官期间，莫尔公正、迅速地处理各种诉讼案件，可在国王的离婚问题上既没有赞成也没有反对，一直保持沉默，就连1532年举行的安妮王妃加冕仪式也没有参加。他对身边的人们说："对于他们的要求，只要我答应一个他们就会得寸进尺的。如果我参加加冕仪式，接下来他们就会强迫我为新的秩序去演讲、写文章。"

虽然辞去了公职，可莫尔作为枢密院委员在社会上仍然具有较大的影响力，一向盲目遵从亨利八世意志的托马斯·克伦威尔（Thomas Cromwell）视莫尔为反对派的精神领袖。为了置莫尔于死地，克伦威尔诬告莫尔在做大法官期间曾收受过礼物，同时还要求枢密院传唤莫尔。可这些话很快被证实是谎言。还有一次，有一个侍女因说了一句对国王离婚不吉利的预言就受到了审判，而莫尔也因与那个女人见过几次面被视为女人的共犯。可莫尔据理力争，解释自己与她见面只是为了劝她不要说出那些预言之类的话，不要随意参与国家的大事。莫尔再次摆脱了诬陷。

1534年，议会颁布《王位继承法》（Act of Succession），规定只有亨利八世和安妮·博林生出的儿子才能拥有王位继承权。这项法令的出台意味着国王与凯瑟琳之间的婚姻"完全无效"，还规定臣子们必须宣誓支持法令的内容和效力，并设置了负责宣誓的特别委员会。

1534年4月17日，莫尔被传唤到特别委员会。他看到宣誓内容里增加了必须承认国王是英格兰教会首领的条目，当即拒绝宣誓，并表示不想说明理由。他明知拒绝宣誓会违反《王位继承法》，可他又认为这样做虽然违反《王位继承法》，但至少能避免更严重的反叛罪。后来他说明了自己的想法：

> 我并不想责问《王位继承法》和炮制这个法的人以及誓词的错误，我也不想责难其他人的良心。我并不执意拒绝对王位继承的宣誓，只是我的灵魂还没有彻底泯灭，我的良心不容许我向给我出示的誓词宣誓。[7]

特别委员会看破了莫尔律师般的辩护手法。5天后莫尔被囚禁在伦敦塔，他的土地和财产全部被没收了。在囚禁期间，特别委员会的人们假扮达官显贵前来劝说、威胁莫尔，狱方动不动突然提审他，就连书也不准带入监房。可这些伎俩并没有改变莫尔的想法。有一天夫人爱丽丝（前妻，结婚第六年与莫尔死别）到伦敦塔探监来了。

爱丽丝：你这个人真让人琢磨不透。平时总被人称为聪明绝顶的人，可真没想到竟然心甘情愿地在这样又肮脏又狭窄的监房里与耗子一起过着智力残疾一样的日子。只要按照这个国家的所有主教和学者做的样子去做，你既可以自由自在地出入别的国家，也可以受到国王和朝廷的宠爱与信任。如果你去切尔西，那里有豪宅、书斋、书籍、画廊、果园等所有的一切，你不想在那样的地方与自己的妻儿、家人一起过幸福的生活吗？以上帝的名义做的事难道是要坐在这样的地方做吗？

莫尔：这里不也是和我们家一样离天国很近吗？[8]

1534年，随着《至尊法案》的通过，王廷又要求对《至尊法案》和《反叛法》（Act of Treasons）也要宣誓，规定"用恶意的言语或文章试图剥夺皇家威严或职位的人"可处以死刑。在长达15个月的囚禁期间，莫尔受到数十次审问，可他始终拒绝答辩，最终以反叛罪被起诉了。

上帝会知道的

1535年7月1日，威斯敏斯特宫王座法庭（King's Bench）开庭审判对莫尔的反叛罪的指控，审理莫尔案的法庭由莫尔的旧友托马斯·奥得利大法官、王妃安妮的父亲和哥哥等18名法官组成。法务部部长克伦威尔宣读起诉书后，法庭提议对莫尔从宽处理，可莫尔当即表示拒绝。

起诉书上记载的莫尔反叛罪的事实共有四条：

不诚实、反叛、恶意地抵抗英格兰教会的《至尊法案》和国王的婚姻，拒绝对《王位继承法》和《至尊法案》的宣誓。

囚禁在伦敦塔期间与因公开支持凯瑟琳王妃而被处死的约翰·费舍尔主教私下通信，密谋反叛。

被囚禁之前在报纸上发表"《至尊法案》是双刃剑，如果你接受了这个法案，虽然可以保全性命但丢掉灵魂，如果不接受，虽然丢掉性命但可以拯救灵魂"的言论，费舍尔在生前也发表过同样的言论。

囚禁在伦敦塔期间曾与法务部副部长理查德·里奇进行过对话，对话中莫尔认为议会无权任命国王为英格兰教会首领，从而否认了国王的权威。

对此，莫尔以做大法官时沉着冷静的态度逐条进行了反驳：

> 我并没有拒绝宣誓，只是保持沉默而已。要定反叛罪必须有语言和行为上的证据，沉默不能成为反叛罪的证据。根据法律格言，沉默也可以看成默认。

> 您必须知道这一点，凡是真诚、忠实的臣子必须要尊重自己的灵魂和良心，这是作为臣子的首要义务。如果不是恶语中伤国王或煽动暴乱、治安妨碍就不应把当事人的良心也当作问题来质问。[9]

> 给老友费舍尔的信仅仅是出于友情的信件，由于

费舍尔已经把那些信件烧毁，这就说明没有证据表明我犯有反叛罪。

审判之前我确实说过"如果真的有双刃剑般的法律，躲得了一面躲不了另一面，因此谁都难以逃脱"，但这不是针对《至尊法案》说的，只是做了"如果真的有"这样的假设而已。如果费舍尔和我的辩解有什么类似性，那只不过是智慧和学问的巧合罢了。

通过有理有据的辩解，莫尔洗脱了前三条嫌疑，最后只剩下否认国王权威的嫌疑。里奇摘下戴在头上的白色假发站在了证人席上。根据里奇的证言，6月12日当他按照克伦威尔的命令前去伦敦塔没收莫尔的书和笔记用具时，莫尔说过这么一句话："国王在议会上既可以依法诞生也可以依法下台，可教会首领却不是议会安排的，而是上帝安排的。"莫尔详细陈述与里奇之间的对话内容之后，最后说道：

> 尊敬的法官先生们，请各位想一想，在如此生死关头上我能抛开国王和国王高贵的顾问先生们，居然与这位以不诚实而著称的里奇推心置腹地谈论有关《至尊法案》的事情吗？为陷害我而绞尽脑汁炮制出来的事实不就是这一点吗？在各位看来这真的是事实吗？[10]

里奇作为证人供出了与他一起去伦敦塔的两个人，可他们陈述由于自己在监房里忙着收拾莫尔的东西没有仔细听二人的对话内容。与里奇同一立场的人都做出这样的证言，说明里奇的证言很有可能是伪造的。

休庭后再次召开的终审法庭上审判长奥得利宣布了判决书。正当奥得利宣读莫尔有罪的判决结果的时候，莫尔突然站起来说道："审判长先生，记得我在过去审判的时候，在宣告判决结果之前按照惯例会给被告人自我辩护的机会。"审判长当即承认了自己的失误，给了莫尔最后陈述的机会。知道已经没有挽回的余地，莫尔作为一个天主教徒说出了心里的话：

> 既然你们已经决定要给我下有罪判决（我到底做了什么，上帝会知道的），那么我就凭着我的良心向你们自由、坦诚地谈一谈我对起诉书和那个法案的想法。这个起诉书是以与上帝之法和神圣的教会背道而驰的议会法令为基础的。教会的最高统治权绝不能赋予任何世袭君主。教会的最高统治权只能属于我们的救世主亲手创立的罗马教皇，属于圣彼得和他的继承人，只属于赋予特权的教皇廷主教。所以，这张起诉书无权处决一个天主教徒。[11]

> 我确信这一点。现在你们用手中的审判权给我定罪，可我还是真诚地祈祷将来我们在天堂相聚，在那里共享永远的救赎。[12]

待到莫尔陈述完毕，法庭立刻向莫尔宣告了死刑。1535年7月6日，莫尔被执行死刑。这一天，莫尔面对死刑始终保持镇定，更不失幽默。莫尔听到亨利八世将剖腹、绞首、肢解的重刑从轻改判为斩首刑，便说道："但愿上帝保佑我的亲朋能过上免邀此种恩宠的生活。"当监狱官劝莫尔临死前整理一下头发时，莫尔拒绝道："既然国王是为砍下我的头颅而发起了此次判决，还有必要为这颗头颅支出费用吗？"走在刑场的途中，有一个女人大声喊莫尔在当大法官的时候曾给自己作过错误的判决，莫尔回答道："夫人，我现在还清楚地记着那起案件。我敢说如果现在重新审理，我还会作出同样的判决的。"

图9 失败的政治家：以哲学和信仰为生命尺度的天主教人文主义者莫尔未能迈出自己期望的改革步伐，便在断头台上结束了自己的一生。尽管500多年过后天主教会称莫尔是"政治家和公职者的守护圣人"，可是称他政治家未免牵强，只能说是一个失败的政治家。

莫尔慢慢地走上断头台并跪在地上，他请求人们为国王祈祷，说："我今天以国王忠臣的身份离开这个世界，可在国王的忠臣之前，我是作为上帝的忠臣离开这个世界。"死刑结束后，目击整个死刑现场的侍卫描述了莫尔临终前的最后一刻。在走上断头台的路上莫尔朝行刑官说："请帮我安全走上断头台，至于怎么下去，我已经安排好了。""加油，这是你的职责，用不着害怕。我的脖子比别人短，砍的时候要注意一点。"莫尔欲将头放在断头台上，可突然又抬起来捋了一下胡子说道："我这胡子可没有犯反叛罪，不能跟我的头颅一样被砍断。"说着，他把胡子垂到断头台下边。

莫尔的尸身被埋葬，而他被砍下来的头颅却悬挂在了伦敦桥之上，几个月后女儿玛格丽特收回父亲的头颅并偷偷埋葬在公婆家族的地下骨灰堂。

《乌托邦》的故事

在很多人的记忆中，托马斯·莫尔仅仅是《乌托邦》的作者。所谓"乌托邦"，既是"哪里也不存在的地方"，同时又是"世界上最好的地方"。莫尔在这本书里批判当时社会的同时，又描述了人人憧憬的理想社会。16世纪的英国人在精神上因宗教改革旋涡而徘徊彷徨，在政治、社会上又遭受亨利八世的专制压迫。再加上地主阶级为获取昂贵的毛织品，驱逐祖辈靠种地维持生计的雇农，发起了圈地养羊的"圈地运动（Enclosure）"。从此，社会分裂为好几个阶层。

> 绵羊本来是温顺的食草动物，可现在绵羊已经变成贪婪、暴躁，甚至能吃人的凶恶的动物。绵羊可以毁掉房屋、农田和村庄。只要能够获取柔软、昂贵的羊毛的地方，大贵族和下等贵族，甚至从事教会神圣活动的圣职者也不满足于祖先受赐的那一小片土地。[13]

作为一个虔诚的天主教徒、热情安慰他人伤痛的贴心人、积极反思古往今来的人文主义者、主张以法治国的正义的法官，莫尔与时代同甘共苦撰写了《乌托邦》。这本书是对话体小说，讲的是莫尔与自称曾在乌托邦岛生活过的葡萄牙船员之间的对话内容。与其说是小说，不如说是政治哲学书。书共分两部，第一部以讽刺的口气批判当时欧洲（包括英国在内）社会广泛蔓延的不正风气和腐败现象，第二部描写了自由平等的乌托邦国家的面貌。

对乌托邦追求的体制和理念，如今众说纷纭。有人说是社会主义或共产主义，有人说是中世纪修道院主义或基督教人文主义；有人认为是把社会秩序和社会和谐放在第一位的法西斯主义，也有人认为是未来英国帝国主义。那么当时写这本书的时候莫尔是怎么想的呢？从莫尔笔下的乌托邦实情上看，它与现实国家相比表面上似乎更优越，可也有很多幼稚的想法和不足的地方。从当时的世界角度上看乌托邦是相对值得向往的地方，可还是不完美、需要注入很多新的希望的地方。莫尔是一个与现实政治和法律有着千丝万缕的联系的知性的人，因此说乌托邦不一定是莫尔心目中的最后一个理想中的国家。他写《乌托邦》的动机也许是提示人们不要拘泥于充满矛盾的现实社会，也要放眼去看与现实社会完全不同的另一种社会。

图10　现实中不存在的地方：乌托邦的希腊语是"ou-topos"，即不存在的地方。《乌托邦》就像标题一样充满讽刺和反论，似乎一眼就能看懂，但要想解读作者内心深处的含义却没那么容易了。

在历史的法庭上

亨利八世为得到安妮不惜丢弃教会，那么后来与安妮过上幸福的生活了吗？安妮与亨利八世之间的第一个孩子是女儿伊丽莎白，第二个虽然是儿子，可不幸胎死腹中。国王再次移情别恋，将目光转向了名叫珍妮·西摩的女人身上。可怜安妮于1536年以与多名男子通奸的罪名被起诉，而这个通奸罪后来又被定为反叛罪，安妮最终被斩首。由于安妮与国王共同生活了3年的时间，因此有人以《安妮的一千日》为名拍摄了讲述安妮3年婚姻生活的电影。据说安妮在临死前留下了这样的话："国王待我真是无微不至，他让一个卑贱的少女成为侯爵夫人和王妃，如今又让我加入了殉教徒的行列里。"第三个王妃简·西摩虽然为国王生了王子爱德华，但生下王子不久便死于产褥热。第四个王妃是克莱沃公主安妮（克莱沃公国的公主，英文为克莱沃的安妮），但国王以不喜欢安妮的相貌为由宣告与安妮的婚姻无效。第五个王妃凯瑟琳·霍华德因与年轻男子发生婚外情而被斩首。第六个王妃是有过两次婚史的凯瑟琳·帕尔，据说她对晚年疾病缠身的国王照顾有加，寿命比国王还长。

在长期信仰天主教的英格兰，亨利八世的"宗教改革"为什么得以成功呢？莫尔又是为什么反对呢？当时的英格兰已经开始盛传来自欧洲大陆的路德的主张，厌倦了罗马教皇指定的神职人员中蔓延的不正之风，对世俗利害关系十分敏感的议会并没有反对追求绝对王政的国王。对国王的这一追求，圣职者们权当是国王和教皇之间司空见惯的纷争，根本没有在意宗教改革的重要性。莫尔在最后的陈述中阐明了自己反对国王离婚问题和国王成为英格兰国教会首领的理由。对莫尔来说，国王的离婚问题并不重要，可世俗权力超越教会权威的问题是哪怕丢掉性命也要去反对的重大问题。天主教会于1886年为莫尔祷告。在他去世400年后的1935年，教皇保罗十一世授予他"圣人"的称号。2000年，教皇约翰·保罗二世称赞莫尔是"一生与上帝共存，为弱势阶层伸张正义的人"，宣布莫尔是政治家的守护圣人。

莫尔作为法官，审判工作是怎么做的呢？法官莫尔在审判过程中细致、公正地对待审判当事人，作出了公平公正的判决。他在给朋友的一封信中谈了自己作为法官如何度过一天天忙碌的日子：

> 我整天埋在无数件涉法案件之中。听取案件的来龙去脉，判断哪些是需要法庭辩护的，哪些是需要妥协的，哪些是需要直接定性的。我接待来访的人也很多，有些人因公职职位问题来访，有些人因审判问题来访。我的一天，几乎所有的时间都花在别人的事情上，因此，真正属于我个人的就是剩下的那么一点点。忙完一天的工作，就连静下心来读书的时间都没有。[14]

当时在大法官职位上收受贿赂是司空见惯的事情，尽管如此，莫尔拒收任何贿赂，所以辞掉大法官职务以后他的财产没有一丁点的增长。对一个法官所具备的良心，他说道："可以肯定地说，法庭上并肩站着上帝和恶魔，如果恶魔的主张是正确的，那么我就毫不犹豫地站在恶魔那一边。"说到这里，我们不禁想起德国法哲学家古斯塔夫·拉德布鲁赫的一句名言："我们鄙视凭自己的主观想法去说教的牧师，我们尊敬的是坚定不移地忠于法律的法官。"

对莫尔反叛罪的审判是否公正公平呢？公诉机关的负责人里奇作为证人陈述证词在当时的法律上情有可原，可换成现在的法理是不允许的。里奇的证词作为莫尔有罪的唯一证词显然缺乏可信度，在没有别的证据作为辅佐的情况下判定莫尔有罪是没有道理的。虽然法庭否定前三个嫌疑似乎是对莫尔发善心，可由于国王的愿望是置莫尔于死地，因此本就没有独立性的法庭一开始就没有打算对莫尔宣告无罪。

虽说莫尔的一生是凭良心生活的一生，可除了消极拒绝宣誓以外，作为大法官他并没有反对国王和议会的决定。从这一点上看，在个人良心和政治现实两者当中他采取的是两头都不负责的消极的态度。守住良心是指一个人保持存在于自己内心的本质特性的行为，是任何人、任何政治权力也不能干涉的人类本性。当一个人被要求做出与他本人的良心相悖的举止时，他本人对这个要求的正确应对是沉默，而法律对待他的正确态度便是认定他沉默的权利。虽然莫尔从法官的角度上认为社会性的、政治性的关系必须依照法律来判断并处理，可仅仅为了自己的良心他不惜交出了大法官的官椅，甚至交出了性命。

莫尔作为法官对宗教少数群体（新教徒）的惩处比任何一个

法官都严厉。莫尔对他们如此严厉，是因为担心宗教少数群体群发性的活动有可能带来社会混乱呢，还是他对"良心"的想法有所改变呢？这是个有待于进一步研究的问题。可从个人角度上来看，莫尔谦虚诚实地维护宗教良心，甚至承受了由此产生的来自个人、社会的后果（死亡及政治激变）。在此，笔者不禁高度评价莫尔崇高的人性。

莫尔为维护宗教良心而献出了生命。只要稍微翻阅一下世界史，就很容易找到包括国王在内的许许多多的掌权者肆意压制、惩处个人的宗教良心或政治良心的例子。宽容他人见解、保障个人良心自由的精神和法律规定，最早也是从16世纪下半叶开始的。最近在韩国出现一些以宗教良心为由拒绝参军的人，问题是围绕对这些人的处罚，不同的法官会作出不同的判决。在这里笔者想针对"良心的自由"谈一谈个人的想法。"良心的自由"并不只是适合于具备理性反思能力的知识分子的人权，而是适合于所有普通人的人权。"良心的自由"不能成为掩盖一时的感情或欲望的幌子。

莫尔非常倾心于宗教，有一段时间他甚至想当一个祭司。第一次成为下议院议员的时候，他已经品尝到了权力的苦果，未能读懂充满权力欲的亨利八世的内心便深深地陷入了政治旋涡之中。他在《乌托邦》里曾说过："在国王咨政会上即使是错误的提案也要公开赞成，如果对国王的决定表示不服，便会被他们扣上间谍或叛徒的帽子。"难以想象能说出如此观点的莫尔竟在亨利八世的手下当了那么长时间的宫廷大臣。在朝鲜王朝时期，但凡念过书的官宦都给自己留下了全身而退的后路，如果莫尔认识退溪李滉[1]先生或南冥曹植[2]先生，至少不会走过如此悲剧性的一生。当然，如果没有莫尔悲剧性的一生也就不会有后世人这么多的思考。

---

1 朝鲜王朝时期的著名学者，名李滉，号退溪。
2 朝鲜王朝时期的著名学者，名曹植，号南冥。

04

冒充"马丁·盖尔"的人
是假丈夫吗?

电影《马丁·盖尔归来》(*Le Retour de Martin Guerre*,1982)

马丁·盖尔审判案

——1560年，法国

时间与法庭

1560年，法国图卢兹高级法院

案件当事人

马丁·盖尔（Martin Guerre）

审判焦点

冒充"马丁·盖尔"的人是假丈夫吗？

审判结果

有罪，死刑

历史质问

一个人的人性是如何形成的？

被电影化的审判故事

　　2011年9月在韩国上映的《熔炉》是根据以从2000年起4年间在韩国全罗南道光州一所聋哑学校里发生的性暴力事件以及后来对加害者的刑事审判为题材的同名小说改编的电影，包括校长在内的学校职员长期以来对9名残障学生实施了性暴力。其中4人被起诉受到刑事审判，然而法院对他们的判决非常轻，只是几年徒刑和缓期徒刑，受到了社会各界"棉花棒惩罚"的指责。随着原著小说的畅销和电影观众的增多，该事件受到社会各界的普遍关注，整个社会像熔炉一样沸腾起来了。在舆论的压力下侦查机关不得不重新进行侦查，有关部门制定和实施了严惩以残障人员为对象的性暴力犯罪的特别法（又名"熔炉法"）。

　　提起以刑事案件和刑事审判为题材的电影，除了《熔炉》以外，人们还会想起《杀人回忆》《七号房间的礼物》等。刑事审判案件由于起承转合比较清楚，经常被用来编故事或写电影剧本，只是故事内容较单调，有可能陷入简单的惩恶扬善的循环之中。在诉讼日常化、大部分审判为陪审团审判的美国，以审判为题材的电影比韩国多得多。韩国的一位法官每年将国内外法庭影视资料分门别类地整理成文件以后发给自己的同事法官。法官们出于职业习惯，喜欢将事物分门别类地整理、归档。

　　法庭影视片将人们难以理解的法律和审判改编成人们喜闻乐见

的视觉形象，具有使人们容易接受、容易理解等优点。当然也有一些法庭影视片存在着没有严格区分"被告"和"被告人"、"原告席"和"被告席"，法官敲击法槌等看起来不太严谨的地方。然而我们不能以偏概全，细节上也许存在一些缺陷，但这些缺陷不足以否定法庭影视剧的长处。在一天内发生诸多案件和事故的这个社会里，没有诉讼事件，且天天为维持生计东奔西忙的人们哪有闲暇时间看法典或法律书籍？

法官的《难忘的审判》，史学家的《马丁·盖尔归来》

16世纪中叶，居住在法国朗格多克地区小村庄阿尔蒂加（Artigat）的年轻农夫马丁·盖尔离家出走，很久都没有音讯。8年后，他回到了家乡（至少村里人都是这么想的），并与妻子过了3年平静的生活。可有一天，妻子贝特朗·德·罗斯突然控告自己被假丈夫欺骗了3年，原来那个"马丁·盖尔"其实是阿诺·迪蒂尔，是个冒名顶替的假丈夫。随着真正的马丁奇迹般出现在法庭上，阿诺最终被判死刑。

审判结束后的1561年，司法部的受命法官让·德·科拉斯以良好的人文素养和渊博的法律理论整理与诉讼有关的意见和证据及判决书，撰写了添加100多条注释的《难忘的审判》（*Arrest Memorable*）一书。这本书在当时引起巨大反响，不仅成为司法界的必读书，也受到普通读者的追捧。

后来围绕这起具有十分猎奇的故事结构和大众号召力的案件

的各种评论纷至沓来，事后400年间很多作家不厌其烦地撰写回顾这个骗子及其审判过程的书。1982年法国拍摄了以这个故事为题材的电影《马丁·盖尔归来》（*Le Retour de Martin Guerre*）。这是一部生动地再现16世纪初法国农村风景和农夫日常生活、婚礼仪式、农村共同体内经济生活、宗教习惯、审判程序和方式的电影，在韩国以《马丁·盖尔的归乡》为片名于1992年上映。1993年美国拍摄了根据同一故事改编的电影《似是故人来》（*Sommersby*），只是将故事背景改为南北战争时期。

然而，法国近代史专家娜塔莉·泽蒙·戴维斯（Natalie Zemon Davis）教授在回应《马丁·盖尔归来》影评的文章中认为，这是一部缓解妻子的双重博弈和法官内心矛盾的电影。她在亲临案发村庄、查阅古籍并深入研究的基础上撰写了与1983年上映的电影同名的书。1983年英文版的《马丁·盖尔归来》（*The Return of Martin Guerre*）也出版了。戴维斯在这本书中一反过去人们对此案件的看法，指出这不是妻子上了假丈夫的当，而是妻子明知阿诺是假丈夫却与真丈夫马丁共同谋划的一场骗局。她还认为这本书展现了16世纪法国农民在当时新教盛行的背景下追求新生活的精神面貌和确立自我认同感的愿望。

对此，罗伯特·芬利（Robert Finlay）教授批判戴维斯站在20世纪女权主义立场上犯了以扭曲的目光看待16世纪客观历史背景的历史性错误。而戴维斯则再次撰文反驳说罗伯特对16世纪法国农村的文化过于简单化、定型化，因而不能客观地评价实际上存在的人物。已经过了450多年的"马丁·盖尔事件"至今在社会各界仍然争论不休，成为学者们研究的对象。在这里我们先察看

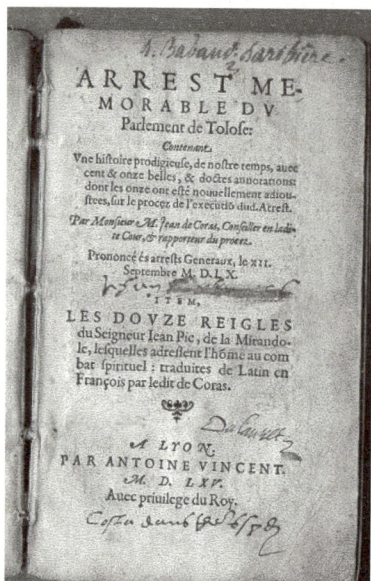

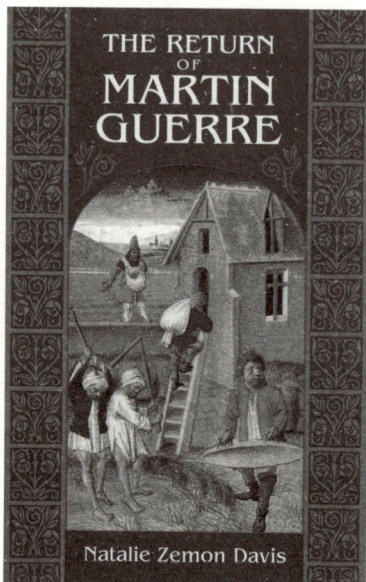

图11、图12　一个骗子的故事：马丁神话般的故事历经几个世代成了无数作家的写作题材，也出现了同样题材的众多作品。左图为科拉斯法官的《难忘的审判》初版封面，右图为史学家戴维斯写的《马丁·盖尔归来》。

一下司法界认定的事实是否正确，然后再看一看这是不是终结中世纪封建时代、开启近代史的象征性的事件，思考"个人的认同感的形成原因"。

马丁·盖尔的结婚与离家出走

马丁·盖尔于1524年出生于法国比利牛斯山脉巴斯克地区

亨达耶村（Hendaye）的农夫家庭。1527年，父亲桑西·狄盖尔（Sanxi Dagueree）带领弟弟皮埃尔（Peerre）和自己的家人离开老家搬到了阿尔蒂加小村。桑西在那里获得一片土地，种植小麦和葡萄，外加经营砖瓦工厂，过上了较富裕的生活。他为了与阿尔蒂加居民和睦相处将自己的巴克斯族姓狄盖尔改为盖尔，在那里桑西的4个女儿相继出生了。然而皮埃尔娶媳妇与哥哥分家的时候兄弟俩不幸发生了财产纠纷。1538年，桑西一来为了打下更加坚实的经济基础，二来为了尽早迎接儿媳以传宗接代，将少年马丁送到当地富翁罗斯家当了上门女婿。就这样，马丁和罗斯的女儿贝特朗结为夫妻。

当时新郎马丁才14岁，新娘贝特朗12岁（据贝特朗在法庭上陈述她是在9—10岁时结的婚，而后来的学者们却推定为12岁）。也许是年龄过小的原因，虽然马丁身材高挑瘦长，却一时无法适应美丽的新娘贝特朗，两人之间几乎没有性生活（据后来的学者们推测，马丁可能患上心因性勃起障碍）。村民们穿上奇装异服到他们家门口敲着锅碗瓢盆用刺耳的声音唱起"沙里巴里（charivari）"，以嘲弄这对年轻夫妇。马丁独自一人挥刀舞棒以宣泄心中的郁闷，贝特朗不顾父亲离婚的劝告与马丁过起了贞洁的夫妻生活（据当时的教会法，年轻女子结婚后与丈夫没有发生性关系，其婚姻可视为无效婚姻，可在3年之内提请离婚）。当他们结婚8年的时候，一位巫婆来到他们家教给他们"解除魔法"的秘诀并治疗马丁的性功能障碍，夫妻俩便如愿以偿地生下了儿子小桑西。

1548年，儿子出生几个月后，马丁偷偷将父亲的谷物卖出去用于吃喝玩乐。父子俩平时就不和，出了这件事以后马丁为了摆脱家庭和农村生活的羁绊，索性抛弃妻儿去找更大的世界了。离家出走后，马丁好几年没有跟家里人取得联系，家里人自然也听不到马丁的任何消息。马丁一路流浪，来到西班牙卡斯提拉地区学习当地语言，最后来到布尔戈斯（Burgos）定居，在红衣主教家里当了用人。又过一段时间后，他加入西班牙费利佩二世的军队并参加了多次战争，1557年8月在一次战斗中受枪伤截断了一条腿。

丈夫离家出走时妻子贝特朗才22岁，但她对马丁始终忠贞不渝，在没有丈夫的日子里仍旧是一个称职的母亲和儿媳。虽然丈夫离家出走很长时间，可由于不能证实其死亡，因此按照当时的教会法和社会习惯，她是不能再婚的。如果贝特朗在此期间发生婚外情，在法庭上会遭受致命的打击。再说她的身边还有一个拥有合法继承权的儿子，她更不可能与别的男人通奸或离开阿尔蒂加。据学者们推测，虽然丈夫离家出走，但贝特朗始终坚守自己清白的女儿身，作为一个已经成熟的女人只盼丈夫早日回来过上幸福的生活。

马丁离家出走几年后，父亲桑西·盖尔去世了，临终前他留下了"儿子马丁是亨达耶和阿尔蒂加土地的唯一继承人"的遗嘱。由于马丁不在家，皮埃尔作为监护人代替贝特朗管理了桑西的遗产。本来马丁继承的并不是全部遗产，再说按照当时的法律，贝特朗无权代替丈夫继承遗产。16世纪50年代初，为了恢复盖尔家族和罗斯家族的关系，也为了帮助被马丁抛弃的妻子贝特朗，一直单身的皮埃尔与贝特朗守寡的母亲结婚了。皮埃尔当着贝特朗母亲的面发誓抚养贝特朗和小桑西，贝特朗重新过上了与母亲同住一个屋檐下的生活。

冒充丈夫的阿诺·迪蒂尔和妻子贝特朗的指控

1556年夏天，有一个男子出现在阿尔蒂加，他自称是几年前离家出走的马丁。他的真名是阿诺·迪蒂尔，出生于离阿尔蒂加骑马一天路程的沙加（Sajas）。他身材不高却很壮实，可也不是善于运动的体格，口才特别好，会写字、会读书，具有连舞台演员都自叹不如的记忆力。同时他又是一个性情暴躁的人，经常与不三不四的人在一起赌钱，时而还到酒吧与妓女鬼混。阿诺也在年轻时离家出走，流浪一段时间以后加入了法国亨利二世的军队。

1553年，阿诺在退伍回家的路上经过阿尔蒂加附近时，马丁过去的两个朋友偶然看见阿诺并误认为是马丁，与他打了招呼。虽然马丁比阿诺更高、更瘦且肤色也更黑，但两人确实有不少相似之处。阿诺从他们的嘴里打听到了马丁的现状、家族关系、言行习惯、小时候发生过的一些琐事，也知道了马丁有一个美貌的妻子和不菲的遗产的事实。知道这些情况以后，阿诺发挥他那骗子的伎俩为将马丁的人生换成自己的人生做了充分的准备。

进一步了解马丁及其周边人物的情况以后，阿诺于1556年到阿尔蒂加邻村一家旅馆向旅馆老板说自己就是马丁，并哭诉了自己对妻子和家人的思念之情。听到这个消息后，马丁的4个妹妹立刻跑到旅馆热情地迎接了"哥哥"。贝特朗刚见到阿诺时不禁连连后退几步，可看到他深情地打招呼并说旅行包里还有她送给自己的白色袜子，便解除戒心接受了他的吻。皮埃尔和亲戚们也相拥而来迎接了马丁。当然村民当中也有给他投去异样目光的人。

然而，看到阿诺一一点着村民的名字，讲起10多年前发生的一些生活琐事，大部分村民也都认为真的是马丁回来了。看到原本性格内向、不善言谈的马丁滔滔不绝地讲起自己的冒险经历，人们又起了一点疑心，但他们很快否定了自己的想法：在外漂泊多年经历过很多事情，且年龄也增大了，也许外部环境改变了他原来的性格。由于没有一张肖像，长相又与马丁差不多，且能够讲出很久以前的事情，几乎没有人认为这是一场弥天大骗局。后来的学者们猜测，即使有人怀疑，但因马丁归来是亲人以及村民盼望已久的事情，所以他们也有可能把疑虑埋藏在心里没有说出来。

那么贝特朗到底知不知道阿诺是假丈夫呢？直到生命的最后一刻，阿诺坚持说自己并没有向贝特朗提起过事实真相，贝特朗也坚持说自己真的把阿诺当成真正的丈夫，当时法庭也承认两个人的陈述是真的。然而，种种迹象表明贝特朗的陈述是虚伪的。关于这一点留到本文结束的时候再谈。

然后贝特朗鬼使神差般地将阿诺当成自己的丈夫，并且帮他在家里和村里安顿下来。也许是因为年龄的增长，也许是看在美貌妻子的份上，阿诺丢弃从前的坏习惯过上了诚实善良的日子。贝特朗也对阿诺恩爱有加，过上了幸福的生活。其间，他

图13 贝特朗的选择：一生在不幸中度过的妻子与10年后回来的"丈夫"相亲相爱并生育了子女。起初也许信以为真，可这世上竟然还有妻子认不出朝夕相处的丈夫的事情？然而也不能因此责怪贝特朗。电影《马丁·盖尔归来》剧照

们生下了两个女儿，其中一个不幸夭折，另一个女儿贝尔娜多（Bernarde）成了小桑西的妹妹。

阿诺在农场又是干农活又是生产葡萄酒和羊毛并卖到别的地方，成了当地有名的"农村商人"。他还卖出了阿尔蒂加的部分土地，这在当时是违背盖尔家族的故乡巴斯克地区风俗的行为（当地风俗规定没有特殊情况祖传的土地不得随意处理，即使处理也要获得近亲的同意）。当阿诺要求皮埃尔交出自己不在期间保管下来的账本时，皮埃尔一气之下当场拒绝了。

通过这件事，皮埃尔的心里重新产生了对阿诺的怀疑。当初刚见面的时候皮埃尔就怀疑这不是真正的马丁。皮埃尔向家人和村民说过这个新来的马丁不是真马丁，是个骗子。其实村里也有

不少人心存同样的想法。村里的鞋匠说这个人的脚好像比马丁的脚小一点，更有退伍士兵说自己在别的地方见过真正的马丁。阿诺曾经住宿过的那个旅店的老板也向皮埃尔透露那个新马丁实际上就是阿诺的事实。旅店老板还说阿诺曾经跟自己说过真正的马丁早已死亡，马丁死之前已经把他的财产转交给了自己，并要求旅店老板为自己保守秘密。

得到新马丁是假马丁的证据之后，皮埃尔要求贝特朗指控阿诺的欺诈行为。贝特朗虽然在皮埃尔和母亲的双重压力下勉强答应指控，可她还是相信阿诺就是自己的丈夫马丁。不仅如此，当皮埃尔试图雇凶杀死阿诺的时候，她还挺身而出挽救了阿诺的性命。1559年前后，当阿诺因为别的案件被抓起来最后无罪释放时，她还是欣然地把阿诺接回了家。

在这样的情况下，1560年1月，指控人的代理人皮埃尔根据"对罪大恶极的惯犯适用的特殊法律"，组织武装人员将阿诺抓起来押送到了法院。

里厄地方法院的初审

贝特朗指控丈夫是假马丁的案件由所辖地区的里厄地方法院负责审判，法庭主审法官为菲尔曼·贝西埃尔。以欺诈为目的的冒名顶替行为在16世纪的法国是一项重罪，虽然对此项罪名没有规定具体的刑罚条例，但一旦检察官与索赔人（比如本案中的贝特朗）一起参与诉讼，获得有罪判决的被告可处罚金以上刑罚甚至被判死刑。只是人命关天的大事，证据必须"确凿无疑，大白于天下"，然而在那个连一张肖像也很少、没有指纹和印章、没有基因鉴定的年代查清一个人的真实身份并不是一件容易的事情。

首先，由皮埃尔指定的证人在法官或公证人面前宣誓后陈述的证词作为证据被提出来了。法官在检察官审阅相关文件以后开始了庭审。法庭传唤被告人给予辩解的机会，听取了指控人贝特朗的证词和被告人对证词的意见。贝特朗做了"开始以为是真丈夫，后来才知道是假丈夫"的含糊不清的陈述。被告人阿诺在法庭上自始至终主张自己是真正的马丁，是皮埃尔为了争夺财产胁迫贝特朗指控了自己。法官命令贝特朗离开皮埃尔的家暂时住在别的地方，接着进行了对证人的询问和以被告人为对象的证人之间的面对面质询。被告人反驳说，这些证人不是从皮埃尔那里得到什么好处，就是迫于皮埃尔的威胁而出来作伪证的。在整个过程中，阿诺绞尽脑汁力争毫无破绽地陈述过去发生的一些鸡毛蒜皮的琐事，同时还向法庭请求能为自己做有利证词的人出庭作证。

在审判进行的过程中，约有150人作为证人出庭，其中约45人强调被告人是阿诺·迪蒂尔，而不是马丁·盖尔，包括马丁4个妹妹在内的三四十人却说被告人确实是马丁·盖尔。其余的60多人害怕事后遭到双方的报复，拒绝确认被告人的真实身份。贝特朗没有说出自己对这个假丈夫所产生的疑点，极力把自己说成容易上当受骗的弱女子。甚至在阿诺当庭提出如果贝特朗认定自己是假丈夫则心甘情愿地接受任何处罚时，贝特朗仍旧拒绝认定阿诺是假丈夫的事实，始终保持了沉默。

最后法官宣告了判决结果：被告人阿诺冒名顶替马丁·盖尔污辱贝特朗，犯下了污辱妇女罪；指控人要求赔偿经济损失的请求无效；按照检察官的量刑要求将被告人处以死刑（斩首或凌迟）。

图卢兹高级法院的二审判决

阿诺提出上诉，坚持主张自己是无辜的。1560年4月30日，图卢兹（Toulouse）高级法院开始了对被告人"马丁·盖尔"的审判。当时图卢兹高级法院的法官都是富裕、有教养的知识界精英，每个人都拥有贵族爵位（穿袍贵族）。负责审理马丁·盖尔案的法庭指定科拉斯为受命法官，让他负责侦查案件的来龙去脉，撰写有关争议焦点的报告书。

科拉斯法官是当地有名的法学家，也是教会法拉丁语注释书的作者，是一位颇有声望的人文主义者。他首先审问了贝特朗和皮埃尔。被告人阿诺在法庭上陈述自己不想伤害贝特朗，这起事端纯粹是皮埃尔一手炮制出来的。法庭认为指控人贝特朗和皮埃尔根据审判结果有可能被判诬告罪和伪证罪，于是决定将二人暂时送进监狱。二三十个证人也像初审时一样重新做了证言。科拉斯法官在反复审阅初审记录的过程中越来越觉得被告人的确是贝特朗的真丈夫。这就意味着初审判决有可能被全盘否定。

正当法庭准备宣告终审判决的7月下旬，发生了一件奇迹般的事情。一个木腿男人突然出现在法庭上，声称自己就是"马丁·盖尔"。原来截肢后在修道院养伤的真马丁听到假丈夫的传闻，回到了阔别20年的故乡。法庭上上演了一场对真假马丁进行对质、审问的戏剧性场面。

然而令人惊讶的是，那个假马丁对过去一些生活细节的描述居然比真马丁还要真实、细致。假马丁对20多年前发生的许多事情对答如流，相反真马丁却笨嘴拙舌地说"记不清楚"。然而，皮埃尔和马丁的妹妹们一眼认出了夹杂在众人之间的真马丁。贝特朗看到真马丁后便浑身颤抖，随即投入丈夫的怀抱，流着眼泪恳求丈夫原谅自己。举世罕见的"真假游戏"就此结束了。马丁对妻子没有表示一丝的怜悯，反倒说："收起你的眼泪吧，不要拿我的妹妹和叔叔为自己辩解。这世上也许会有不认得子女、侄儿、兄弟姐妹的父母、叔叔、兄弟姐妹，可绝对没有不认得自己丈夫的妻子。至于发生在我家的各种灾祸，除了你我不想责怪任何人。"

至此，即使没有被告人的自白，法庭也完全可以对被告人作出有罪判决。9月12日审判长宣告被告人阿诺犯有"欺诈、冒名顶替、奸淫罪"，待到被告人向指控人公开道歉之后送到阿尔蒂加执行死刑（由斩首刑减刑为绞刑）。法庭还严厉批评贝特朗和真马丁的过错，奉劝他们尽早忘掉过去，恢复正常生活。法庭作为判决的附带措施，接受贝特朗在怀上女儿贝尔娜多时把阿诺当作真马丁的辩解，按照当时的法律将他们的女儿贝尔娜多认定为嫡女。法庭还接受了贝特朗直到指控阿诺之前真的不知道他是假丈夫的辩解，决定不再追究其共犯罪。法庭对长期没有守家守妻的真马丁视情节轻重未给他任何处罚，对皮埃尔未获贝特朗同意擅自指控阿诺和阴谋杀死阿诺的行为也未给予任何处罚。

9月22日，22年前为贝特朗搬进新婚床的贝特朗家门口搭起了绞架，在马丁家族和村民们面前，阿诺向执行死刑的法官坦白了自己所有的罪行。剃光头，光着脚，身穿白色衬衫，手举火把的阿诺跪坐在地上，向上帝和众人请求宽恕。走上绞架的阿诺还没忘告诉马丁不要粗暴地对待贝特朗，并向贝特朗请求原谅。

在历史的法庭上

如果真马丁没有出现，法庭会作出什么样的判决呢？阿诺能够准确地回忆起20多年前发生过的事情，证人的不少证词相互矛盾，就连皮埃尔也充分具有虚伪指控的动机。据后来的学者们考证，面对这种情况科拉斯法官也曾产生过对阿诺作出无罪判决的想法。虽然是事后的判断，可在笔者看来当时科拉斯的有罪结论是正确的。离家出走多年的男人能够记住多年前的事情反倒不合常理（在法庭上真马丁确实有很多未能正确回答的问题），而阿诺却知道得那么详细则有可能是贝特朗平时告诉过他很多事情。当阿诺反复声称自己是真马丁时，村里人的确信以为真，可在围绕如何看待阿诺行为的问题上，村民的说法可能会出现一些偏差。因为有人可能认为阿诺的行为是对秩序和权威的挑战，也有人会认为那是阿诺伸张财产处理自由的行为。还有，贝特朗也有可能是在一起生活的时候早认出那是假丈夫，可为了维持与他的婚姻关系一直采取双重策略（事实上贝特朗直到最后并未取消指控），做了模棱两可的陈述，拒绝对自己的陈述宣誓。皮埃尔未经贝特朗同意指控阿诺、谋杀阿诺未遂应该认为是阻止财产继承权落入假侄儿手里而采取的行为。从这一点上看，初审判决是正确的。

贝特朗真的不知道阿诺是假丈夫吗？图卢兹高级法院的判断是贝特朗从初次遇见阿诺到最后指控阿诺一直不知道他是假马丁，科拉斯更认为女人是最容易上当受骗的存在，可在笔者看来，贝特朗实际上早就知道那是假丈夫。其根据如下：即使相貌完全相同到以假乱真的程度，作为一个妻子也不可能感觉不到丈夫的体感，因为那个体感是同枕共眠好几年且"一起生过孩子"的丈夫的体感。阿诺在法庭上准确地陈述马丁离家出走前夫妇之间的生活琐事，如果不是贝特朗告诉了阿诺，阿诺的本事再大也不可能知道。即使阿诺事前已从村民那里得知一些生活细节，可家庭内部的琐事是不可能知道的。如果家里的其他人没有告诉过他，那十有八九是贝特朗亲口告诉他的。阿诺和贝特朗真心相爱，共同呵护来之不易的夫妻关系，如果是这样，那么阿诺肯定向心爱的妻子坦白了事实真相。当真马丁出现在法庭时贝特朗一眼认出马丁恰恰证明这一点。阿诺在绞架下说贝特朗是很有品德的女人，对这句话我们应该理解为那是面对死亡，阿诺为自己心爱的女人所说的一句善意的谎言。

如果再加上推测和想象，在不知道离家出走的丈夫何时归来的情况下，年轻的贝特朗的确在肉体上、精神上过着度日如年的生活。遇上阿诺，对贝特朗不能不说是幸运的事情，因为有了阿诺，贝特朗既可以洗清人们印象中的"被丈夫抛弃的女人"的污名，还可以感受到英俊多情的男人的爱。再说在当时没有丈夫死亡证据就不能离婚的法制下，在伦理道德上我们不能过分地指责贝特朗。估计法官们也考虑到贝特朗的婚姻关系和女儿贝尔娜多应该得到保护，所以才以证据不足为由免除了贝特朗共犯的罪名。

如此来看在刑事审判中对有罪无罪的判断是十分艰难的，而且不同的法官还可以作出不同的判断。蒙田在1588年出版的《随想录》中《论跛子》章节对这一事件描述如下：

> 年轻时我见过一桩两个男人互相主张自己才是某一女人的真丈夫的诉讼案，那个诉讼案是图卢兹的法官科拉斯在撰写的一本书中谈到的。我记得当时科拉斯法官把被判有罪的人冒名顶替的行为描述得那样不可思议，那样超乎我们的想象力，也超出那位法官的理解力，所以我认为判他绞刑的判决书是非常大胆的（其他的就想不起来了）。
>
> 我们应当容忍"法庭对此什么也做不到"之类的判决形式。因为这样做比战神山议事会议（古雅典由贵族组成的政治机构）的法官们更灵活、更坦率。古雅典的法官在为某一件无法弄清的案子而恼火时经常命令有关各方"一百年以后再来打官司"。[1]

发生复杂而难破的案子，舆论或市民通常认为通过审判能够揭开案子的真相。可如果遇到马丁·盖尔事件那样难以认定事实的案子，就是号称法律专家的法官也难以作出判断。蒙田说的意思我们可以理解为对后辈法官们的一种忠告，即判断有罪无罪必须慎之又慎，对证据不足、没有把握的案子既不要轻易宣告无罪也不要轻易宣告重刑。

可戴维斯却主张信奉新教主义的科拉斯法官（科拉斯，在法国新旧教义纷争中以新教徒的理由于1572年10月在法院大楼前面被处以绞刑）认为阿诺和贝特朗跟自己一样都是信仰新教的，所以说对阿诺和贝特朗的判决是带有一定的感情色彩的判决。事实上，科拉斯法官只是说过"对阿诺的谎言感到惊讶，从而差一点上了阿诺的当"而已。戴维斯在没有拿出阿诺和贝特朗信仰新教的任何证据（戴维斯只提示了当地新教活动比较活跃，当地有不少年轻人信仰新教的资料）的情况下却主张科拉斯法官的判断是按照个人的宗教信仰和私生活（科拉斯法官曾因遗产继承问题向父亲提起过诉讼，此外他还深深地爱着自己再婚的妻子）而做出的，这种说法很难令人信服。当时在包括图卢兹高级法院在内的整个法国社会中，新教是个少数派，而且围绕新教的宗教纷争非常激烈。在这样的情况下科拉斯法官能把自己心里的想法说给同事法官吗？当然，科拉斯法官心里也有可能敬佩那两个哪怕采用虚伪的方法也要积极开拓自己人生之路的年轻人。然而，围绕"谁是真正的丈夫？妻子到底知不知道他是假丈夫"的问题，只要他是公正的法官就绝不会无视已经摆在眼前的事实证据，而根据法官个人的私生活和宗教信仰去作出判断。

马丁·盖尔审判案与本书中的其他审判案不同，既不是涉及政治、经济、社会中的重要人物的案件，也不是对后世产生什么重大影响的案件，只是发生在16世纪法国农村社会的一件辨别真假丈夫的奇异事件而流传至今罢了。在观察事件的全部细节的过程中，我们可以看出中世纪末近代初的农村面貌、人与人之间的相互关系。

马丁·盖尔事件随着科拉斯法官以这次审判为题材撰写并出版的《难忘的审判》一书而广为流传。《难忘的审判》集法律文本和文学故事为一体，引导读者去了解充满农民的情感和希望的新世界。如果没有这本饱含着法官从法学、人文学角度上深入研究探讨的书，后人对马丁事件的分析就不会如此精彩。在韩国，宪法审判官权诚写的《判断的瞬间：前宪法审判官权诚判决纪实》和金英兰大法官的《对判决的再思考》两本书与科拉斯的《难忘的审判》比较相似。从现在起，法官再也不能安逸于"法官只会用判决文来说话"的法律谚语。对于一些引起社会共鸣的重大案件的处理，法官经过一定的时间以后还要深入观察该判决的社会意义、社会背景、争论过程、判决以后对法律和社会产生的影响等，并以通俗易懂的文笔留下相关文稿作为"社会评论"的对象。

最后我们再观察一下戴维斯提出的人类个性是如何形成的。按照戴维斯的分析，贝特朗是个非常重视贞操的女子，但她又忠于传统观念，是以坚定的独立观和现实感摆脱困境、敢于去冒险的女子。戴维斯笔下的阿诺也不是为了骗取财产和女人而冒充马丁的骗子，而是以自己的个性去开拓自己新的人生的年轻人。继而戴维斯主张这两个人不是骗子和受害者的关系，而是以"虚构的婚姻（inventedmarriage）"，即以不期而遇的爱情为纽带而结成了一对共犯。

戴维斯不是从政治家或学者、艺术家那里，而是从平凡的农村夫妇身上搜寻到不受传统观念的束缚，为开拓自己的人生路而奋斗的精神，这是值得赞扬的事情。还有，戴维斯认为贝特朗实际上是个在新的生活和传统观念之间犹豫不决的人物，这一点也是值得肯定的，问题在于戴维斯将两个人"虚构的婚姻"以宗教信仰予以合理化。看网上对马丁·盖尔的评论，多数网友对两个人做出善意的反应，很少有人问及他们在道德上、法律上的责任。笔者在最后部分谈及理所当然的哲理，也许是出于法官不管在什么场合都要明辨是非的职业习惯吧。

05

伽利略是否违反了教廷关于不准拥护日心说的指示？

约瑟夫·尼古拉斯·罗伯特·弗勒里：
《站在宗教法庭上的伽利略》（ *Galile, e devant le Saint-Office au Vaticane* ，1847 ）

伽利略·伽利雷审判案

——1633年，罗马

时间与法庭

1633年，罗马"圣玛丽亚·索普拉·密涅瓦"修道院内宗教法庭

案件当事人

伽利略·伽利雷（Galileo Galilei）

审判焦点

伽利略是否违反了教廷关于不准拥护日心说的指示？

审判结果

有罪，无期徒刑（后减刑为自宅软禁）

历史质问

天主教是否压制科学和阻碍文化发展？

望远镜是什么时候进入韩国的？

在为小学生编写的韩国儿童科普读物《伟人传》里我们经常看到伽利略·伽利雷的名字。他是史上第一个用望远镜观察天体并发现地球围绕太阳公转真理的人。为此他遭受宗教压制，最后不得不对宗教压制屈服，但他在走出法庭时仍然说了一句"地球还是转动的"。那么这种望远镜是什么时候进入韩国，什么时候开始为韩国人所利用的呢？

根据朝鲜王朝《仁祖实录》，以使节身份出使燕京（今中国北京）的郑斗源于1631年7月将从西班牙神父那里得到的望远镜与别的西洋文物一起献给国王。伽利略式望远镜制作于1609年，由此来看望远镜进入朝鲜王朝的时间并不算晚。伽利略的名字在韩国第一次出现则是在1664年朝鲜王朝肃宗时期的《尹镌[1]文集》上：

> 最近60年前，还有末叶大第谷（第谷·布拉赫）制造史上第一架气球观测了天体，紧随其后加利勒阿（伽利略·伽利雷）创造"有新图"发明了千古未解的星学（天文学）。由此，望远镜应运而生，使天象之美妙展现得淋漓尽致。[1]

---

1 尹镌，朝鲜王朝中期政治家和思想家。

18世纪初，朝鲜王朝利用从清朝购入的望远镜观察了日食和月食。1712年为了划定国界，朝鲜王朝和清朝的官吏们登上了长白山。当时咸镜道（朝鲜一地名）观察员以裸眼观察受限为由请求朝廷配送一副望远镜，可朝廷回复划分国界应以踏查为主，望远镜之类的观察不可信，拒绝向观察员提供望远镜。而清朝官吏们则利用望远镜和六分仪测定土地和经纬度并在此基础上制作了国界图案，朝鲜王朝只好根据清朝的图案来确定了国界。

此后，洪大容在燕京天主堂亲手制作天体望远镜观察太阳黑点，并留下了望远镜结构的详细记录，而李承薰则在燕京天主堂学习教理期间从清朝获赠一副望远镜。到了19世纪，虽然有李圭景、崔汉绮等人留下了有关望远镜的记录，可对光学原理方面却没有任何说明。朝鲜王朝时期的知识分子们虽然知道望远镜是观测天体的器具，可他们并没有意识到它是研究天文学不可或缺的工具，当然更没有自制望远镜的记录。

在欧洲，人们已经用望远镜观察天体，从而使地心说受到致命的打击。随着望远镜的广泛使用，大航海时代拉开了序幕。望远镜在争夺殖民地的海上战争和陆上战争中也广为利用。然而，朝鲜王朝研究天文学的目的是准确预测天体运行周期并据此制造月历，因此他们并未使用望远镜来探究天体的整体结构。同一时期的朝鲜王朝强调"性理学"，要求君子修好品德（性）和伦理（理）意识，以实践政治理想。这就是说，君子对自然的关心是次要的，自然原理可用性理学中的"理"来理解或解释，而超越性理学解释的研究则被认为是"玩物丧志（只顾玩弄无用之物，却失去了道德心性）"。基于形而上学观念的人格修养论，严重缺乏对自然现象科学原理的探索精神，加上闭塞的农耕社会环境对技术以及技术学的鄙视等因素，望远镜在朝鲜王朝未能像欧洲那样推动天文学的发展，也未能带来对宇宙观和世界观的革命性变化。

天文学的先驱哥白尼和布鲁诺

日心说是波兰天文学家尼古拉·哥白尼（Nicolaus Copernicus）于16世纪首次提出的，事实上早在公元前3世纪，希腊学者们已经研究过地球的自转和公转。然而在哥白尼之前的1500年里，托勒密的"地心说"占了统治地位。公元2世纪，天文学家托勒密受哲学家亚里士多德思想的影响提出了以"地球是宇宙中心，月球和太阳以及其他五颗行星都围绕着地球周转"为论点的"地心说"。然而，以地心说为依据编制的航海历却不符合16世纪横跨大西洋的航海要求，不少航海船只因此差一点葬身大海。在这种情况下，哥白尼通过阅读各种书籍最终从数学角度上得出了还是日心说准确的结论。哥白尼的著作《天体运行论》实际上早在1514年就已完稿，可由于哥白尼在生前有意安排在自己死后再把稿子送到印刷厂，所以到了1543年才以拉丁文出版发行。他在书中主张"包括地球在内的行星一字排开以一定的速度在太阳周围的圆形轨道上周转。月球是围绕地球周转的行星"。

哥白尼的日心说作为说明宇宙的假设被认为是很有用的观点，天主教会于1586年利用哥白尼的日心说改编了"格里高利历"。然而，随着支持者增加和影响力增大，罗马教廷以日心说违背天主教教理为由压制哥白尼学说，并在70多年后的1616年将哥白尼的《天体运行论》一书指定为禁书。

哥白尼享尽了上帝赐予的寿命，可持有同样观点的乔尔丹诺·布鲁诺（Giordano Bruno）却没有那么幸运。在意大利出生的布鲁诺于1600年2月7日在罗马广场的铁柱下当众被判火刑而身亡。18岁进入修道院荣获1572年祭司一职的布鲁诺读完《天体运行论》一书后认为日心说才是正确的天体理论，于是向社会广泛宣传日心说理论。1584年他撰写《论无限的宇宙和世界》一书，主张"宇宙是无限的，宇宙的那一侧也许会存在与地球相似的另一个世界"。

布鲁诺的修士同事们以否定耶稣和天主教、传播不稳定思想等130多个罪名状告布鲁诺，罗马教廷将逃亡10年后被抓住的布鲁诺送上了宗教法庭。布鲁诺被关押在宗教监狱，在那里布鲁诺受尽裸身倒挂墙柱、锥子穿透舌头和上腭等酷刑，且持续了漫长的7年时间。可酷刑并没有折服布鲁诺的意志，他在法庭上说，"我不会撤回自己的主张，也没有什么可后悔的"，直到被判火刑为止。他在临终前说："判我死刑的你们比在听死刑判决的我还害怕。"

日心说为什么被天主教认为是违背教理的学说而被排斥呢？当时的教会向人们宣扬"创造宇宙万物的是全知全能的上帝，而地球正是颂扬上帝的人类居住的地方。因此，地球理应位于宇宙中心"。可如果像日心说主张的那样，地球不是宇宙中心，而是像别的行星一样不停顿地在宇宙中周转，人们就会怀疑上帝的绝对权威，就会猜想宇宙空间还存在着创造别的行星的另一个上帝，教会害怕人们心里产生"地狱再也不是最可怕的地方"的念头。总之，由于他们认为日心说有可能摧毁一直守护中世纪的精神支柱，所以凡是主张日心说的人全都被送上了宗教法庭。

用望远镜观察天体

伽利略1564年出生于意大利比萨，年轻时他违背了父亲希望他当一名医生的意愿，对数学表现出浓厚的兴趣和天才般的能力。伽利略发现了测算某一物体重心的新方法，发现了悬挂在固定锥上的摆（pendulun）虽然其振幅越来越小，可来回摆动一次的时间却相同的事实。此外，他还发现了空中坠落的不同的物体与它们的重量无关，都会以相同的速度坠落的事实。以前的学者只是通过推理探索普遍性的原理和理论，可伽利略却通过亲眼观察或亲手实践探索出了科学规律。

1608年，荷兰的眼镜制造商汉斯·利伯希（Hans Lippershey）制造了世界上第一副能将物体扩大3～4倍的望远镜。几年前伽利略对夜空新出现的一颗星特别感兴趣，于是利用不同焦距的镜头制作了能够放大10倍左右的望远镜。1609年8月，威尼斯共和国元老们登上圣马可大教堂楼顶，用那副望远镜看了远方的大海。当他们看到平时用肉眼根本看不到的海上船只时，瞬间都惊呆了。

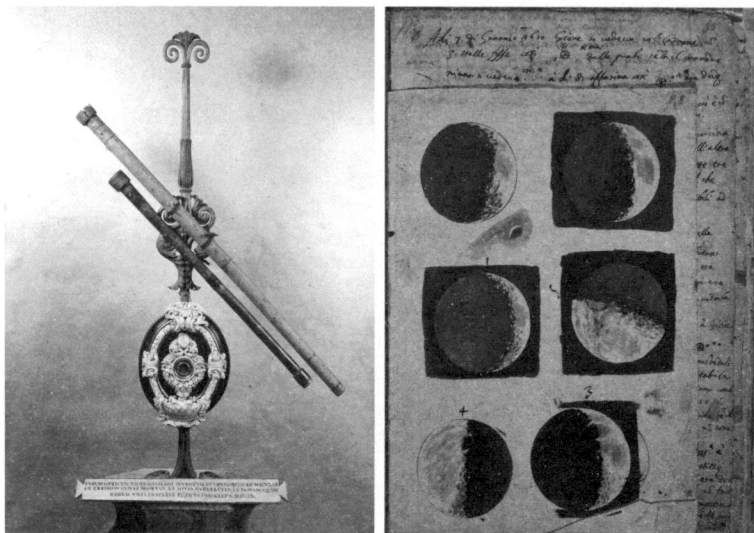

图14、图15　伽利略的望远镜：伽利略制作的望远镜（左）和他用望远镜亲眼观测后绘制的月球变化图（右）

　　伽利略又制作了一副30倍率的望远镜并用它再次观测了月球，结果发现月球表面凹凸不平，那里有山，有谷，还有很多坑洞，根本不是肉眼看到的那么光滑的球体。他还观测了月球光亮部位和阴暗部位交接的地方，发现光亮部位内部有很多小黑点，而阴暗部位内部有很多小亮点。随着天色渐暗，黑点慢慢地变成了亮点。

　　伽利略发现自己所观测的天体中最令人叹为观止的是金星和木星。他发现木星的东西两侧有几颗小星星，它们虽然在个数上每天都不同，可总是与木星在一起。伽利略将那些小星星命名为"美第奇卫星"。美第奇是佛罗伦萨的名门贵族，也是资助伽利略研究天体的家族。当其中的四颗卫星完全被木星遮住以后，伽利略便开始观察那些卫星重新出现时的速度以及位置。通过几年的观测，伽利略准确地计算出了那四颗卫星的公转周期。他对金星也进行了多年的观测，结果发现金星由球形渐渐变成半圆形，再由半圆形变成残月状。他还发现金星残月状时其半径最大。

接着伽利略又观测了太阳黑子。他发现太阳黑子经常穿梭在太阳表面，其长度每天都在变化，当太阳黑子处于太阳边缘时，其长度变得最短。他又追踪了众多太阳黑子中的一个，结果发现消失在太阳西端的太阳黑子两周以后重新出现。他还知道了太阳围绕自己的轴旋转，其周期约一个月。

通过几年的研究，伽利略认为日心说比地心说更有说服力。金星像月球一样或圆或缺地围绕太阳旋转，木星有四个卫星，地球向月球反射太阳光。从这些观测资料来分析，天体的形状和运动规律符合哥白尼的学说体系。伽利略将自己的观测记录向教皇保罗五世做了说明。直到那个时候为止，日心说只是作为了解宇宙的一个假设，因此没有引发太大的问题。然而对那些仅从文字表面上解释《圣经》的人们来说，日心说与《圣经》是相互矛盾的。他们以《圣经·约书亚记》第十章第十二节和第十三节的内容为依据抨击了伽利略的解释：

> 当耶和华将亚摩利人交付给以色列人的日子，约书亚在以色列人面前喊道："太阳啊，请你停在基遍上面吧！月亮啊，请你停在亚雅伦谷上面吧！"于是太阳和

月亮都停止了转动，直到向敌人报仇为止。这一事实不是记录在雅萨尔书上吗？太阳整整一天停止在中天没有转动了。

日心说被判为邪教

1613年，看到有人开始批判自己的观点与《圣经》相矛盾，于是伽利略整理自己的观点寄给了一个好友：

> 《圣经》和自然都是上帝创造的杰作，只不过《圣经》是用通俗易懂的语言来写成的。《圣经》里说太阳在转动，那是因为在普通人眼中太阳确实是移动的。可大自然却不需要像《圣经》那样的修饰语，因此如果观测得出的结论是地球在转动，那么我们就应该相信那个观测结论。对再清楚不过的自然现象拿《圣经》来批评是不应该的。[2]

那位好友将那封信抄写好几封后寄送到几个朋友那里，不料有一封信落到了一个反对派的手中。有一个神父说伽利略是"信仰的敌人"，还有一个同事神父将那封信告到号称罗马宗教法庭的邪教审问会，请求判定伽利略是否为邪教异端分子。而宗教法庭又将那封信送到神学顾问团要求判定是否符合教理，结果神学顾问团认定这不是邪教。到1615年，首次状告伽利略的那个同事神父再次向宗教法庭告了伽利略的状。

伽利略虽然在教会内部有不少好友，但在最终判定结果出来之前理应谨慎行事，可自信心极强的他却走上了相反的道路。伽利略强调科学研究和信仰应分开来考虑，《圣经》的适用范围应该局限于信仰与道德问题上。他仍然坚持主张地球在运动的说法，主张潮涨潮落的现象与地球的运动有关。

1616年2月，伽利略被召唤到罗马宗教法庭，负责伽利略案审判的是曾经负责"布鲁诺审判案"的贝拉尔米诺红衣主教。经过一个月的审理，宗教法庭判决："禁止说教、辩护、议论太阳静止于宇宙中心、地球围绕太阳旋转的理论，往后彻底禁止以任何方法、任何言论、任何文章支持、说教、辩护上述理论。"另外，宗教法庭还要求《天体运行论》必须按照教会的方针进行修改，否则将被视为禁书。

保罗五世给贝拉尔米诺红衣主教下令让伽利略放弃哥白尼的理论，红衣主教立即向伽利略传达了教皇的指示。与此同时，听到伽利略受到惩罚，红衣主教再次找到教皇商议。红衣主教向教皇陈述了有关伽利略的事实："我只是向伽利略传达了哥白尼的理论与《圣经》内容相悖，因此只能看作假设的理论，地球旋转的理论也绝不能当作一门学术来宣扬。事实上，伽利略没有受到教会的任何处罚。"伽利略安然无恙地度过各种危机，最终还获得了与教皇会面的殊荣。

出版《对话》

    1623年保罗五世去世，乌尔巴诺八世就任新教皇。伽利略与朋友们一道向新教皇请示解除对哥白尼日心说的禁令。新教皇表示在目前的情况下还不能改变原有的禁令，但可以用对比哥白尼日心说和托勒密地心说的方法撰写有关日心说的书籍。乌尔巴诺教皇还提出了一个附加条件，绝不能将地球的运动当成事实来写。

图16　1632年出版的《对话》封面：这本书充满对日心说的信念，为此伽利略在宗教法庭被判为异端分子，而伽利略本人也不得不公开否定自己的信念并进行忏悔。

伽利略用普通人都能看懂的意大利语轻而易举地撰写了在1625—1630年的科学史上成为不朽名著的《对话》（*Dialogo*）。直到那个时候，科学家和哲学家们都用普通人看不懂的拉丁语撰写了科学书籍和哲学书籍。经过教会的审阅和若干修改之后，《对话》于1632年2月印刷出版了1000多部。等到教廷认定其为禁书进行查封的时候，《对话》已经全部售完，一本也没有剩下。

《对话》用三个威尼斯贵族进行四天对话的形式写成。三个贵族分别是支持哥白尼理论的业余科学家萨尔维亚蒂（Salviati）、支持托勒密理论的哲学家辛普利邱（Simplicio）以及坚持中立原则的威尼斯外交官沙格列陀（Sagredo）。以观测到的数据和准确的数学计算为基础，萨尔维亚蒂明确地提出日心说的主张，而辛普利邱则用愚蠢的反驳和牵强的主张对抗萨尔维亚蒂。随着讨论的深入，沙格列陀也支持萨尔维亚蒂的主张，辛普利邱最终被萨尔维亚蒂说服。下面我们看一看《对话》中有关说明地球和其他行星公转的部分：

辛普利邱：怎样才能推出行星不是围绕地球旋转而是围绕太阳旋转的理论？

萨尔维亚蒂：我们可以通过最直观、最有说服力的观测来推论。位于宇宙中心的不是地球而是太阳，最确凿的证据是所有行星都与地球时而近时而远的事实。它们都与地球隔着遥远的距离。比如金星，离地球最近的距离和最远的距离居然相差六倍，而火星更是八倍之多。亚里士多德常说众行星都位于离地球同等距离的位置上，这是完全错误的言论。

辛普利邱：可是他们说行星以太阳为中心旋转，其根据在哪里呢？

萨尔维亚蒂：看看行星的运行轨迹就能知道。地球外面的三颗行星，即火星、木星、土星，当它们位于太阳背面的时候离地球很近，位于太阳正面的时候离地球很远。这种时近时远的幅度非常大，比如火星，离地球最近的时候其大小看上去比最远的时候大六十多倍。金星和水星也明显围绕太阳旋转。它们都与太阳保持一定的距离，从来没有远离过太阳。还有，金星的形状变化也能证明，它们有时位于太阳的前面，有时位于太阳的背面。月球不管什么时候总是离不开地球的。如果我们以这种思路继续讨论下去，其原因早晚会水落石出的。

沙格列陀：由地球的自转而产生的现象比起由地球的公转而产生的现象更神奇、更有趣吧？

萨尔维亚蒂：你就等着瞧吧，我不会让你失望的。在自转的情况下，我们所能看到的天体的移动实际上只是宇宙整体向相反的方向以极快的速度移动的现象。但是在公转的情况下，我们就会发现看似各自运行的行星中还有很多奇妙的现象。过去很多伟大的科学家正是因为这些现象而感到困惑。我们先谈谈一般性的概念。我再说一次，土星、木星、火星、金星、水星这五颗行星是以太阳为中心旋转的。如果我们把地球安然送上天空，那么地球也和它们一样围绕着太阳旋转。月球是围绕地球进行圆周运动的。我在前面也说过月球是离不开地球的。所以月球总是和地球一起围绕着太阳一年周转一圈。

辛普利邱：听你的话还不明白那些行星是怎么排列的，你还是给我们画个图说明吧。看图讨论会更清楚的。

萨尔维亚蒂：你说得很有道理。还是你自己画吧，这样你会理解得更快一些，也会大吃一惊的。你现在认为对这些东西很难理解，但等你画完以后马上会觉得豁然开朗。只要回答我的问话，你就能够画出非常准确的一幅画。请把纸张和圆规拿过来。我们把这张白纸当成是浩瀚的宇宙。请你在这张纸上有序地画上所有的天体。不用我说你也应该知道我们的地球存在于这个宇宙之中。所以先画一下地球吧，不管是什么地点，你觉得哪个地方合适就往哪个地方标注地球。你想用文字标注吗？

辛普利邱：就算地球在这个点上吧。用文字A来标注。

（中略）

萨尔维亚蒂：我不想为日心说和地心说做出哪个正确哪个错误的结论。我已经说过好几回了，我的意思不是对这些重大的问题急于下结论，而是让支持这两种理论的人们各自提出基于物理学、天文学的看法。至于

117

结论，我想留给其他人去做。他们早晚会做出某种结论的。结论往往是两方面的，一方是正确的，另一方是错误的。从人类知识范围内作出判断，站在正确一方做出的结论都是明确的、确实的，而站在错误一方做出的结论都是徒劳的、毫无意义的。[3]

宗教法庭否认日心说

很显然，通过《对话》，伽利略的确做了日心说是正确的的主张。教皇认为伽利略不仅违背了将日心说只当作假设来使用的指示，还在《对话》里把辛普利邱的意见描写为"位于高职位的、学识渊博的有名人士"的意见，以此来嘲弄他。1632年10月，教廷特别委员会发现了一份"命令伽利略不准再提及地球运动"的《议事录》（事实上这份文件既没有起草人的签名，在审判过程中也未曾出示给伽利略看），请求教皇由宗教法庭对伽利略进行侦查。于是教皇命令将伽利略押送到罗马由宗教法庭进行审理，躺在病床上的70岁的伽利略于1633年2月被带到了罗马。

4月12日宗教法庭开庭，进行了对伽利略的首次审讯。在法庭上，伽利略拿出一份很久以前的陈述报告，主张贝拉尔米诺红衣主教曾向自己说过"不可以持有或拥护那种观点，但可以用作假设"。可法官们无视那份报告，追究与红衣主教见面时有谁列席、当时从红衣主教那里都听到了什么等问题。法官们认为那份陈述报告的起草者已经死亡，其真实性不明确（报告是起草者根据自己的意愿制成的），所以追问了当时的周边情况。伽利略又主张，《对话》的内容实际上与法官们的想法恰恰相反，所展示的内容是与哥白尼观点相反的意见，表明了哥白尼的理论缺乏可靠的依据和准确性。伽利略还强调那本书是事先通过审查官的审查之后出版的，可宗教法庭还是以伽利略违反教廷"不准拥护日心说"的指示为由将他关进了监狱。

在4月30日进行的第二次审讯中，伽利略多少改变了自己的态度。他承认那本书可能对读者的理解起到了误导的作用，如果重新写的话一定要理顺误导性的主张，不再给读者造成理解上的混乱。听到伽利略不支持哥白尼的观点，法官们便允许伽利略离开监狱前往美第奇家族的宅邸去居住。

5月10日，伽利略再次被传唤到宗教法庭。在法庭上伽利略表示自己已经完全理解教廷于1616年下达的命令，自己能够接受因他们没有把贝拉尔米诺红衣主教的命令即时传达给审查官而发生的误会。最后，伽利略提出考虑到自己的健康状况要求法庭从轻判刑。在6月21日的最后审问中，当法官向伽利略提问"你还在相信明令禁止的学说吗"时，伽利略回答说："自从教会发布命令之后我所有的疑心已经全部消失了，我现在只认为托勒密的学说是正确的。"

1633年6月22日，决定命运的一天来到了。罗马密涅瓦修道院大厅聚集了很多人，宗教法庭对伽利略的审判将在这里举行。30年前，布鲁诺也在这里接受了判决。身穿白色忏悔服的伽利略跪坐在法官脚下静待法官的宣判，法官宣告伽利略因违背1616年不许拥护日心说的教廷的指示被判定有罪。法庭上10名红衣主教中有7名签字的宗教法庭判决书详细记录了有罪理由，判处伽利略无期徒刑。判决书最后说道：

> 如果你以最真诚的心情在我们面前发誓忏悔，以我们指示的方式拒绝一切过去的邪教和谬误，我们可以考虑释放你。但你要知道你所犯下的错误的严重性。为了惩罚你的错误，为了让你汲取深刻的教训，也为了警醒拥有和你同样犯罪意识的人们，我们宣布从今日起将伽利略·伽利雷的《对话》列为禁书。[4]

伽利略按照法官们的命令立下了忏悔誓言。他先是在大主教的宅邸里被软禁了几天，然后离开罗马回到了故乡，但回故乡以后也被禁止出门。现在我们再来看一看伽利略忏悔誓言的最后一部分：

> 我真诚地发誓，今后将永远放弃这种错误的概念和邪教理论，不再犯下与教会的说教相悖的任何的错误。我将诅咒和厌恶这种错误学说。我发誓今后再也不会通过语言或文字宣扬这些容易引起人们误会的观点。如果有人做出异端行为，我会及时告到宗教法庭，让他处于现在我所处的这样的位置上。我发誓遵守和遵从本法庭对我要求的任何赎罪行为。
> 我向上帝发誓，虽然绝对不会发生，可如果我一旦违背上述誓言，或者没有尽到本判决文规定的义务，我

将心甘情愿地接受神圣的教会法和其他一般法或特别法判给我的所有处罚和痛苦。上帝啊，请您帮助我！

我，伽利略·伽利雷现在将一只手放在《圣经》上面立下上述誓言。我是在众多证人面前亲手书写、亲口诵读这个誓言的。

——1633年6月22日，罗马密涅瓦修道院。

这是我，伽利略·伽利雷亲手书写的忏悔誓言。[5]

据说伽利略诵读这份誓言后当即喃喃自语道："不管怎么样地球还在转动。"后人猜测即使伽利略说出了这句话，也肯定是用别人听不见的声音说的。如果大声说出来，他就会以嘲弄神圣的宗教审判罪名把自己送上西天的。因此，人们猜测这句话很有可能是过了很长时间以后，他对着最可靠的朋友小声说出来的。

晚年的生活

回到故乡后，伽利略一只眼睛失明，另一只也逐渐变暗。尽管身体状况每况愈下，可他还是推出了有关固体强度理论和物体下落规律的《两门新科学》一书。这本书也像《对话》那样以三人对话的形式撰写，书中人物萨尔维亚蒂向其他两个人详细说明了伽利略的理论。由于教廷向伽利略下了出版禁令，所以他只好将书稿转送到荷兰，于1638年在荷兰出版。

此后伽利略还想制作摆钟、撰写书稿，可健康状态已经不允许他这么做。1642年1月8日，伟大的天文学家伽利略与世长辞。巧合的是在伽利略去世几个月后，牛顿诞生了。

在历史的法庭上

伽利略真是在科学探索过程中发现《圣经》的谬误而敢于站出来捍卫真理的斗士吗？回答是否定的。他自己曾亲口说过，《圣经》和大自然都是上帝创造的伟大的作品，他只是认识到用《圣经》的内容来批判显而易见的自然现象是错误的做法，从而探索科学真理、实践学术自由罢了。学术自由往往始于对那些大多数人认为是真理的东西和他们吹捧为神圣的东西敢于质疑、敢于反驳的人。近代欧洲文明以强大的力量换来整个世界的成果，而那个力量的源泉之一便是科学技术。朱京哲教授[1]在他的著作《欧洲人的故事2》中详细谈论了欧洲近代科学史上最具代表性的科学家伽利略的一生和研究成果。

如果伽利略遇上20世纪的科学家他会怎么说呢？"人的大脑就像一台电脑一样，只要有一个零件损坏就会停止运转。这世上没有为一台破电脑而存在的天堂或来世。如果说有，那么它只不过是为惧怕黑暗的人编造的童话而已。"如果遇见发表如此观点的斯蒂芬·霍金，伽利略会不会说"陷入科学专断之泥坑也是一件非常危险的事情"呢？在科学发现层出不穷、思维方式也发生

---

1 韩国历史学家，首尔大学西洋史学教授。

巨大变化的今天，人们不能不怀疑伽利略是否始终如一地坚持对基督的信仰。而对于坦言"有一种东西是我们永远不能理解的，它往往以最高的智慧和最灿烂的美丽来展现自己，而我们只能以最愚蠢的头脑和最原始的思维去理解它。敢于去探索那个事实上确实存在的东西就是知识或感知，而这样的知识、这样的感知恰恰是真正的宗教核心"的无神论者爱因斯坦，伽利略却是致以微笑的。

对伽利略的审判程序和审判结果是否公正？当时宗教法庭对伽利略说过如果不真实坦白就会施以拷问，然而这只是对伽利略的一种警告，事实上伽利略并没有遭受过拷问。这可能是因为伽利略作为大学者在社会和教会中具有较大的影响力。然而，从以不断的强迫和劝说来诱导伽利略违背真实招供、未给伽利略出示有可能不存在的《议事录》等疑点上看，可以猜测宗教法庭的审判不一定是公正的。既然《对话》一书在出版之前已经得到贝拉尔米诺红衣主教的允许并通过事前审阅，那么应该说伽利略是无罪的，然而当时的法庭并没有对"允许并通过事前审阅"的法律效力做进一步的讨论。参与案件审理的三名法官没有在判决书上签字，这一点也足以使人怀疑当时法庭内部意见不统一。不管怎么样，《对话》的内容虽然采取"假说"的形式，可事实上是支持日心说的一本书，因此可以看成是一宗违背教廷命令的案件。对伽利略的处罚就当时的标准来看是非常宽容和随和的。伽利略在誓言中说的"这是我，伽利略·伽利雷亲手书写的忏悔誓言""如果有人做出异端行为，我会及时告到宗教法庭"等言辞甚至令人觉得有点哭笑不得。

直到现在，没有一个人否定对伽利略的审判是历史上的一次误判。从科学史观点上看，《对话》是给地心说画上句号，也是给地心说致命一击的神作。用宗教教理来审判已经通过观察和实验得到的科学理论，是极其不妥当的。随着岁月的流逝，教廷最终承认日心说，《天体运行论》和《对话》这两本书也于1835年解禁。1992年10月31日，教皇约翰·保罗二世公开承认教会的错误，表示"过去的有罪判决都是因令人痛苦的误会和天主教会与科学之间相互理解不足所导致的。这是不堪回首的，也是悲剧性的"，并向伽利略道歉。

在提倡宗教自由的同时对天主教进行改革的路德、加尔文时代到底有没有对异端者和少数派的压制和处决呢？手举宗教改革旗帜的路德表示当着上帝的面自己将负责拯救所有的灵魂，并主张万人祭司主义（消除祭司和平信徒之前的区分，受过洗礼的所有教徒都是祭司、主教和教皇），然而面对德国农民的叛乱却以破坏教会和社会的现有秩序为由要求当局进行残酷的镇压。加尔文则规定"早餐吃馅饼"和"晚九时后入睡"均为罪过，在他以神权政治统治日内瓦的时候竟有数不清的反对者或被驱逐，或被砍头，或被处以火刑。后来随着时间的流逝，人们渐渐对宗教失去信仰，宗教对市民社会的影响力也大打折扣，与此同时，天主教和新教对异己分子的残酷镇压和处决也减少了许多。

天主教是否压制科学、阻碍文化发展呢？大部分人的回答是肯定的。只是鉴于自然科学在信奉天主教的西欧得以长足的发展，也许一些人会认为天主教在文化发展过程中起到了孵化器的作用。德国社会学家韦伯提出了新教对资本主义的发展做出重大贡献的著名理论。随着世界越来越世俗化，抵制宗教的人越来越多，天主教式的信仰再也不能成为市民社会的精神支柱。对此，欧洲各国将"人类是上帝造出来的万物之最"的宗教信仰理解为"人类的尊严"，以法律体系基本前提代替了宗教信仰。《大韩民国宪法》第十条规定：

> "所有国民都拥有作为人类的尊严和价值，拥有追求幸福的权利。国家有义务保障个人不可侵犯的基本人权。"

06

能把国王以反叛罪论处吗？

约翰·威索普：《处决查尔斯一世》（*An Eyewitness Representation of the Execution of King Charles I*，1649）

查尔斯一世审判案

——1649年，英国

时间与法庭

1649年，英国议会高级法庭

案件当事人

查尔斯一世（Charles I）

审判焦点

能把国王以反叛罪论处吗？

审判结果

有罪，死刑

历史质问

在政治共同体中谁是主权者？

昏君，还是明君？

> "该隐瞒的事情不要发表在朝报上。" [1]

讲述消失在历史中的光海君[1]半个月行踪的电影《光海，成为王的男人》到底有多真实呢？据史料记载，朝鲜王朝第十五代君王光海君是杀死自己的亲哥哥和同父异母的弟弟并废黜继母的一个暴君和违背伦理的昏君。然而，这部电影却以虚构的故事把光海君描述成一心为民生操劳的明君。有人要对君王下毒手，君王不得不找一个与自己体貌特征相似的贱民充当假君王从而逃脱杀手的魔爪。

在朝鲜王朝历史上自始至终被评价为"昏君"的光海君到了20世纪却因被人们重新评价为以实用外交"使百姓受惠的善良而贤惠的明君"而备受瞩目。高中历史教科书（韩国）记载如下：

> 光海君对内实施战争善后政策，对外则在明朝和后金之间以慎重的中立外交政策求得生存。由于壬辰倭乱[2]时曾得到过明朝的帮助，因此朝鲜王朝既不能反对明朝对后金的进攻，也不能与不断壮大起来的后金结下敌对关系。

---

1 光海君（1575—1641），朝鲜王朝第十五代君王。
2 1592—1598年明朝帮助属国朝鲜王朝抗击日本侵略者的战争。

吴恒宁教授在他的著作《光海君，一面危险的镜子》中通过对众多史料的研究，分析了违背伦理的真相、宫阙工程和残酷的赋税、大同法的实施、明朝与后金之间的外交政策，极力为光海君平反正名。应该说这一切都是历史学家们去查清和解释的事情。电影的最后一句解说词是："光海是唯一一位只向拥有土地的人征收租税的君王，也是唯一一位为自己的百姓敢于与明朝作对的君王。"然而，这显然是谬误。

在朝鲜王朝时代，大臣们废黜失德的君王，立王族中的另一个成员为君王，叫作"反正"。由于"反正"是在保留世袭王朝的前提下成立的朝廷，因此不同于"易姓革命"。再说，这是大臣们通过武力行为建立的朝廷，而不是百姓的武装暴动，因此也不同于"癸酉靖难"。李成桂[1]从高丽恭让王手中接过王位属于改换天命的"易姓革命"，李芳远[2]主谋杀死自己的亲兄弟、首阳大君[3]主谋驱逐侄儿也不是"反正"，而是"王子之乱"和"癸酉靖难"。朝鲜王朝时代真正的"反正"是驱逐燕山君[4]、扶持中宗[5]的"中宗反正"和驱逐光海君、扶持仁祖[6]的"仁祖反正"。

无论是东方还是西方，强行改换受天命或受上帝的意志继承王位的国王都是非常艰难的事情，没有将其合理化的法律和

---

1 李成桂（1335—1408），朝鲜王朝的开国君主。

2 朝鲜王朝第三代君王。

3 朝鲜王朝第七代君王。

4 朝鲜王朝第十代君王。

5 朝鲜王朝第十一代君王。

6 朝鲜王朝第十六代君王。

政治理论作后盾，就很难说服臣民。英国发生了第一件，也是最后一件将国王以反叛罪判处死刑的案例。这就是著名的查尔斯一世审判案。

趋于成熟的议会与查尔斯一世之间的矛盾

英国议会（parliament）始于13世纪中叶按照国王的要求，由圣职人员和贵族们聚在一起与国王共商国家大事的聚会。1265年为抵抗国王独裁统治而发起叛乱的西蒙·德·蒙福尔（Simon de Montfort）首次召开了由各州和城市选出来的骑士和市民代表等组成的议会。1295年爱德华一世召集了圣职人员、贵族、平民代表等294人参加的大议会，即模范议会（Model Parliament）。1339年随着骑士和平民组成一体，议会分成了由贵族、高位圣职人员组成的上议院（House of Lords）和由骑士、平民组成的下议院（House of Commons）。上议院负责纠正下议院的错误决定、征收特别税、制定法律等事务，下议院则负责监督上议院制定法律和征收特别税。此外下议院还拥有弹劾腐败的权力。15世纪初开始，与征税相关的法律由下议院负责审议制定。

为什么历届英国国王召集如此多嘴多舌的议会呢？那是为了在政治上谋求大臣们的支持，从而向王国的代言人传达王国的旨意。历届国王发动了无休止的战争，而要打仗，仅靠王室的收入远远不够军费支出，这就不得不依靠向臣民和动产行业征收的"辅助税"。国王承诺这个辅助税"必须要通过全体国民的同意后征收，而且必须谋求全体国民的利益"。1279年以后，人们把议会依法收税看成理所当然的事情。爱德华一世甚至承诺今后修改或废止旧法律以及制定新法律都要通过议会审议。

可见，议会就是英国王国的一个政治机构。随着时代的进步，议会发展成了制定法律的立法机构。王国还赋予议会解决市民疾苦、监督行政官吏、审判贪官污吏的权力。然而，议会最重要的作用是行使英国最高法院的权力。英国人把议会称为"高级议会法院（the High Court of Parliament）"。很多法官将政治上风险较大且不敢自主判断的案件推给了国王的高级议会法院。那么英国议会是如何成为合法的国家机构的呢？西欧从12世纪开始，随着罗马法的重新启用和教会法的发展，提出主权归教会的"公议会（协商会议）"的主张。英国的法律专家们认为虽然拥有主权的国王具有立法权和征税权，可这些权力应该以臣民全体的认可为前提，最终决定议会为代表全体臣民的行政机构。

1625年，26岁的查尔斯一世继承了王位。他虽然说话有些结巴，但性情冷静、谨慎，又有固执、刚毅的一面。查尔斯一世本想原封不动地实施从上帝那里接受的对现有政府负全责的"君权神授理论"，然而正是这个想法使他走向了毁灭的深渊。在1625年召集的议会上，议员们对西班牙之战所需的财政支援议案投了否决票。国王自作主张解散议会发动了战争，然而最后还是战败了。1628年召开的议会提出了限制国王权力的《权利请愿书》（Petition of Rights），财政已处于捉襟见肘之境地的国王不得不在请愿书上签字了。《权利请愿书》的主要内容是未经议会的批准不得强制征税，未经法律许可不得随意拘留自由人。

为了表示对议会的反抗，自尊心受到伤害的国王决心不受议会的干涉而统治国家，并在长达11年的时间里没有召集议会。与此同时，英国国教会的首领查尔斯一世将国教会的主教制度强加给了英格兰和苏格兰，重用了旨在恢复天主教弥撒礼的祭司。由于王妃是天主教徒，国王被新教徒们怀疑是不是要回归天主教。

1639年苏格兰部分贵族发动叛乱，查尔斯一世感到处境危急，为筹集军费便于1640年4月重新召集了议会。议会自然不会顺应国王的要求，于是国王在恢复议会仅18天后就解散了那一届的议会，史上称那次议会叫"短期议会（Short Parliament）"。然而随着苏格兰军队持续进军，军方向国王要求巨额的驻军费用，于是查尔斯一世无奈之下重新恢复了议会。这一届议会持续了20年，史称"长期议会（Long Parliament）"。

在1640年11月召开的长期议会清除了国王的亲信大臣，废止了国王长期以来用于独裁的工具"星室法庭（Star Chamber）"。所谓"星室法庭"，是专门审理反叛罪等重罪的国王的直属机关，以刑讯逼供和强行收集证据而臭名昭著。1641年夏，议会又通过了限制国王权力、扩大议会权限的措施，有关三年一次定期召开议会的法律和没有议会的同意不得擅自解散议会的法律得到了国王的认可。议会还规定包括船舶税在内的各种税收为非法税收。议会变得如此激进，与清教徒（Puritan）的一系列举措有很大的关系。看到宗教改革以后并没有什么变化，当时的英国清教徒便企图掌握宗教主导权以推翻英国国教会的等级秩序。清教徒主义是欧洲大陆上主张宗教改革的加尔文主义的一个分支。在英国早在亨利八世时随着《至尊法案》的出台，英国成了新教国家，但是清教徒在国教会看来也是十分激进的，因此受到了政府的镇压。

在这种情况下，议会勉强通过了由清教徒发起的清算过去10年间腐败、召开以教会改革为目的的圣职者会议的《大抗议书》。以此为契机，议会内部开始分裂，伦敦市民中也传开国王操纵天主教国家爱尔兰叛乱的谣言，议会便提出了将民兵队的指挥权转交给议会任命的人的法案。国王和议会已经错失妥协机会，于是双方只能以武力正面交锋。

是革命，还是内乱？

1642年1月初，为了逮捕散布爱尔兰叛乱谣言的议员，查尔斯一世率领武装卫兵闯进了议会，然而那些议员早已闻风而逃。国王还没有撤离议事堂，民兵便自动组织起来保护被通缉的议员，查尔斯一世也感到大事不妙，便离开伦敦，转移到支持势力较多的北方地区，并于8月份在诺丁汉终于举起了战争的旗帜。保皇派（Royalists）和议会派（Parliaments）围绕着是否支持国王的问题产生了分歧，最终导致了全面的战争。

战争初期由贵族指挥的保皇派仗着优越的骑兵队占据优势，可随着时间的推移，议会派凭借雄厚的财力和人力以及海军的参战扭转了战局。议会以给苏格兰人成立长老会为名拉拢苏格兰军队一起参战。1644年7月，议会派和苏格兰联军与国王的侄子率领的保皇派军队短兵相接，战斗以联军的大胜宣告结束。在这场战斗中，查尔斯一世审判案的另一个主角奥利弗·克伦威尔（Oliver Cromwell）崭露头角。克伦威尔1599年出生于信奉清教徒的绅士家庭，父亲是前下议院议员。从小接受严格的清教徒教育的克伦威尔于1628年就当选为下议院议员。战争爆发以后，克伦威尔招兵买马亲自指挥铁骑，在多次的战斗中屡建奇功，为议会派的胜利立下了汗马功劳。每次战斗的胜利都使他更加坚定对清教徒的信念，他认为自己和自己的军队就是上帝为英国预备的，坚信上帝必会将英国引导到耶路撒冷。

1645年，议会为了从上议院贵族手中夺取军事指挥权，作出了禁止议员出任军事司令官的决定。克伦威尔在保留议员职务的前提下组建了以自己原有的骑兵部队为中心的纪律严明的新军（New Model Army），自封副总司令。新军士兵大都是自愿参军的伦敦手工业者和工人家庭的年轻人。在新军的体制下，军官不一定都由贵族来当，而是由战斗经验丰富和指挥能力强的人来当，不管他是贵族还是平民。这不是单纯的军队组织改编，而是意味着封建武装制度的结束。随着平等思想在军内迅速扩展，士兵内部产生了一个名叫"平等派（Levellers）"的组织。新组建的武装力量在克伦威尔的指挥下一次又一次地击败了国王的保皇派军队。在混乱中，议会派夺取了国王装满个人物品的皮箱，议会派将国王皮箱里的信件汇编成《被公开的国王信件箱》（*The King's Cabinet Opened*）出版了。在英国历史上从未发生过如此轻蔑地公开国王秘密的事件。据议会派透露，这些信件反映了国王和王妃"呼吁外国国王率领军队进驻这个国家"的意图和国王"尽早终结无止境地延伸下去的议会制度"的决心。后来又经过几次战斗，1647年1月苏格兰军队自认失败，向议会出卖国王。下议院软禁国王，要求进行和平谈判。

　　获得战争胜利的议会派围绕着建立什么样的立宪政府和改革教会的问题又分裂为长老派（Presbyterians）和独立派（Independents）。以议会为基础的长老派倾向于对其他宗派不宽容的政策，而以军队为基础的独立派则主张允许信仰自由的立场。看到胜利者内部闹分裂，查尔斯一世觉得时机已到，又是企图叛逃，又是拉拢国外势力叛逆。而以长老派为主的议会唯恐新军势力壮大起来便下达了解散军队的命令。对此军方也不甘示弱，他们向议会要求卖掉保皇派的土地，肃清长老派议员。克伦威尔一开始想极力调解

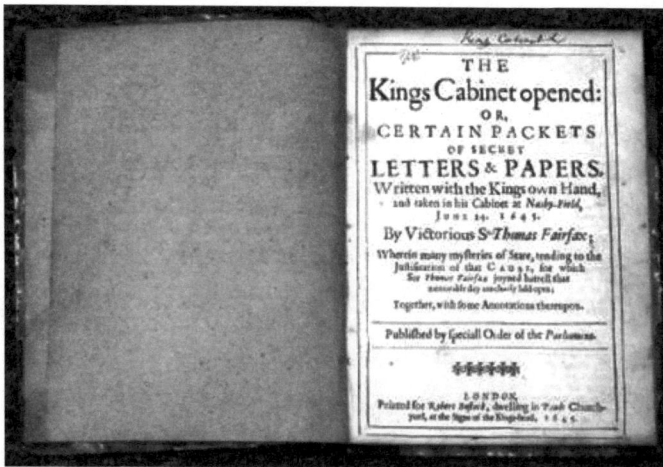

图17　史上首次情报泄露事件：查尔斯一世和议会之间严重的政治分歧导致内战，使国家面临分裂的局面。这本包括国王个人信件和内阁情报在内的《被公开的国王信件箱》可以说是英国首次泄露情报的"维基泄密（Wiki Leaks）事件"。

议会与军队的矛盾，可后来他还是决定支持军方的意见，并于1647年8月出兵伦敦将长老派的领导人从议会中赶了出去。

此时军队已经掌控局势，军内以指挥官为中心的高级军官和以平等派组织为中心的士兵再次闹分裂，激进的平等派组织主张实施共和制、保障信仰自由、保障法律公平公正、保障人民主权。他们将自己在宪法允许范围内的诉求事项写成《人民公约》（An Agreement of the People）并提交给领导层。对此，支持现有社会制度和秩序的高级军官表示强烈的反对。1647年10月在伦敦郊外帕特尼召开的军方评议会议上双方进行了激烈的争论。平等派主张给所有男性赋予参政权并根据人口确定选举区，可高级军官们却表示投票权应该只赋予拥有财产的人。现在我们依次看看他们双方的主张：

哪怕是最穷的人也和最伟大的人拥有同样的生命。接受某一政府统治的人应该自愿同意接受该政府的统治。如果政府不能传达百姓的声音，那么百姓也就没有理由接受政府的束缚。

最怕社会变革的人恰恰是拥有财产的人，他们参与王国的事务就是为了守护自己的财产。只有这些人与政府有着永久固定的利害关系。生活在英国是天生的权利。但没有天生的投票权。如果无产者掌握权力，他们就会进行投票剥夺有产者的财富。[2]

1648年，克伦威尔镇压各地零星爆发的保皇派起义，8月又成功击败苏格兰贵族的入侵，从而结束了历时6年的内战。可后来军队和议会分道扬镳，军队内部又发生分裂，查尔斯一世为了外逃与苏格兰签署了秘密协议。军方起初并不想逼迫国王退位，可事情发展到如此地步，军方向议会提交"军方陈情书"，要求将国王绳之以法。然而议会却始终坚持以和谈的形式解决国王的问题，军方无奈之下开始对议会进行清洗。12月，军方在下议院逮捕并隔离反对派议员之后组建了由100多名独立派议员组成的议会。这个史上被称为"残余议会（Rump Parliament）"的议会与军方领导人克伦威尔一致认为要想找回英国的和平必须清算国王欠下的血债，而清算血债的方法只有一个，那就是处死国王。

史上第一个被推上被告席的国王

克伦威尔不遗余力地将查尔斯一世送上了法庭。1649年1月6日，为了审判国王在议会设置高级法院的"为审判和判决英国国王查尔斯·斯图尔特的议会高等法院设置法"在上议院不赞成的情况下下议院还是强行通过了。由于上议院拒绝同意，下议院自己出台"下议院法"，于是下议院在没有经过上议院同意的情况下开始行使了审判权：

> 英国下议院郑重宣告，人民是除了上帝之外所有正当权力的源泉。英国下议院由人民选举产生，它可以代

表人民行使国家最高权力。下议院制定并以法律形式宣布的所有法令，即使没有国王或上议院的同意或认可也可以产生法律效力。[3]

以克伦威尔为首的包括军部主要指挥官、贵族、市议会议员等在内的135人被下议院任命为这个法庭的陪审委员。由于高级法官们拒绝主持审判，由历任伦敦巡回法庭法官的约翰·布拉德肖（John Bradshaw）担任审判长，约翰·库克（John Cook）担任检察官。起诉书对查尔斯一世的反叛罪陈述如下：

> 查尔斯·斯图尔特，现英国国王。查尔斯·斯图尔特不仅追随其前任国王肆意侵犯人民的权利和自由，还完全颠覆这个国家自古以来的根本法律和自由，制定了成立独断专行的专制政府的邪恶计划。查尔斯·斯图尔特不仅采用所有邪恶的方法和手段通过这个计划，还把它当作火焰和利剑来对抗议会和王国，最终导致了悲惨的内战。从此，国家惨遭破坏，公共财富消耗殆尽，商业几近衰败，数千人民死亡，造成莫大的不幸。
>
> 查尔斯·斯图尔特作为英国国王，法律给他赋予了有限的统治权并以这个权限维护人民的利益、自由、权利的义务。可查尔斯·斯图尔特却以无限专制权力肆意统治国家。人民的权利和自由以及及时纠正人民不满意的政策是这个王国最根本的宪政，可查尔斯·斯图尔特谋划将这一根本宪政改变成无为宪政。查尔斯·斯图尔特为了使这一

计划取得成功以保护自己和追随者的邪恶行动，发动了对抗现议会和人民的恶意的、叛逆性的战争。[4]

1649年1月20日，在英国历史上首次追究国王反叛罪的审判在威斯敏斯特议事堂进行。这是一次任何人都可以旁听的公开审判。当检察官宣读起诉书"现在我以反叛罪起诉出席这个法庭的查尔斯·斯图尔特"时，查尔斯才知道自己被起诉的事实。当检察官说他是暴君、叛逆者时，查尔斯不禁笑出声来了。审判长布拉德肖问查尔斯承不承认自己的罪时，查尔斯回答如下：

　　朕很想知道是谁给你们权力把朕叫到这里，更想知道这是不是合法。这世上小偷、强盗等拥有非合法权限的人也很多。如果有人告诉朕到底是什么权力能把朕随意呼来唤去，告诉朕那个权力到底是不是合法的，朕就回答你们的问话。朕是众卿的国王，也是合法的国王。请众卿记住你们正走在犯罪的路上。在犯下更大的罪过之前好好想一下上帝对这片土地的审判。[5]

审判长要求查尔斯"以选你为国王的国民的名义"做出正确回答。查尔斯一改平时结结巴巴的说话习惯，用非常流利的语言说道："英国没有选举国王的先例。一千年来英国一直是世袭王国。"对此惊慌失措的审判长第二天与陪审员们商议如何处理国王拒绝回答的问题，他们最后决定如果国王继续拒绝回答就以有罪论处。两天后庭审继续进行。布拉德肖说本法庭已经被认定是合法的法庭，查尔斯作为被告人有义务回答法庭问话。可查尔斯反驳说任何一个法庭都不能审判国王：

> 朕不是法律专家，对法律形式不太清楚，可朕却清楚地知道什么是法律，什么是理性。朕对法律的认知至少能达到一般的绅士水平。朕觉得与在座的法官辩论毫无意义，朕只想为英国国民的自由而进行抗辩。[6]

查尔斯又提出没有上议院的同意，仅下议院独自制定的法律是否合法的问题，对此审判长回答"被告人的请求无效"。查尔斯又说"我不是一个普通罪人"。在第三次庭审上审判长说如果查尔斯承认有罪就给他说话的机会。对此，查尔斯回答如下：

> 众卿罗列的嫌疑，朕觉得毫无价值。朕是代表英国国民自由的人。朕既是众卿之王，也是所有国民的榜样。因此朕始终坚持正义，维持传统法律。现在众卿叫朕承认从来没有听说过的法庭，朕绝对不能接受。[7]

此后的两天，法庭没有传唤被告人，只传唤30多名证人听取了战争期间保皇派军队的罪行和国王对战争责任的证词。1月27日星期六进行了最后一次庭审，旁听席上不时地传来"正义""死刑"等叫喊声。查尔斯要求给自己一个辩论的机会，但遭到法庭的拒绝。审判长对查尔斯所犯下的反叛罪做了长篇大论之后，宣布将查尔斯·斯图尔特处以斩首刑。查尔斯说："我连说话的机会都没有得到。我倒想看看其他人接受什么样的正义审判。"看着查尔斯被押下法庭，有的士兵发出了嘲笑声，有的士兵朝他吐了口水。

国王也能犯反叛罪？

查尔斯一世在国王的现任上被判为反叛罪。那么查尔斯到底是不是像判决书上写的那样犯下了包括反叛罪在内的多项罪行的暴君？由国王的大臣们组成的议会到底有没有权力惩罚被上帝授予统治权的国王？英国新闻记者布莱恩·哈里斯将判决书的要点归纳如下：

- 国王也要遵从法律。
- 查尔斯做出了将自己置于法律之上的行为。
- 英国国民选择了政府形式。
- 在英国国内，国王虽处于最高位置，但他也是英国的一个国民。
- 过去的贵族为了英国国民而向国王发起了对抗。
- 今天的议会正在做同样的事情。
- 议会有义务为国民分忧解愁。
- 国王拒绝召集议会。
- 过去的国王（爱德华二世、理查德三世等）也被要求对失政、误政负责。

· 保护要求服从，同样，服从也要求保护。

· 查尔斯国王是暴君、叛逆者、杀人犯、公敌。[8]

查尔斯也提出过抗诉书并本想在法庭上宣读，可因法庭没给他机会而未能公开。查尔斯未公开的抗诉书要点如下：

· 起诉只有在上帝的法律或国家的法律，即英国的法律下才具有合法性。

· 《旧约圣经》和《新约圣经》要求一切服从于国王。

· 英国法律规定国王不会犯错误。

· 没有上议院的同意，下议院无权独自组成法庭。

· 国民从未给下议院授予过审判国王的权限。

· 没有合法权限审判国王，下议院的这一行为不仅侵害议会两院的权利，也侵害了国民的权利。

· 国王与议会的协商尚未结束，下议院却开始审判，这是背叛议会的行为。[9]

英国新闻记者布莱恩·哈里斯认为无论是从历史角度还是从法律层面上看，国王的主张大部分是正确的。可金中洛教授却认为从当时的法律角度上看，这种观点似乎过分偏向于查尔斯的行为是否构成反叛罪的问题。进一步说，负责审判查尔斯案的法官们作为审判国王反叛罪的根据提出了古典共和主义（废黜君主制，强调市民参与政治的观点）和激进的立宪主义（所有权利归人民，国王的权力也是由人民授予的，因此如果国王的执政违背人民的意愿，人民做出抵抗是正当的）。

根据英国传统团体法的法理，一个团体的首领（如国王、主教、教区牧师等）与该团体是平等的关系，这里所说的"首领"不是指个人，而是指其职位（post）。因此，哪怕国王拥有主权，查尔斯一世作为个人对英国国王的职位有可能犯下反叛罪。这是比较合乎情理的逻辑。然而，通过审判将国王置于死地的人们提出了更加明确的根据。

据金中洛教授的主张，他们以"根据王国的根本法律，国王发动对抗议会和王国的战争就是叛逆行为"为由，断然分开了国

图18　遭受嘲讽的国王：曾信奉君权神授理论的查尔斯一世身处一无所有的境地，遭受以革命军自居的叛贼们的嘲讽。图为保罗·德拉罗什的油画《遭受克伦威尔士兵侮辱的查尔斯一世》（*Charles I Insulted by Cromwell's Soldiers*，1837）的一部分。

王与国家的概念。他们还规定"人民是一切权力的源泉，由人民选举并代表人民的下议院就是这个国家的最高权力"，从而把掌权者从国王换成人民。正因为他们从新的角度看待国家与主权、法律的源泉和国王的地位，才制定了能够判处国王为叛逆者并处以死刑的特别法。其理由是，查尔斯一世不是英国的掌权者，而是国家的一名官员，因此他完全可以沦落为背叛国家和人民的罪人。

宣判3天后的1649年1月30日，在国王曾经接见外交使节的场所——白厅宴会堂前面架起了断头台。登上断头台的查尔斯一世

图19 国王被处决：查尔斯一世虽然对自己的信仰非常虔诚，可因专制的统治方式使得他与议会深陷政治矛盾之中，在敌不过议会的情况下发动了内战，结果他于1649年在断头台结束了自己的一生。约翰·威索普：《查尔斯一世被处决》（*An Eyewitness Representation of the King Charles I*，1649）

向围观的群众做了简短的演说，说自己可以原谅那些处死自己的人们，"可我是国民的殉教者。我是为国民服务的人。我和任何一个人一样真心期望国民的自由。有句话我必须说给你们听。自由的本质在于维护统治权。臣民和掌权者永远都是不一样的"。查尔斯朝断头台看了一眼，然后与行刑法官的对话如下：

> 查尔斯：（意识到斧头马上就砍下来）我会给你发出信号的，先不要急着行刑。
> 行刑法官：是。我知道那是陛下最后的愿望。[10]

几秒钟过后，查尔斯将头发塞进帽子里面，张开双臂趴在了断头台的地板上。行刑法官只一斧头就砍断查尔斯的头颅从而兑现了事前"干净利落地结束行刑"的诺言，鲜血从颈部喷出洒在了断头台上。人们用绒布包裹国王的躯干，然后将其小心翼翼地抬到棺材里。行刑法官抓住国王的头颅高高举起，一言不发地站立了几分钟，默默地宣告国王的时代由此结束。

护国公克伦威尔与王政复辟

那些主谋判处国王死刑的人们彻底断掉了自己的后路，议会废止国王职位和上议院，宣布英国是"自由共和国（a Commonwealth and Free State）"。这个共和国在名义上以议会为最高权力机关，可实权却掌握在克伦威尔手里。比起个人野心，更重视上帝旨意的克伦威尔依次清除保皇派和长老派以及军部内的平等派，谋求了政治上的稳定。

起初，克伦威尔通过议会处理了国家事务，可在1653年和1655年解散议会之后，他成了独自处理国家事务的"护国公（Lord Protector）"。事实上，克伦威尔也没有跳出专制的圈子，还是行使了独断专横的国王的权力。他将英国分为几个军事区域，派自己的手下去统治，并以极端清教徒的信仰下禁令停止一切娱乐、戏剧、赌博、饮酒等活动。

1657年克伦威尔指定儿子理查德为接班人，1658年克伦威尔死后理查德立刻走上了护国公的位置。理查德与父亲不同，他既没有野心也没有能力自主管理国家政局，包括军队在内的整个英国顿时陷入了一片混乱。于是战后被克伦威尔取消的议员选举重新恢复，1660年新的议会决定实施王政复辟。理查德被迫流亡，流亡法国的查尔斯一世的儿子查尔斯二世登上了王位。当时在查尔斯一世死刑判决书上签字的人在世的还有29人，他们由于弑君反叛罪，有的被处以死刑，有的被处以终身监禁。审判长布拉德肖早已死亡因而免除死刑，检察官库克则被判死刑并走上了断头台。两年前已经死亡的克伦威尔被查尔斯二世剖棺斩尸，其头颅悬挂在议事堂大厅外面示众，直到1684年。

在历史的法庭上

查尔斯一世为什么在与臣民的战争中打了败仗而最终被判

死刑了呢？他是一个既无能又虚伪的国王。新教极力排斥以普遍适用的信仰将人们团结在一起的天主教，尽管新教后来又分裂为好几个教派，可他们仍在宣扬各自的真理。英国社会陷入一片混乱，在这种情况下只用一种信仰来统治已经是不可能了。在苛捐杂税、连年发动战争等查尔斯一世的黑暗统治下，推行"君权神授理论"之类的意识形态未免过于空虚和陈旧。查尔斯一世没有适时把握受教育者日益增加、城市和商业日新月异的17世纪英国社会经济的变化，更没有能力适时调整政策措施。因此，人们普遍认为查尔斯一世是一个未能跟上时代变化而依靠暴政统治国家，最终导致王权没落的君主。只是因为在生命的最后时刻多少捍卫了国王的尊严，从而被支持者们称为为英国的传统法律和自由及教会而献出生命的"殉教者国王（royal martyr）"。

后人对克伦威尔的评价五花八门，有人说他是受上帝的召唤为英国的宗教自由而努力的人物，也有人说他是被政治权力遮住双眼的邪恶的伪君子。从客观上看，克伦威尔起初是按照英国国民和议会的意志去对抗国王的专制政权的，后来又试图以"抛弃个人野心，按照上帝的安排去治理国家"的清教徒的信仰治理国家。然而，在已经变成"商人国度"的英国用上帝的安排来理政已经失去意义，于是他派出军队实施了武力统治。对"此时此刻在这里"享受快乐和幸福的英国人采取禁止游玩、戏剧、赌博、饮酒的政策，注定不能持续很长时间。看重历史和传统的英国人也许认为没有什么统治经验的"克伦威尔王朝"不如斯图亚特王朝，所以最终还是选择了斯图亚特王朝。

查尔斯一世和克伦威尔的武装冲突，就其性质来说到底是"英国革命（English Revolution）"呢，还是"内战（Civil War）"？
笔者在学生时代学到的是"这是开启近代社会的欧洲三大革命之一"，如今英国历史学界却普遍认为这是一场内乱。自1688年议会和平劝退詹姆斯二世的"光荣革命（Glorious Revolution）"之后，国王虽然凌驾于众人之上，但真正行使统治权的不再是国王而是议会，而当时占主导势力的辉格党（Whig）却把那场武力冲突看成是"革命"。这个观点在此后的一段时间内一直占上风。然而，20世纪70年代以后，越来越多的人认为这是一场"没有主导理念和势力的短暂性偶发内乱"，问题在于如何回答"这场事件是否对后来成为英国社会主流政治理念的'自由主义'的发展奠定基础"的提问。这应该是历史学家们去研究和探讨的课题，如果将来英国取消国王，那么"革命说"在英国会不会成为普遍的说法呢？

在英国历史上，查尔斯一世是第一个也是最后一个通过刑事审判以反叛罪处以死刑的国王。从查尔斯一世开始（准确来说是从"光荣革命"中被赶下台的詹姆斯二世开始）英国国王已经不能行使专制权力了，在国王手中的权力已经大打折扣的情况下，对失去国民信任的国王一般不采取审判方式，而是按照宪政体制以和平的方式劝其退出王位。查尔斯一世的结局与150年后发生的法国大革命中路易十六的结局十分相似。路易十六无才无能、庸政误政，对抗国民和议会并试图发动战争却以失败告终，激进的雅各宾派经过议会的特别审判最后判其死刑。后来王室成员们试图通过政治斗争继承王位，但是他们谁都未能阻止时代的发展，王政终于被废除了（在法国几乎没有人对"革命"有什么异议，也许是出于这个原因）。前面已经提到过朝鲜王朝时期燕山君和光海君退位的故事，在以儒教为政治理念的朝鲜王朝，哪怕国王再无能、再失德，大臣们也不敢向国王说出一个"不"字，胆敢审判国王并逼迫国王下台更是想都不敢想的事情。在光海君统治的情况下，"仁祖反正"事件发生的第二天，王室的长辈、光海君的继母仁穆大妃指责光海君的无能与庸政，并宣布其已经失去国王的资格。光海君被废黜并流放到济州岛，在那里结束了他的一生。

将国王以"对国家对人民的反叛罪"处罚是否合法？这是查尔斯在法庭上列举好几个理由提出的问题，也是法庭在判决书上答辩过的问题。后人对这个问题的争论，我们在前面已经简要地提过。当时法庭规定否定王权、置国王于死地的计划本身就是反叛罪，因此不能以反叛罪处罚查尔斯一世是再清楚不过的事情。正因如此，当时急于处罚国王的人们重新制定有关国家与主权、法的源泉、国王地位的特别法之后，才将查尔斯一世告上法庭。换句话说，法庭为了反对国王的绝对权力或者限制国王的绝对权力，极力主张王国的主权不应该属于国王，而是属于已经把国王架空了的国家，国王只不过是依法行使权力的一个个体。如果是这样，那么问题就来了，处决查尔斯一世的行为，其合法性和合理性到底由谁来规定？这是一个涉及国家的最高权力掌握在国王手中还是掌握在国家与人民手中的主权（sovereignty）问题，在宪政体制下是有关"宪法制定权力"的争论。

直到17世纪初，在英国几乎没有人谈论"主权论"。英国人只相信"君权神授理论"，即"国王从上帝那里得到了应该由他负责的政府"，他们并没有正儿八经地谈论过最高权力到底属于谁的"主权论"问题。据宪法教科书记载，"主权论"早已从"国王主权论"变成"国家主权论"，最后又发展为"国民主权论"。现代宪政体制已经详细地说明了国民主权主义的本质及其范畴。最后，让我们一起大声朗读一遍《大韩民国宪法》第一条的内容：

"大韩民国是民主共和国。大韩民国的主权掌握在国民手中，所有的权力都来自国民。"

07

女巫是否真的存在？
女巫真的施展魔法蹂躏孩童？

在美国塞勒姆村发生的女巫审判案如实反映
了当时席卷新英格兰地区的宗教狂热气氛。

塞勒姆女巫审判案

——1692年，美国

时间与法庭

1692年，美国马萨诸塞州塞勒姆村巡回刑事法庭

案件当事人

村民59人

审判焦点

女巫是否真的存在？女巫真的施展魔法蹂躏孩童？

审判结果

有罪判决31人（其中死刑9人），1人被压死，17人在审判中死亡

历史质问

· 针对个人或少数群体的"猎巫行动"为什么会发生，又是怎么引发的？

· "猎巫行动"与司法制度之间到底有什么关系？

我们时代的“猎巫行动”

2007年，韩国一位网民向出道不久便以斯坦福大学硕士生的身份而备受瞩目的歌手“陀布罗（Tablo，艺名）”提出了伪造学历的质问，这个质问很快在网上传播开了。面对众人的指责，陀布罗出示了毕业证书等一系列证据。然而，人们的指责声并没有因此而停止。

2010年4月，陀布罗以捏造虚假事实、侵犯名誉权的嫌疑起诉了其中的几个网民。对此网民们成立了以了解陀布罗真实身份为目的的网络论坛，有组织地做了回应。他们的行为已经越过了了解陀布罗学历真相的范围，还涉及了他过去的生活轨迹和家庭背景。经过两年多的法律诉讼，陀布罗于2017年12月终于被法院认定学历的真实性，该网络论坛的几名会员被法院判处有期徒刑。斯坦福大学方面表示：“他的创意力和努力足以受到人们的喜爱，然而他却成了‘猎巫行动’的对象，令人遗憾。我们很想知道真相大白以后由谁来补偿他的损失。”

以前是演艺圈和政界的知名人士毫无根据地成了“猎巫行动”的对象，可随着社交网络服务的发达，现在普通人也成了“猎巫行动”的对象。2017年9月在韩国发生的“240路公交车事件”就是一个典型的例子。有人在网络上曝光了一位公交车司机“野蛮驾驶”的行为，说那个司机在某一站点停车时将一个脱离妈妈的手独自下车的小孩子丢弃在那里继续驾车前行，当孩子妈妈和乘客们哭喊着要求停车时司机不予理睬一直开到下一站才停车。这一消息一经发布立刻引来了众多网民的抨击。然而调取公交车上的监控录像发现，当时确有一个小学生在该停车站很自然地走下公交车，孩子妈妈发现孩子独自下车后便要求司机停车，司机按照乘客要求停下车打开了车门，可孩子妈妈却没有下车，一直坐到200米外的下一站才下了车。眼下网络上不分是非曲直、肆意污蔑当事人的言论时而出现，网民的回帖也具有很大的攻击性和侮辱性，从而给当事人造成难以挽回的损失。

中世纪末近代初欧洲流行"给无辜的人强加罪名"的奇怪的审判行为。这是一种"在一个群体内部助长愤怒或恐惧氛围，无差别地去镇压某一个人或弱势群体的群体性歇斯底里"的现象，被人们称为"猎巫行动""女巫热""巫女审判"。"骑着扫把飞来飞去施展咒术的巫女（如果是男人叫作巫师）"是很久以前流传在民间的传说。到了15—17世纪，"骑着扫把飞来飞去施展咒术的巫女"又变成"一到夜间就变成野兽来到集会上与恶魔发生性关系并借用恶魔的力量杀人、传播疾病、引发暴风雨的邪恶魔女"。从1590年到1660年的70年间，"猎巫行动"达到高潮，至少有10多万人被当作"女巫"而处死。学者们归纳了引发"猎巫行动"的几个原因。中世纪末，整个欧洲社会和经济处于危急状态之中，为了转移社会矛盾，教会扬言引发这场危机的罪魁祸首就是受恶魔的唆使给社会带来邪恶的巫女。他们为了强化包括刚刚崛起的城市市民阶层在内的政治、宗教权力对共同体周边部分的控制权，确保其合法性，也为了助长或利用共同体内部矛盾，将引发危机的责任推卸给弱势群体，采取了所谓的"猎巫行动"。还有一个原因就是为了维护以男性为中心的家长制文化和制度而攻击软弱无力的女性。

如今早已没人相信女巫的存在，然而指定某一个人为威胁社会的危险因素而加以谴责和排斥的现象直到20世纪仍在盛行。1923年关东大地震后日本人屠杀朝鲜人的事件，20世纪30年代发生在苏联的斯大林肃清政敌的事件，20世纪40年代德国纳粹分子屠杀犹太人的事件，20世纪50年代美国将无辜的市民当成共产主义分子的麦卡锡主义运动等都属于上述的"猎巫行动"。日本人称朝鲜人又是放火又是往水井里投毒从而加大地震损失，斯大林称那些对手与美帝国主义里应外合大搞间谍活动，纳粹分子称因邪恶又贪婪的犹太人的存在使德国发生经济社会危机，美国麦卡锡主义者称在中国已全面共产化、苏联的国力又不断壮大的形势下美国内部仍有人认同共产主义，"猎巫行动"的制造者们无视事实真相，在自我恐惧的阴影下胡乱指责、镇压，甚至杀害了不计其数的无辜的"女巫"们。

清教徒共同体——塞勒姆的变化与冲突

17世纪初，大多数英国人为了摆脱经济上的贫困和政治、宗教上的压制，怀着对新世界的梦想和对自由的渴望，移居到美洲大西洋沿岸。他们当中大部分是为了从尚未与天主教彻底决裂的英国国教会捍卫信仰与自由的清教徒，这些由农夫、技工、商人、律师、牧师等组成的清教徒们聚集在新英格兰地区建立了多个共同体。共同体的成员都是生活俭朴、生性善良、为人诚实的人，同时每个人又具有强烈的独立性和自信心。他们认为宗教里"看不见的世界"的恶魔统治者派来的女巫施展各种魔法，使原本纯洁的人变得腐化堕落，还给人们带来传染病和自然灾害。因此，每一个清教徒作为上帝虔诚的创造物有义务找出并严惩那些害人的女巫。

17世纪中期，共同体内部开始出现了众多矛盾与冲突。他们认为与其遵循教会的道德规范，不如按照内心圣灵的指示去行事。他们不仅发动与美洲土著之间的战争，还给美洲大地传播了天花等瘟疫。随着新英格兰港口的建成和对欧贸易量的增加，他们的定居范围逐步向西部扩大，商业主义与物质主义开始盛行，社会阶层也开始趋于分裂。教会的牧师们宣扬物质上的富裕是上帝恩赐的见证，应该为上帝感到骄傲。清教徒们建设一个在共同的信仰中融为一体、相互关怀的共同体的初衷渐渐被淡漠了。

位于美国马萨诸塞州东部的塞勒姆镇（Salem Town）的名称取自希伯来语的"萨莱姆（Shalom）"一词，意即"和平"。塞勒姆镇作为清教徒的共同体所在地，于1629年开始迅速地发展为运输中心和商业中心。随着该镇规模的不断扩大，1637年镇里的部分居民在镇子西边约8千米的地方建立了一个名叫"塞勒姆村（Salem Village，现今的丹佛斯，Danvers）"的村庄。村民们将那个村庄建设成了以共同的信仰共同生活、共同生产的独立的共同体。

但是从17世纪后半期开始，塞勒姆村也刮起了商业主义和物质主义的风潮，包括土地在内的财产掌握在少数人手中，渴望清教徒理想主义的居民沦落为贫苦的农夫，就连教会和村庄的主导权也落入了商人的手中。由于贫穷的加剧，再加上频繁发生的自然灾害和瘟疫，村庄西部以耕作为主的居民便认为物质主义和世俗主义正在严重威胁共同体的命运，而这一威胁正是来自居住在村庄东部的居民（商人居多）。然而东部的商人却不这么想，他们认为西部居民没有跟上时代的变化，仍旧停留在过去的世界里。与此同时，出现了一些继承已故丈夫财产的丧偶女性和从事商业活动的女性，于是东部的居民认为她们的存在是对以男性为主的家长制秩序的威胁，有些人甚至怀疑那些女性是"女巫"。1692年发生在塞勒姆村的"猎巫行动"是一场清教徒共同体从清教徒式的农耕社会演变为世俗性的商业社会过程中发生的政治、经济和社会性的分裂和动荡，而这一动荡恰好碰上"捍卫信仰的宗教迷信"和"以对女性的偏见证实女巫存在"的迷信思潮，于是不可避免地导致了一场惨剧。

几个少女怪异的行为和对三个女人的女巫指控

在波士顿经商受挫后上大学念了几年牧师专业的塞缪尔·帕里斯（Samuel Parris）于1689年来到塞勒姆村担任了牧师，信奉清教徒原教旨主义的帕里斯宣扬商业主义正在侵蚀村民和教会。对此商人和地主很不满意，拒绝向牧师缴纳用于教会运营的教会会费。帕里斯牧师大声疾呼邪恶、堕落的人们为了破坏清教徒及其象征与恶魔同流合污，并声称世人将分为"善羊及其追随者"和

"恶龙及其帮凶"两类。

1692年1月的某一天，牧师的女儿贝蒂和侄女艾比盖尔突然痉挛，继而呼吸急促。两个少女一会儿在房间里乱窜，一会儿痛苦地扭动身子，甚至爬到家具底下说出谁都听不懂的话。帕里斯牧师的朋友约翰·普特南（John Putnam）的女儿安妮和邻家的少女也以怪异的表情扭动身子，不一会儿便倒在地上抽搐。由于对孩子们的异样症状深感内疚，帕里斯整个2月禁食并天天做祷告。他还请医生给少女们看病，医生说很像女巫症状。帕里斯邀请牧师朋友举行驱魔祈祷会，可少女们的症状并没有好转。

2月25日，帕里斯家的保姆、黑人奴隶蒂图芭听信乡亲们说的"给狗喂一下女巫蛋糕就可以知道恶灵的真面目"，便用少女的尿液拌黑麦粉制作了蛋糕。看到女巫蛋糕，帕里斯夫妻认为蒂图芭正给自己的女儿施展巫术。村民们追问贝蒂和艾比盖尔，让她们说出女巫的名字，两个少女在人们的逼迫下指认村里的三个女人就是女巫。那三个女人，一个是给两个少女讲过小时候自己在迷信活动盛行的西印度群岛经历过的有关妖魔的故事、前两天给牧师的女儿贝蒂做女巫蛋糕的蒂图芭，一个是为孩子经常乞讨且总是满腹牢骚的乞丐女人莎拉·古德，还有一个是再婚后与前夫的几个儿子争夺遗产而犯口舌是非的病患老太婆莎拉·奥斯本。帕里斯和安妮·普特南的父亲及其叔叔指控那三个女人是女巫，2月29日，塞勒姆村的治安法官签发拘捕令拘留了那三个女人。

3月2日，治安法官们在塞勒姆村教堂里对三个嫌疑人进行了公开审讯，几个少女作为被害人出庭做了证言。她们诉说自己因三个女人的巫术受尽折磨，看到三个嫌疑人就尖声叫喊，浑身抽搐，满地打滚儿，眼前总是浮现她们在空中游荡的灵魂。古德和奥斯本表示自己从未见过任何邪恶的存在，也从未遇到过什么恶魔，因此主张自己不可能是女巫。蒂图芭一开始坚持认为自己是纯洁的，可后来改变态度坦白自己作为撒旦的女仆游荡在空中试图给人们造成危害。经蒂图芭这么一坦白，古德和奥斯本也供认自己确实骑着扫把之类的东西来到塞勒姆村来祸害少女们。蒂图芭供认的理由有可能是担心同为帕里斯家奴隶的丈夫成为替罪羊，或许是像几个月后翻供时所说的那样无法忍受帕里斯的殴打和威逼。

听到蒂图芭的供述，人们开始相信村里确实有女巫存在，人们更是谁都不敢公开否认女巫的存在。因为在那种情况下，谁要是胆敢否认女巫的存在，谁就有可能被指认为女巫的帮凶。1688年波士顿的一个洗衣女工以欺负女孩子的罪名被指认为女巫，1689年牧师科顿·马瑟（Cotton Mather）据此写了一部以新英格兰确实存在着女巫并给当地造成恐慌为内容的书《难忘的天命：关于巫术和魔鬼附体》（*Memorable Providences Relating to Witchcrafts and Possessions*）。然而，尽管被指认为女巫的三个女人入狱，那些"魔鬼附体的少女们"的症状并没有什么好转，反而证实少女们确实遭受女巫蹂躏的人越来越多了。当时还发生了指控邻居为女巫的事情，指控的人大多是9～20岁的少女。3月23日，一直受村民喜爱和尊敬的71岁高龄的老太太吕贝卡·诺斯也被指控为女巫。据后人猜测，吕贝卡被指控有可能是与普特南和帕里斯家族的农场边界问题和向帕里斯牧师拒缴教会会费的事情有关。第二天，吕贝卡站在了治安法官面前。尽管对她怀有怜悯之心的旁听者相信吕贝卡是清白的，可少女们还是坚持主张她们亲眼看过恶魔贴近吕贝卡的耳朵低声说了什么。吕贝卡每动一次身子，少女们就像被什么东西咬了一口、掐了一下断了的脊椎骨似的瑟瑟发抖。

愈演愈烈的女巫热

到了1692年4月，对女巫的指控像瘟疫一样蔓延开来。4月20日至30日又发生15起指控案，5月2日至6月6日有39个人被指控施展魔法。兄弟之间、邻里之间相互告状，村里一连串的人都受到了连累。指控人声称自己被那些肉眼看不见的恶女挠破、扎破甚至流血。如果指控人改口说是自己谎报的，那么指控人也会被当成女巫或女巫的帮凶。在这种群体歇斯底里的环境下，塞勒姆村整整一个夏季都笼罩在寻找女巫的恐怖的气氛之中。

从4岁的幼女到90多岁的老妪，不管是清洁工还是算命师，也不管是医生还是商人，不计其数的女人以女巫嫌疑被指控了，就连负责女巫审判的法官、牧师、总督夫人也被打成了女巫。有一天竟然有50多人同时被指控，法官也因没有让她们任何一个人坐牢而被指控，无奈之下法官于当天晚上带着家人逃离了塞勒姆村。乔治·伯劳斯（George Burroughs）10年前在塞勒姆镇郊区当过两年牧师，当时他为了化解村民之间的矛盾倾注了很多努力，然而最后还是没有化解矛盾就离开了塞勒姆镇。就是这样一个人也被村里的安妮·普特南指控为女巫。面对坚决否认指控的乔治·伯劳斯，安妮做了如下的伪证：

图20 女巫审判庭：为寻找宗教自由而来到新大陆的拓荒者们以宗教为理由对女巫进行了审判，这在美国宗教史上是最险恶的黑色历史事件。1957年马萨诸塞州政府对这个事件做了正式道歉。

　　就在这个时候我看见了两个身穿寿衣的女人尸体。她们红着脸用充满怒气的目光望着伯劳斯先生。她们说伯劳斯非常残忍地对待她们，她们流下的鲜血正在向世人喊冤。接着那两个女人又把目光转向了我。我发现她们的脸又变得十分苍白。她们异口同声说她们是被伯劳斯害死的两个前任妻子。其中的一个女人诉说伯劳斯刺伤她的左臂后又拿铅水填平了伤口。说完，那个女人朝我走过来给我看了伤痕。[1]

　　指控女巫的人大多是塞勒姆村西部以种地谋生的贫苦农家的

女儿，而被指控的人则大多是住在塞勒姆村东部的人。被指控的人是伯劳斯牧师反对派当中势力较弱的、在塞勒姆村和塞勒姆镇周边做生意的人。被指控的人当中女人比男人多，其中不少是继承前夫遗产的女人或经营小酒馆的寡妇。到了5月末，以女巫嫌疑被羁押的人已经达100人，甚至还有两条狗以盯人就有可能使被害人发生痉挛为由被吊死在绞架上。在满地虱子、臭气熏天的肮脏的地牢里为了寻找能够证明女巫的蛛丝马迹，看守们对那些女巫嫌犯强制进行了裸身搜索。看守们不让她们喝一口水，使用各种酷刑试图从她们嘴里得到线索。在这里，我们先听一听老农乔治·雅各布与治安法官之间的对话：

> 乔治·雅各布：你们说我是巫师，干脆叫我秃鹰好啦〔巫师（wizard）和秃鹰（buzzard）在英语里发音相似〕。我从来没有伤害过别人。魔鬼不是随时变换自己模样的吗？
>
> 法官：你这是等于自己承认了。为什么不与家人一起祈祷呢？
>
> 乔治·雅各布：因为我是目不识丁的睁眼瞎。不管你们是烧死我还是吊死我，我都会永远活在真实的耶稣心中。[2]

被囚禁的人，如果没人从监狱外部送来食物或羁押费用（当时被羁押的人须向监狱缴纳羁押费用，未足额缴纳就不能离开监狱），那么被囚禁者就只好在监狱里待下去。被囚禁者当中最可怜的是那些把幼小的孩子独自留在家里且没有给孩子备好食物的女人，而且这种与幼子生离死别的女人在被囚禁者当中占大多数。

女巫审判全过程

1692年5月，新英格兰总督威廉·菲普斯（William Phips）接到有关塞勒姆村女巫事件的报告，认为这起案件由于涉案嫌疑人过多而不能用常规审判方式来审判，于是决定在塞勒姆村里临时设置刑事巡回法庭。临时法庭不管采取什么样的手段都要查出犯人，因为只有查出犯人才能证实自己存在的合理性，这次设置在塞勒姆村的临时巡回法庭也不例外。5月27日，菲普斯总督向塞勒姆村派出了以虔诚的清教徒副总督威廉·斯托顿（William Stougton）为审判长的7名特别法官。

6月2日，第一个接受审判的是布瑞奇·比绍普。她是从塞勒姆镇搬到塞勒姆村开一家酒馆的女人，平时因穿着华丽、言行放荡而备受诟病。审判一开始，旁听席就炸开了锅，辱骂声、喊叫声此起彼伏。有人声称自己亲眼看见过比绍普身佩护身符念诵咒语，也有人说有一次他拒绝了她的暗中诱惑，结果遭受了难以言表的痛苦。在女巫审判中"主动坦白"的人被无罪释放（算是给那些"主动坦白并证实女巫确实存在"的人提供的一种补偿），而坚持主张清白的人却要遭受严刑拷问，直到供认为止。除了供认以外，作为重要证据的还有被害者提示的自己遭受被告人的

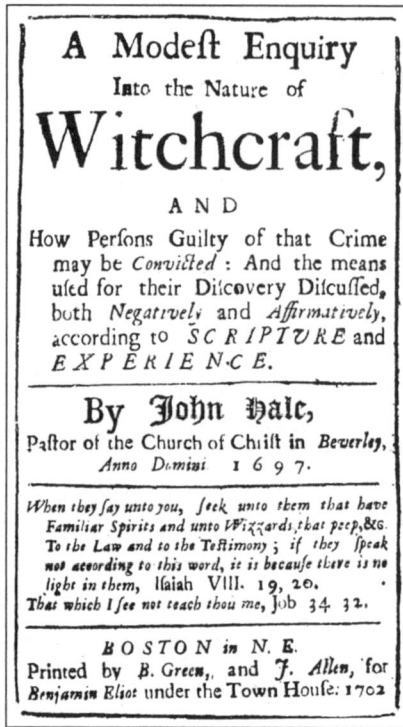

A Modest Enquiry
Into the Nature of
Witchcraft,
AND
How Persons Guilty of that Crime
may be Convicted: And the means
used for their Discovery Discussed,
both Negatively and Affirmatively,
according to SCRIPTURE and
EXPERIENCE.

By John Hale,
Pastor of the Church of Christ in Beverley,
Anno Domini 1697.

When they say unto you, Seek unto them that have
Familiar Spirits and unto Wizzards that peep, &c.
To the Law and to the Testimony; if they speak
not according to this word, it is because there is no
light in them, Isaiah VIII. 19, 20.
That which I see not teach thou me, Job 34 32.

BOSTON in N. E.
Printed by B. Green, and J. Allen, for
Benjamin Eliot under the Town House: 1702

图21　女巫研究：这本小册子是在新英格兰"猎巫行动"最猖狂的1687年编制的，也是当时深入考察"猎巫行动"概念的研究资料之一。现在看来荒谬之极，可在当时就连受过一定教育的人也心服口服地接受了"猎巫行动"。

"幻影"或"幽灵"折磨的"幻影证据"、逼迫被害者触摸被告人从而观察被害人反应（当时的人们认为只要女巫一触摸被害人，痉挛症状便即刻消失）的"接触测试"、搜查官为寻找女巫的标记不分男女肆意实施的"裸身体检"等。证人说的"亲闻传言"、被害者的想法或猜测也作为证据被法庭采纳了。相反，不允许任何人为被告人当证人，不允许为被告人聘请辩护律师，判决后也不允许被告人上诉。

曾主张新英格兰有女巫活动的科顿·马瑟牧师看完对比绍普

的审判后向法官们提出了警告。他强调法官们要想忠实履行自己的职责就必须只对自己亲眼看到的罪行进行处罚，稍有不慎就有可能陷入恶魔的骗局，招致可怕的后果。法官纳撒尼尔·萨尔顿斯托（Nathaniel Saltonstall）也指出法庭应该慎重对待"幻影证据"，然而其他的法官们无视萨尔顿斯托的劝告一味地相信了证词。最后法庭判决比绍普有罪并于6月10日将她处以绞刑，反对比绍普有罪的萨尔顿斯托于6月15日主动退出了法庭。

6月29日，法庭在两天之内审理了5起女巫案件，其中也包括吕贝卡案件。审理吕贝卡案件时有几个自称是被害者的人站出来作证，说自己曾遭受过吕贝卡幽灵的骚扰。也有几个人作证，村里发生的几件死于非命的事件也是吕贝卡一手造成的。搜查官搜查吕贝卡的身体之后声称她的身体隐秘的部位有一块像乳头一样突出的疙瘩。而有的村民向法庭提出了证明吕贝卡品德的请愿书，陪审团根据这些证词判吕贝卡无罪。可随着被害人一再鸣冤叫屈，再加上部分陪审员对无罪判决表示不满，审判长便要求陪审团重新判定。最终吕贝卡还是被判为女巫，并于7月19日与其他4个女人一起上了绞刑架。

8月19日，村里的很多人前来围观原牧师伯劳斯被处决的情景。尽管塞勒姆村32个德高望重的人提出伯劳斯是清白的的请愿书，但是他们的请愿书并没有挽救伯劳斯的性命。这里我们再看一看当时围观伯劳斯最后一刻的村民们发出的感慨：

伯劳斯先生与其他因犯一起乘马车经过塞勒姆大街

来到了刑场。他在登上绞刑架梯子的那一刻仍然用沉痛而真挚的表情主张自己的清白，对此，在场的人们赞叹不已。最后时刻他像是事前背好了似的诵读了主祷文。他的表情是那么平静，他的诵读声音又是那么充满热情。此情此景不禁使人们潸然泪下，甚至产生了上前阻止行刑的冲动。[3]

　　伯劳斯牧师被处死以后还有多人经不住严刑拷打而死亡，从9月开始，还有不少无辜的人因诬陷和恶意谣言而被处决，甚至之前指控女巫的人也被认定为女巫。尽管有那么多人被指控是女巫，可少女们的症状并没有好转。10月3日，科顿·马瑟牧师的父亲英克里斯·马瑟（Increase Mather）牧师去监狱看望被囚禁者后指出，所谓搜查女巫本身就是恶魔们精心设置的骗局，是少数极其狡猾的骗子们驱使愚蠢的人们进入他们事前设置好的陷阱的险恶阴谋。10月8日，在英克里斯·马瑟的说服下，包括前任总督和副总督以及萨尔顿斯托法官在内的8名权威人士签署了反对女巫审判的文件，夫人也被指控为女巫的菲普斯总督下令不准使用"幻影证据"和其他不明证据。3个星期后的10月29日，总督解散了临时巡回法庭，停止了拘留嫌犯的行为，释放了除了52人以外的全部被囚禁者。1693年1月，新成立的法庭对剩余的49人宣告无罪释放，另外3人也在5月获得赦免。早期被判入狱后又放出来的3个人再也没有被召回。至此，塞勒姆女巫审判宣告结束。

　　事实上，自1692年10月开始停止使用肆意诬陷好人为女巫的"幻影证据"后，女巫审判已经失去了意义。回首整个女巫审判的过程，被指控为女巫而被拘留的嫌犯185人中有59人被大陪

审团进行了刑事审判，其中31人获有罪判决。而这31人中有19人
（女14人，男5人）被绞死，一名拒绝答辩的男子被认定犯有污辱
法庭罪被重石压死，还有17名嫌犯在审讯过程中因严刑拷打而死
于监狱。1693年，英克里斯·马瑟牧师撰写了一本关于塞勒姆女
巫审判的著作《论审判的良知——关于女巫案中邪恶附身、巫术
以及定罪的确凿依据》（*Case of Conscience Concerning Evil Spirits
Personating Men*）。

审判结束以后

尽管已经证实那些少女和一些村民的证词是假的，可对他
们的司法措施却迟迟没有得到落实。其原因只有一个，那就是当
局担心手握百姓生死大权致使塞勒姆共同体崩溃的法官和政府的
行政、宗教权威受到打击。有些人认为"猎巫行动"仍在继续，
被释放的"女巫"及其家属仍然生活在委屈和贫困之中，信徒们
也分裂为支持和反对帕里斯牧师的两个派别。对此，帕里斯牧师
曾向村民们道歉并支付补偿金试图达成和解，但都失败了。到了
1697年，帕里斯牧师领取拖欠的薪金之后还是离开了塞勒姆村。

"猎巫行动"结束很久以后，社会上才开始出现反对和忏悔
的声音。1696年12月17日塞勒姆村通过决议，要求制定禁食日和
忏悔日。在1697年1月14日的忏悔日上，曾经负责女巫审判的法官
萨缪尔·西沃（Samuel Sewall）做了公开道歉，说为自己所做的事
情感到自责、羞愧，并在此后每年的同一天以绝食求得人们的原

谅。其他法官和陪审员也跟着西沃法官做了道歉，可当时反对赦免的审判长斯托顿却始终没有承认自己的错误。到了1698年，在新任牧师约瑟夫·格林的努力下，离开教会的人和留在村里的人终于达成和解，塞勒姆村的氛围渐渐恢复到了过去的正常生活。

而在那些行为怪异的少女们中，只有安妮·普特南于1706年8月25日为很久以前在法庭上说的谎言道了歉。18年后的1711年10月17日，马萨诸塞州当局宣称"撤销对私权的剥夺"，推翻了对伯劳斯牧师等人的有罪判决。当局还给那些在女巫审判中受到冤枉的部分受害者（请求平反的人和被认为受到极其不公正待遇的人）支付了赔偿金，并正式注销了有罪记录。1992年5月9日，塞勒姆市的市民和丹佛斯村的村民为悼念"猎巫行动"中冤死的人们在丹佛斯村竖立了"塞勒姆村猎巫行动遇难者丹佛斯纪念碑"。

在历史的法庭上

如今，塞勒姆村已经成了马萨诸塞州的象征，也是"女巫审判"的旅游胜地。到这里可以体验盛大的万圣庆典和幽灵旅游，可以参观女巫地牢，还可以在打扮成"女巫"的美女们的陪同下参观被上帝诅咒的公墓，聆听有关女巫的可怕的鬼神故事。著名作家纳撒尼尔·霍桑（Nathaniel Hawthorne）是"猎巫行动"中向女巫发出第一个逮捕令的治安法官霍桑的直系后代。他痛恨自己的祖先参与了女巫审判，为了表示自己的羞愧之心改换了姓氏

图22　历史现场："猎巫行动"的发生地，也是小说《红字》的背景地塞勒姆村如今已经成了著名景点。为了一睹臭名昭著的历史现场，每年有众多游客前来观光旅游，尤其到了10月的万圣节更是人山人海、热闹非凡。

字母，并于1850年创作了反映女巫审判故事的长篇小说《红字》（The Scarlet Letter）。他在这本书里猛烈抨击清教徒的伪善和道德完美主义，被人们评价为"悼念牺牲者的献词"。剧作家阿瑟·米勒（Arthur Miler）也创作了戏剧《塞勒姆的女巫们》〔1996年改编成电影《炼狱》（The Crucible）〕，生动地再现了当年发生在塞勒姆的女巫审判，辛辣地讽刺了当时席卷美国的麦卡锡主义的疯狂和猜忌心理。

下面让我们通过被历史学家们评价为"清教徒旧秩序的最后气息"的"塞勒姆猎巫行动"中的几个主人公来推测一下这一场灾难的起因。帕里斯牧师认为村里刮起的物质主义和商业主义的歪风邪气使清教徒社会趋于堕落，而自己作为牧师有义务净化这种风气。正因如此，他有可能认为正是那些受到恶魔驱使的村民欺负了包括自己女儿在内的少女们。而正处于成长阶段的牧师女儿和其他几个少女有可能是因不堪忍受来自身体和精神上的痛苦（应该说是由清教徒严格的教育方式引发的不安情绪），才按照大人们的吩咐指认了那些自以为对自己造成危害的村民。控告女巫的人们也是，他们的生活十分艰辛，与之相反，没有宗教信仰的人们却过着衣食无忧的生活并在村里呼风唤雨，于是他们早已对那些人十分不满。从这里我们可以推测，当他们听到牧师说那些人就是恶魔时，为了捍卫清教徒信仰的纯洁性便把那些人以女巫的罪名告上了法庭。在法官当中有不少是在战场上吃过败仗的军官，这就说明他们有可能把这起案件当作是掩盖战败原因、抚平战争伤痕再好不过的机会。

　　关于塞勒姆女巫审判案的起因，根据研究角度不同，在学者们中间也有不同的解释。现在我们一起观察一下学者们普遍认同的说法。当时塞勒姆村的人们对女巫施展魔法给村里人带来邪恶的影响这一说法坚信不疑。换句话说，他们在连年的战火和灾害的威胁中深切地意识到恶魔的诅咒给他们带来的危害性。再加上随着农耕社会向商业社会的转变，以及物质主义和世俗主义的渗透，人们对清教徒信仰的看法也发生了变化。17世纪后期随着贸易的发展和居住地盘的扩大，导致社会阶层分化、贫富差距变大。而这种社会分化和贫富差距又使塞勒姆村村民和塞勒姆镇镇民之间在政治上、社会上的矛盾也越来越尖锐，相互间的敌对意识和被害意识达到了一触即发的地步。面对分裂和矛盾，就连牧师们也无法用宗教教理来平息，有的牧师宣扬财富就是恩典的外在根据，有的牧师则宣扬这是身陷恶魔诱惑的人失去宗教信仰而导致的结果。坚信以男性为主的家长制社会的人们认为那些继承遗产的女人和从事商业活动的女人背弃了作为妻子和母亲所必备的品行和道德操守，在这种情况下，村里没有调解内部冲突的机构或权威人物，而新英格兰总督和外部派来的法庭却出于政治需要助长或歪曲村里的内部冲突。最终，在这些要素的共同作用下，矛盾进一步激化了。由于不合理的审判制度未能制止事态的发展，结果一个又一个"塞勒姆女巫"成了冤魂。

未能阻止女巫审判的重要司法因素是刑事诉讼程序上的纠问主义和刑讯逼供。从中世纪末期到近代初期，欧洲盛行纠问主义（Inquisitionsprinzip），侦查、起诉机关和审判机关没有区分，由同一个人或机构执行所有程序。当然，英国及其殖民地由于设置了由市民决定起诉与否的大陪审团（grand jury）和决定有罪与否的小陪审团（petit jury），与欧洲的其他国家多少有些区别。然而，在塞勒姆女巫审判中，法官不仅直接侦查和审问被指控的女巫，并决定是否拘留，而且轻易推翻陪审员的无罪意见。由于法官主导侦查和审判的全过程，被告人就失去了得到公正审判的机会。不仅如此，只要被告人在供词中承认有罪就予以释放，相反，如果否认有罪便以女巫的罪名对其进行严刑拷问直至供认。还有，在塞勒姆女巫审判中使用所谓的"幻影证据"、不许被告人聘请辩护律师、不允许被告方有证人作证、对有罪判决不准上诉等措施也是导致误判、错判的原因。所谓"幻影证据"也是一个十分荒谬的提法。在刑事审判中，对证据的采用和排除是非常重要的问题。根据韩国刑事诉讼法，不允许刑讯逼供，不允许仅凭嫌疑人供述定罪，必须具备完整的证据链。诉讼法还规定，侦查机关违法搜集的证据不能作为有罪证据来使用。

负责塞勒姆女巫审判的大部分法官对被指控的女巫作了有罪判决，只有法官纳撒尼尔·萨尔顿斯托坚持主张无罪。当自己的主张未被采纳，萨尔顿斯托毅然辞掉了法官一职，在当时狂热的社会氛围中能够独自主张无罪并敢于辞掉法官的萨尔顿斯托法官的智慧和勇气着实令人惊叹和佩服。少数法官的意见可以反映社会不同的价值观和思想，早晚有一天会成为多数人的意见，甚至还会成为最正确的意见。此次事件中萨尔顿斯托法官的意见正是代表最正确的意见。在"猎巫行动"中作出误判、错判的法官中只有萨缪尔·西沃法官做了公开道歉。由国家权力通过拷问和操纵制造的冤案，当局理应做出真诚的反省和采取追责措施，但他们没有做到，就连没有阻止像"猎巫行动"那样荒唐事件的司法部门也不例外。

从历史上看，女巫审判是掌权者在社会处于危急状态时助长人们的愤怒和恐慌情绪，将责任推给抵抗势力或社会弱势群体的一起典型的审判案例。侥幸从女巫名单中排除在外的人们笼罩在无尽的恐惧之中，总是用猜忌的目光看待他人，有时还为群众心理所裹挟而盲目地指责他人，他们为侥幸脱离女巫黑名单而感到庆幸。被指定为女巫的人一般都是弱者，他（她）们毫无防卫能力，司法审判也往往是不公正的，因此遭殃的就是那些弱势群体。如果以这种方式启动"女巫冤案"，"猎巫行动"就会成为任何社会都能出现的普遍现象。每个人的心里都有排除异己的心理，更有对社会的一些弊端或日常生活中发生的不幸事件推卸责任的心理。在当今的信息化时代，人们通过已成为相互监视空间的社交网络服务（Social Networking Service，SNS）只一瞬间就能冤枉一个好人，并进行单方面的、群体性的攻击。按照掌权者的意志，或者根据普通人一个不经意的行为，任何人都有可能成为"女巫"，任何人都有可能向"女巫"投掷石块。因此，我们要时时刻刻铭记和反思已经载入史册的"猎巫行动"和"女巫审判"。

08

未被任命为法官的马伯里
能否得到法律的保护？

真正落实美国司法独立性的重要审判案的当事人、法官提名人威廉·马伯里（左）和时任国务卿的詹姆斯·麦迪逊（右）。

马伯里审判案

——1803年，美国

时间与法庭

1803年，美国联邦最高法院

案件当事人

威廉·马伯里（William Marbury）诉詹姆斯·麦迪逊（James Madison）

审判焦点

· 未被任命为法官的马伯里能否得到法律的保护？

· 最高法院能否签发职务执行令？

审判结果

· 已被任命的法官权利受到侵犯，因此需要法律的补救

· 关于职务执行令的法院组织法是违反宪法的，因此不能颁布

历史质问

给司法部赋予违宪法律审查权是否合理？

韩国宪法法院的违宪法律审查事件

为了控制国家权力的滥用，保障国民的自由和权利，韩国最高法律——韩国宪法规定了国家权力不可逾越的一条红线。要使宪法发挥其应有的作用，必须建立向违反宪法的权力部门发出违宪警告的警醒机制。如果国会制定的法律侵犯了宪法保护下的国民自由和权利，那么作为独立司法机关的宪法法院就启动该法律已经违反宪法的判断并取消该法律的法律效力。宪法法院的这种程序叫作"违宪法律审查"。

以1987年6月爆发的民主化运动为契机，韩国制定了第六共和国宪法，设立了审查违宪法律等只负责宪法审判的宪法法院。宪法法院作出了很多对韩国社会产生深远影响的决定，其中除了对卢武铉、朴槿惠总统的弹劾事件之外，闻名遐迩的违宪法律审查案还有2004年《新行政首都建设特别措施法》和2015年将处罚通奸行为的刑法条目（刑法第241条）定为违宪法律条目的决定。

《新行政首都建设特别措施法》是根据总统的提议，由国会主要政党以多数票赞成而通过的有关迁移青瓦台和中央各部门办公场所的法律，对此宪法法院判定"这是变更600年来以首尔为首都的传统宪法的违宪法律，因此没有效力"。再看通奸罪的违宪诉讼。1953年制定的刑法将通奸规定为犯罪行为，由于这是国家介入私生活领域中最隐秘的性生活问题的行为，因此宪法法院认为国家的这种行为也属于违宪范畴，从而判定对通奸行为不能予以处罚。对宪法法院的这一判定，不少人指责宪法法院是无视民主主义价值观和规范的"帝王式司法部"，也有人批判以超出国民意识的判定可能会引发社会混乱。尽管很多人主张宪法法院的这种判定不合理，但没有一个权力机构或政党否认该判定的效力。

对通奸罪的处罚，宪法法院于1990年、1993年、2001年、2008年先后四次判定并不违宪，可在2015年的第五次审理中判定为违宪，从而结束了历时几十年的争论。在1990年的审理中强烈主张通奸罪属于违宪的金亮均法官在一次采访中这样说道：

> 在第一次判定违宪时我自己写了全面的违宪意见，相信三十至五十年内情况会按照我的意见改变。十九年以后，参与第四次判定的五名法官也提出了违宪意见。通过长期的检察官生活，我发现通奸并不是习惯性的现象，而是偶发性的现象，因此通奸罪条款主要适用于偶发性的人。通奸罪条款对很多家庭和个人是毁灭性的打击，成了我提出违宪意见的基础。通奸罪条款是违宪的，是反宪法的，甚至是愚昧的。[1]

可见，宪法法院审理的案件与民事、刑事案件不同，需要固有的逻辑且以政治理念上的争论为背景，因此理解起来难度较大。在韩国舆论界或政界，持不同观点的双方往往热衷于逻辑上的或感情上的争论，很少有人关注政治性较强的宪法理论。在这里，我想向那些非法律专业的知识分子和已经觉醒过来的市民推荐李范俊记者写的《宪法法院，述说韩国现代史》、金振焕教授写的《宪法阅读时间》以及赵志亨教授写的《反映在宪法上的历史》等著作。

美国联邦的成立与有关宪法解释权归属的争论

本章所要讲述的"马伯里审判案"对法学学者来说是非常重要的案件。如前所述，审判违宪法律时立法部或政府往往指责没有民主合法性的司法部（法官不像总统或国会议员那样是通过选举产生的）篡夺了自己的权力。马伯里审判就是一个很好的例子。要想正确理解这一点，首先要了解当时美国的政治状况、宪法和法律之间的关系（在这里，共和党的政治倾向与现在的美国民主党很相似，联邦党的政治倾向与现在的美国共和党很相似。18世纪50年代后半期联邦党没落以后创立的共和党培养出了林肯总统，但后来逐渐趋于保守）。

1776年7月4日，现在被我们称为美利坚合众国的国家宣布独立。根据由居民代表组成的大陆会议（美国独立初期的临时政府）上通过的《独立宣言》（The Declaration of Independence），所有人根据生来所平等具有的自然权享有追求生命、自由、幸福的权利，而要保障这一权利就需要一个由人民组成的政府。后来英属各殖民地纷纷改编为"州（State）"，而各州又制定了以保障自由和人权、限制行政部权限为主要内容的州宪法。1781年3月，独立战争胜利后13个州将4年前在大陆会议上通过的《联邦条例》

（The Articles of Confederation）作为新国家的基本法。根据《联邦条例》，各州都属于"美利坚合众国"，每个州都是美利坚合众国中的小国家，只是为共同防御和安全而结成永久的同盟。

联合政府虽然是拥有国家权威的中央机构，但由于它既无权管制贸易、征兵，也无权直接向国民征税，因此不能解决经济、外交、政治等问题。18世纪80年代中期，一群富裕且在社会上具有较大影响力的人提议建立一个以亚历山大·汉密尔顿（Alexander Hamilton）为首的强硬派中央政府。经过长时间的讨论和协商，乔治·华盛顿（George Washington）、约翰·亚当斯（John Adams）、托马斯·杰斐逊（Thomas Jefferson）、詹姆斯·麦迪逊（James Madison）等人在1787年9月的制宪会议上通过了《美利坚合众国宪法》（The constitution of the United States of America）。宪法将三权分立、联邦主义、保障基本人权作为国家的组成原理。具体地说，其将联邦政府分为立法、行政、司法三个部门以达到相互制衡的目的，将权力分散到中央联邦和各州，在赋予中央政府更广泛的权限的同时对各州的自治权也给予了充分的保障。宪法对司法部规定，在联邦最高法院和议会下面设立属于联邦最高法院和议会的下级法院，法官经下议院同意由总统任命，被任命的法官为终身法官。

在只剩下各州批准宪法程序的时候，13个州分为赞成批准宪法的"联邦主义者（Federalists）"和反对批准宪法的"反联邦主义者（Antifederalists）"，双方展开了一场争论。反联邦主义者认为，独立战争就是为了从强权政治中摆脱出来，而如果按照现在的宪法提案行事，强权的中央政府就会挥动专制权力的棒子提高税收、削弱州权、侵犯个人自由。联邦主义者则认为，在联合政府的情况下会发生很多社会危机，像这样软弱的政府很容易被无知的人或煽动家蛊惑，从而使公民的自由权和财产权受到侵犯，因此必须建立一个强有力的中央政府。不过联邦主义者认为，可以通过三权分立和联邦制来限制政府的权力从而保障各州和个人的权利。联邦主义者一般都是呼吁国家应把工商业当成国家主要课题的大商人和农场主，汉密尔顿、麦迪逊、约翰·杰伊（John Jay）等人代表这些联邦主义者在报纸上发表了说明新宪法的意义和优点的评论文85篇。后来这些评论文汇编成集，出版了《联邦主义者论稿》（*The Federalists Papers*）一书。这是一本"建国之父"们说明制定宪法的背景和理由的书，后来每当遇到如何解释宪法等问题时就成了一部非常重要的参考资料。现在我们看一看汉密尔顿说明司法部权限的"评论78"的主要内容：

> 只要深入观察政府各部门的权限为什么必须各自分立的问题，就会不难看出司法部门在其性质上对宪法的政治权利不会构成什么危险，因为司法部几乎没有能力刁难或损害宪法的政治权利。行政部除了名誉之外还拥有一把管理社会的刀，即拥有一个强有力的行政手段。立法部在主管经费的同时还要制定一系列法律，规定制约所有公民的义务与责任。相比之下，司法部既没有立法部管理钱财的权力，也没有行政部管理社会的刀把，对社会势力和社会财富也没有什么影响力，对任何事情都不能作出实质性的决定。可见司法部既没有权力也没

有意志，只具有作出审判的职能。而其审判效力也要依赖于行政部的帮助。

解释法律是法院的固有职责。事实上，宪法是作为一个法官必须掌握的基础性的法律。因此准确传达立法部所有特定行为的意义、准确诠释法律内涵也是法官所应该做到的事情。如果在宪法与立法部之间偶然产生难以共处的变数，那么就要选择拥有更多责任感和正当性的一方，换句话说，宪法应该优于下位法，市民的意志应该优于市民代表的意志。这一结论并不意味着司法部位于立法部之上，只是说明市民的权限高于司法部或立法部权限，当立法部的意志和市民的意志发生冲突时，法官必须按照宪法规定遵循市民的意志，而不是遵循立法部的意志。[2]

最终，按照反联邦主义者的要求，在保证将基本人权条款追加到宪法修正案的前提下，宪法于1788年得以批准，第二年，华盛顿就任美国首届总统。随着成文宪法的制定和其他各种法律的形成，产生了在法律违反宪法的情况下该如何看待法律效力、由哪些国家机关判定违宪法律等一系列问题。对这些问题尽管在宪法制定过程中有过短暂的议论，但由于没有作出明确的规定，后来引发了广泛的争论。首先提出的是"立法优越主义"的主张，即法律必须由与国民最贴近且对国民直接负责任的主权者——议会来制定，这个法律中不能存在与国民意志（宪法）相悖的条款，由司法部来审查是否违宪的做法是非民主主义行为。其次提出的是"三权对等审查"的主张，即因立法部、司法部和行政部在宪法中是没有上下之分的平等关系，因此解决面临的问题时三者均拥有解释宪法的权利。最后提出的是"司法审查"的主张，即司法部作为审理案件时独立解释宪法的部门，为控制立法部滥用权力的行为，切实保障国民的基本权利，司法部有权审查议会制定的法律是否违宪并将违宪法律认定为无效。

考虑到选举，议会制定的往往是拥护多数派（经济上、社会上的掌权阶层）的理念和利害关系的法律。这就导致一个问题，即在法律制定过程中往往出现未能受到法律保护的群体。这是涉及法官在适用法律的过程中为保护少数群体能否将不符合宪法的法律视为无效法律的问题，是一个稍有不慎就会引发政治危机的难题。1803年政权更迭时期，美国联邦最高法院在治安法官任命事件中正面接受"司法审查理论（the doctrine of judicial review）"，宣告存在诸多问题的法院组织法因违宪而无效。在充满戏剧性的政治环境下以缜密、明确的逻辑数次反转的马伯里审判案也许是美国乃至世界司法史上广为人知的、最重要的、被引用最多的案例。

共和党人杰斐逊的执政与法院组织法的修订

1789年美国议会制定了组建联邦上诉法院和联邦地方法院的法院组织法。法院组织法规定，联邦上诉法院是联邦最高法院的组织机构，联邦地方法院是联邦最高法院的下级法院。联邦最高法院成立时只有1名首席大法官和5名大法官，没有独立的法院大楼，他们只能在议会大厦租个小房间办公。交通不方便，住宿条件也十分简陋，再加上一年中有7个月的时间要巡回各州与地方法院的法官一起组成上诉法院处理各种案件，可知当时大法官们执行巡回审判制度是十分艰辛的。1801年修订了法院组织法，这个法律的出台多少减轻了大法官们的巡回审判负担（1802年3月杰斐逊总统就职以后议会废止了这个法律，重新恢复了大法官巡回审判制度）。然而也正是这个法律开启了充满戏剧性的马伯里审判案。

联邦宪法已制定，联邦主义者华盛顿和亚当斯也已相继执政，然而在政府内部以财政部部长汉密尔顿为中心的强势中央政府和主张重商主义的联邦党人（Federalists）、以杰斐逊为中心的弱势中央政府和主张重农主义的共和党人（Republicans）形成了对立局势。出身于贫穷的商人家庭而从小靠自学白手起家的汉密尔顿主张，总统必须以强有力的手腕积极推行重商主义政策，大力发展工商业，起用富裕而有能力的精英来治理国家，从而保障国家安定和社会秩序。相反，出身于弗吉尼亚农场主家庭而从小接受优良教育、因《独立宣言》的起草人这一身份而赫赫有名的杰斐逊则主张，治理这个社会的不是商人等城市精英，而应该是受过适当教育的农民等普通民众和各州的自治力量，包括总统在内的联邦政府应该在宪法规定的范围内有限地行使权力。

1796年结束两届总统任期的华盛顿没有参加下一届的总统竞选，于是联邦党的亚当斯和民主共和派的杰斐逊参加竞选，结果亚当斯以微弱的优势获胜，就任美国第二届总统。此后的4年中联邦党人与民主共和党人激烈对抗，在1800年举行的总统选举中杰斐逊获胜了。联邦议会里也由民主共和党人占多数，美国开始了和平交接政权的局面。此时的联邦党人已沦为"跛脚鸭（lame duck）"，但他们还是把由终身法官组成的司法部继续留在影响范围里，希望借司法部的影响力牵制共和党人掌管的行政部和议会。

直到新总统和新议员任期开始之前的1801年2月13日，尚处于多数派地位的联邦党人为了改善联邦司法体制的缺陷，修改了法院组织法。1801年修订的法院组织法规定，减轻大法官繁重的巡回审判工作，任命16名巡回法官分配到新设的6个巡回法院，将大法官总人数从6名减少到5名。然而民主共和党人却指责该法是阻止下一任总统杰斐逊的大法官提名权，促使亚当斯提名支持联邦党人为法官的不正当的政治计谋。不久，议会在亚当斯任期届满还不到一个星期的2月27日制定了将对42名任期为5年的治安法官任命权授予总统的《哥伦比亚特区¹组织法》。与此同时，最高法院首席大法官埃尔斯沃斯辞职后，在1月27日召开的国会上同意国务卿约翰·马歇尔（John Marshall）出任首席大法官，马歇尔于2月27日正式走马上任。

法官指定人马伯里的诉讼

法院组织法一通过，亚当斯在卸任两天前的3月2日任命42名联邦党人士为治安法官，议会则在第二天通过了总统对法官的任

---

1 即华盛顿哥伦比亚特区（Washington. D. C.）。

命。像这些总统临卸任之前任命的法官叫作"午夜法官（midnight judges）"。亚当斯在法官任命书上签字，时任国务卿兼最高法院首席大法官的马歇尔也在总统签名下面联名签字，并在任命书上盖了封印。然而也许因为忙于政权交替工作，直到3月3日午夜为止，17名法官的任命书迟迟没有传送出去。第二天就任总统的杰斐逊给新任国务卿麦迪逊下令停止发放任命书。根据《哥伦比亚特区组织法》，总统有权决定法官任命人数，而杰斐逊将治安法官人数从42名减少到30名，即除了之前已发放任命书的25名法官外，增加5名新人。在没有被再任命的17名法官看来，杰斐逊的这一决定无疑是擅自撤销已经得到议会批准的任命书的非法政治行为。威廉·马伯里就是没有被再任命的17名法官中的一员。

马伯里声称自己有权与3名未被任命为法官的人在1801年12月被任命为治安法官，可因国务卿麦迪逊拒绝转交任命书而自己的被任命权受到了侵犯。他们向联邦最高法院提出诉讼，要求最高法院命令麦迪逊发放给他们传达法官任命书的"职务执行令（Writ of Mandamus，最高法院向公职人员下达的、要求公职人员履行法定职责行为的命令状）"。在一般情况下诉讼是由从下级法院通过规定程序逐级上报到最高法院的，可马伯里认为首席法官马歇尔毕竟也是联邦党人，因此他坚信拥有与自己同样政治观点的马歇尔会很快作出判决。在诉讼中，马伯里主张，虽然联邦宪法第三条规定给最高法院授予对大使、公使、领事的相关案件和以州为当事人的案件的初审管辖权，可法院组织法第十三条又规定，最高法院在初审诉讼中也有权限向同样是公职人员的国务卿下达命令。

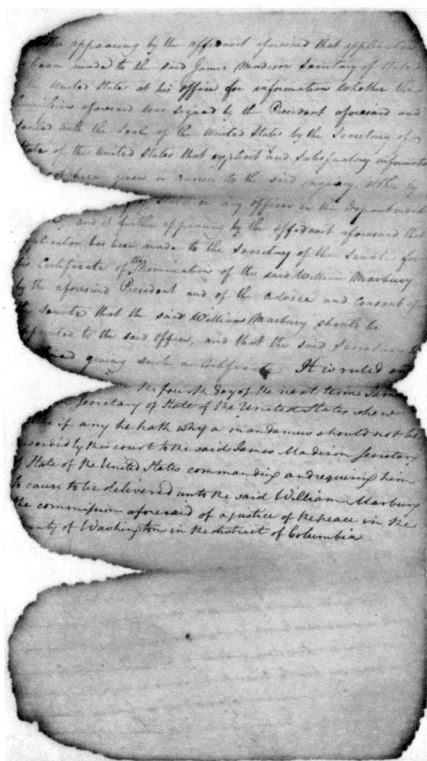

图23　马伯里诉麦迪逊审判文件：简要地说，这是一起在美国最初的朝野政权更迭过程中，在议会大楼租用一间办公室的最高法院以宪法的名义毫不留情地撕毁房屋主人议会制定的法律的事件。以这场判决为起点，司法审查传遍了整个世界。

由以马歇尔首席法官为首的联邦党人组成的联邦最高法院陷入了进退两难的地步。最高法院如果支持马伯里就会发生因杰斐逊政府无视联邦法院的决定而导致司法权威被削弱的后果，甚至还有可能以法律的名义缩减最高法院的权限或弹劾大法官。反之，就要承认国务卿马歇尔的失误，即因马歇尔未能阻止杰斐逊总统滥用权力使司法部屈服于行政部的权力而降低司法部的地位，最终会导致大大削弱联邦党人政治影响力的结局。

由于民主共和党人主导的议会以法律形式废除了1801年12月至1803年1月的最高法院会期，因此联邦最高法院在一年间无法审理任何案件。麦迪逊国务卿既没有配合有关任命书的制定、传达等问题的侦查，也没有出庭。联邦最高法院于1803年2月11日听取马伯里律师单方面的主张后结束审理，于2月24日经大法官们（由于两名大法官未参与审理和判决，参加判决的大法官包括首席法官在内总共有4名）一致同意作出了判决。联邦最高法院以宪法上不允许仅凭初审发布职务执行令为由没有接受几名原告的请求。这场判决以缜密而明确的逻辑给司法部授予司法审查权的案例而轰动了世界。

　　据马歇尔首席法官起草的判决书，审判的焦点和法院的判断如下：

　　第一，马伯里是否有权获得任命书？总统签字，国务卿也联名签署，法官任命事实上已经完成。

　　第二，如果权利被侵犯，法律上可否采取补救措施？法官任命与政治无关，行政部没有裁定权，只能依法履行具体义务。对权利被侵犯的马伯里，应当给他下达职务执行令。

　　第三，最高法院作为管辖初审的法院能否发布职务执行令？法院组织法第十三条规定，最高法院向公职人员发布职务执行令为最高法院初审管辖范围，可宪法第三条明确规定了最高法院初审管辖范围，因此议会以法律形式扩展其管辖范围属于违宪行为，最高法院有权宣告违宪法律无效。

法院是否有权宣告违宪法律无效

联邦最高法院归纳的焦点在法律界有很多争议和指责。在这里我们只观察一下司法部是否拥有对法律的司法审查权，即对法院的违宪法律审查权作出判断的部分：

违反宪法的法律能否成为国家的法律，这对美国来说是具有重大意义的问题。如果宪法是最完美的最高法律，就不能用常规方法予以变更，如果宪法与平常议会制定的成文法一样，那么与别的法律一样在司法部要求修订的时候可以予以修订。如果前者是严格的，那么议会违反宪法而制定的法就不是法律；如果后者是严格的，从国民的角度上看，成文的宪法可以说是试图限制事实上无法限制的权力的一种奇异的尝试。

制定成文宪法的所有人都认为宪法是国家的根本大法，根据政府的这一理论，立法部违反宪法制定的成文法是无效的。这一理论本质上来源于成文宪法，因此，本法院将这一理论看作是我们社会的根本原理之一。这就说明今后围绕这个问题而产生的争论不能回避这一理论。

肯定地说，司法部拥有解释"什么是法"的权限，这是司法部的职责范围，也是其本职工作。对某一特定事情适用某一规则时，当事人有义务对该规则作出说明和解释。如果两个法律相互冲突，法院则必须对相关各项法律的实施与否作出决定。如果出现与宪法相悖的某一法律，且那项法律和宪法都对某一特定案件适用，法院就应该在二者当中弃用一个，即或者无视宪法按照那项法律来审判，或无视那项法律按照宪法规定来审判。面对相互冲突的规则，法院应该即时判断是哪一条规则在左右案件。这就是司法部实质性的工作职能。[3]

马歇尔首席大法官论证了三权分立的原则、宪法与一般法律的关系、司法部职能等问题，阐明并行使了司法部最高权限——司法审查权。否定联邦最高法院根据法院组织法所授予的对行政部公职人员发放职务执行令的权限而执意行使司法审查权，马歇尔的这一看似很矛盾的做法实际上具有深远的意义。

马歇尔引领的最高法院虽然指责杰斐逊的行政部滥用权力的行为，但还是没有支持马伯里。这就使马歇尔非但没有遭受行政部的正面攻击，反而得到了舆论的支持，不仅如此，还确保了司法审查权，真可谓"撒了芝麻捡个西瓜"。然而，对著名律师、支持"三权对等审查"理论的杰斐逊总统来说，联邦党人马歇尔的理论是极具政治色彩的，而且在法律上也是十分不当的。杰斐逊在给一个法官写的信中对马歇尔的批评如下：

根据这个观点，宪法在三个部（行政部、司法部、立法部）中只给一个部赋予了发放职务执行令的权限，更严重的是它不是国民选出来的部，因而也是对国民不负责的部。假如这是真的，那么宪法就等于是捏在司法部手里的黄蜡，由他们随意捏出任何一种东西来。[4]

伟大的首席大法官马歇尔

要问美国联邦最高法院200年历史上谁是最优秀的大法官，人们会异口同声地回答是"伟大的首席大法官（The Great Chief Justice）"马歇尔！亚当斯总统曾说过："我给全体美国人民送上了约翰·马歇尔这份礼物，这是我一生中最值得骄傲的事情。"大法官奥利弗·温德尔·霍姆斯（Oliver Wendell Holmes）也极度赞扬马歇尔，说："如果将美国的法律只用一个人来代表，不管是怀疑主义者还是崇拜者，都会异口同声地说出一个人的名字，他就是约翰·马歇尔。"

1755年马歇尔出生在英属弗吉尼亚。父亲是弗吉尼亚的名流，与邻居华盛顿是好友，移居西部边境地区后，先后担任过当

图24　伟大的首席大法官：19世纪初，在新生国家美国，地方保护主义开始蔓延，分裂势头猖獗。马歇尔广泛解释宪法的各条款，主张联邦政府在特定领域里应该优于州政府的观点。如今对美国重要宪法的大部分解释仍以马歇尔的解释为准，马歇尔成为影响深远的伟大的联邦首席大法官。

地治安官、治安法官及弗吉尼亚州议员。马歇尔虽然没有接受过多少正规教育，可从父亲和家庭教师那里学习了历史学和古典文学。独立战争爆发后，马歇尔参军入伍，在21岁到25岁参加多次战斗，历任大陆会议军官、华盛顿将军的参谋等职。通过军旅生涯，马歇尔树立了对联邦团结的信念和对美国的忠诚心。

1780年退伍后，马歇尔学了3个月的法学，1780年8月通过弗吉尼亚州律师考试，获得了时任州长杰斐逊颁发的律师许可证，并一直从事律师职业到1796年。其间，他于1782年当选为弗吉尼亚州议员，开始在政界活跃，为联邦宪法草案在弗吉尼亚州得到批准做了努力。他的政治立场是积极支持联邦政府成立的联邦党派，在对抗反联邦主义的政治斗争中以逻辑严谨、思路清晰的口才赢得了赞誉。马歇尔在华盛顿的建议下于1799年参与联邦下议院议员竞选并成功当选，1800年出任国务卿，次年被任命为联邦最高法院首席大法官。

直到1835年去世，马歇尔一直担任联邦最高法院首席大法官，长达34年。他为人谦和，善于把握核心问题，以极具说服力的逻辑团结同事大法官，加强了团队的凝聚力。他在任期内宣判了1000多个案件，其中只有8次站在少数派的立场上作出了判决。马歇尔作为法官，能力也非常出众，有一半以上的判决书是他亲手起草的。

在马伯里案的审判中，联邦最高法院首席大法官马歇尔在严酷的政治环境下一直主张司法审查权。尽管司法审查权在宪法中没有明文规定，可此后的200年间一直被沿用，得到了各部门的支持。司法审查权在司法部内部是涉及权限的敏感问题，于是马歇尔首先在经济、社会上并未产生多大影响的案件上开始使用司法审查权，从这一点上也能看出马歇尔的智慧。自从马伯里审判以后，马歇尔全然没有行使对联邦法律的违宪审查权。

在历史的法庭上

　　马歇尔首席大法官主张的"司法审查理论"是在什么样的背景下出台的呢？在对抗英国、争取独立的过程中，美国人深切地感悟到只有限制政府权力才能保障个人自由和权利的道理。与英国不同，美国以最高法制定联邦宪法，于是出现了宪法与法律之间的差异，而联邦议会或州议会又根据各党派的利益制定法律，于是社会上出现了牵制立法权的呼声。州高级法院尽管没有明文规定，但根据法律必须符合更高层面原理的"高级法（Higher Law）"思想，当州法律违反州宪法时虽然没有认定违宪，但还是拒绝使用该法律。而对联邦大法官来说，职位上不仅是终身制，而且报酬也稳定，因此其独立性得到很好的保障。如前所述，虽然有众多理论相互对立，但由政治倾向最弱、风险性最小的司法部以其专业性的法律解释权来牵制立法部以此保障自由和权利的方案是最合理的观点，从而得到了广泛的认同。

　　"马伯里审判案"除了有争议的"司法审查权"问题以外，是否还有别的问题？抛开细节问题不谈，首席大法官马歇尔毫无阻挠地参与马伯里审判，这本身就是一个值得深思的问题。事实上，马歇尔作为国务卿，不仅是亲手签署并负责传达马伯里任命状的当事人，而且是与该诉讼案有很多关联的人，所以理应回避该案的审判。马歇尔之所以参与该案的审判，后人猜测是因为当时已经有两名大法官没有参与审判，如果连首席法官也缺席，有可能出现审判法官人手严重缺乏的现象。从当时的情况来看，杰斐逊政府的行政部和立法部擅自取消最高法院的开庭时间，可以理解为反对派并没有把马歇尔的"回避"问题放在心上。这对后来的法学家来说是值得商榷和批判的话题，可从当时的时代背景、司法部尚未成熟的状况以及宪法理论的水平来看，马歇尔对司法审查正当化的主张可以说是划时代的理论。

专家们如何评价美国宪政史上的"马伯里审判案"呢？在马伯里审判案上，马歇尔虽然指责行政部的错误，但没有推翻行政部的决定，虽然否定最高法院法律上的权限，但又使司法部获得了具有与宪法同等权威的司法审查权，从而成功地实现了"没有刀枪的司法政变"。从这一点上看，"马伯里审判"不论从政治上还是从法律上来说都是非常睿智的审判。马歇尔首席大法官的观点在司法层面上为体现三权分立、联邦主义、基本人权保障等联邦宪法的原理提供了重要的理论依据。通过这次审判，最高法院用宪法上没有明文规定的"司法审查权"成功地牵制了议会和行政部，同时也确立了司法部三权分立的支柱地位和宪法守护者的地位。不仅如此，联邦最高法院通过"司法审查权"成功地遏制各州的分裂苗头，从而实现了国家的统一，保障了国民的基本权利，体现了法律的实质性支配权。

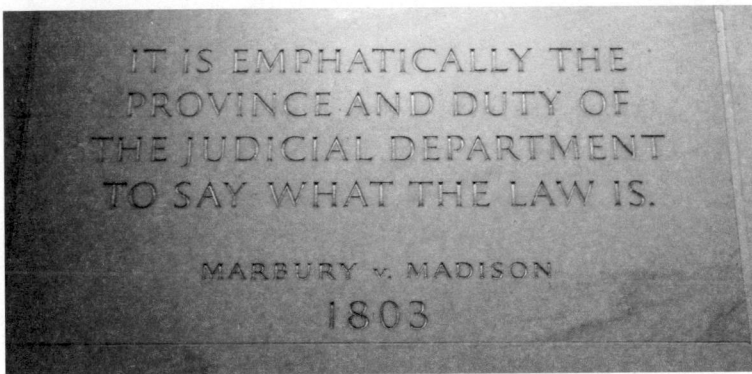

图25　美国联邦最高法院大楼入口处镌刻着这样一句名言："解释法律是司法部门的管辖权限及职责。"

宪法一旦成文，宪法高于法律的思维方式一旦确立，即使宪法没有明文规定，法律也无法回避司法部的违宪审查。在世界宪政史上，美国通过"马伯里审判案"第一次主张法院的违宪审查权。违宪审查理论对包括韩国在内的东西方所有国家的司法制度都产生了很大的影响。在欧洲，很多国家以议会制定的法律代表国民的普遍意愿，议会通过选举获得民主正当性，反对司法部的违宪审查权。可随着第二次世界大战前后要想防止专制、国家权力的滥用、腐败等现象必须给司法部赋予违宪审查权的理论深入人心，大部分国家都在宪法上作了明确的规定。所不同的是，美国可在普通法院审查，而德国则由宪法法院负责审查。

在韩国，对国会制定的法律的最终违宪审查由宪法法院负责审理。宪法法院还拥有对总统等公职人员的弹劾审判权和对违宪政党的解散审判权。每当宪法法院通过宪法审判行使这一权限的

197

时候总是引发许多争论和矛盾，对此，金振焕教授分析如下：

- 宪法审判虽然是以权力为对象的审判，但它不具有制服权力的实质性的强制力。
- 宪法的规定是非常松散的，因此用这种宪法进行的宪法审判与民主主义原则发生很大的冲突。
- 宪法审判虽然非常需要独立性，但它又是权力最想诱惑的审判，因此其独立性经常受到威胁。
- 审判部门本身往往裸露在任意审判的诱惑之中。

即便有这样的限制，为了控制权力、保护国民的自由和人权，以违宪法律审查为主的宪法审判是必需的，违宪审查权必须被合理地使用。这个制度在世界上首次认定且已经行使200多年司法审查权的美国能够成功地扎下根，其原因如下：

- 美国有很多为公共利益而活动的积极向上、政治倾向较强的律师。
- 美国有很多不管现有法律、原则、政治决定发生什么样的变化都仍按照自己的良心去做事的法官。
- 美国发生很多纯粹的社会运动，其价值观为部分法官所共有。
- 对有可能导致一定社会变革的判决，权力精英们不仅不拒绝，反而积极接受。[5]

在美国，各种人权团体和市民团体在议会的立法过程和联邦最高法院的审判过程中行使影响力，为体现自己的理念和扩展自己的利益而付出努力。美国联邦最高法院之所以做出与时俱进的结论，与市民对政治和司法的积极参与是分不开的。一旦有违宪判决宣告，舆论便大肆进行详尽的报道，议员们（有三分之一是律师）也利用报纸或广播电视进行广泛的讨论。

没有一个生来就完美的制度，体现和完善法制精神的基础是国民坚强的意志和领导人谦虚的智慧。手握权力的人必须为国民的自由和幸福合理合法地行使宪法赋予的权限，诚实地履行自己的职责。

09

歧视少数种族
是否合理?

联邦大法官罗杰·托尼。
他的判决进一步巩固了种族主义。

德雷德·斯科特审判案

——1857年，美国

为自由而斗争的德雷德·斯科特。
他终于获得了自由。

时间与法庭

1857年，美国联邦最高法院

案件当事人

德雷德·斯科特（Dred Scott）诉约翰·桑福德
（John Sandford）

审判焦点

· 根据州法律摆脱奴隶身份的黑人能否成为名副其
  实的公民？
· 制止奴隶制扩散的法律是否因违反宪法而无效？

审判结果

· 黑人与州法律无关，不是联邦宪法规定的公民
· 不准许公民拥有奴隶这一私人财产是违宪行为

历史质问

对少数种族群体的歧视是如何被合法化的？

朝鲜王朝时期奴婢打官司的故事

2010年韩国播出电视剧《推奴》，笔者津津有味地看了一遍，明白了追捕逃亡奴婢的人叫作"推奴"。《推奴》讲述了一个"推奴人"的经历及其爱情故事，不同于宫廷秘史和党派争斗的电视剧，也不是战争剧，生动地描写奴婢悲惨的处境是这部电视剧最大的亮点。

据学者们推论，朝鲜王朝初期奴婢，即贱民身份的人口比率大约占30%，尽管不同学者的统计口径有所不同。壬辰倭乱和丙子胡乱[1]以后，区分良民和贱民的身份制度开始动摇，奴婢以缴纳谷物或服役等形式开始摆脱贱民身份，也有不少贱民逃亡远方冒充良民。朝鲜王朝后期随着奴婢人数锐减，主人为了找回逃亡的奴婢，奴婢为了获得良民身份，纷纷敲起了官府的大门。这就是所谓的"奴婢官司"。

从林尚赫教授的《小人是奴婢》一书中，我们可以详细了解1586年罗州牧师金诚一负责审判的奴婢诉讼案。李止道[2]状告年届八旬的老太婆多勿沙里，称其女儿仁伊是自己家的奴婢，所以必须归还。这个案件的焦点是被告多勿沙里是良民还是贱民的问

---

1 1637年清朝攻打朝鲜王朝的战争。

2 朝鲜王朝时期的官员。

题，法庭上多勿沙里意外地主张自己是奴婢。在审判过程中经过戏剧性的反转而真相大白，最终李止道胜诉。多勿沙里原本是良民，可因与一个私奴联姻，她的子孙们都成了奴婢身份。她谎称自己的父亲是成均馆[1]所属的公奴，因此自己和自己的女儿仁伊都不是李止道家的私奴。她之所以这样辩解是因为，同样是奴婢，可公奴的待遇比私奴要好一些。

奴婢终生向主人献上劳动力和财物，因此奴婢制度从主人的角度上看是再好不过的制度，可对奴婢来说是做梦都想摆脱的羁绊。在韩国，到了1801年纯祖时期[2]公奴开始得以解放，1894年高宗时期以甲午改革为契机，身份制彻底被废止，如今恐怕没有一个人说自己的祖先是奴婢。

这里我们看一看纯祖解放公奴时发布的《告百姓书》：

> 在朕的眼里，天下百姓乃无贵贱之分、无内外之分，都是朕的子民，若称奴称婢，岂能将子民视为朕手下的同胞兄弟。现朕命令让内奴婢[3]36 947人和寺奴婢[4]29 093人都改为良民。朕还命令承政院[5]将全部奴婢案[6]

---

1 朝鲜王朝时期的高等教育机构。

2 纯祖（1800—1834），朝鲜王朝第二十三代君主。

3 宫廷奴婢。

4 官厅奴婢。

5 朝鲜王朝时期传达国王命令和上奏各大臣报告的官厅。

6 朝鲜王朝时期的奴婢户籍薄。

拿到敦化门¹外烧毁。命令即日起取消身贡²，此部分经费由壮勇营³代替支付。朕怎能因此说向子民施善心？朕此举仅仅是实现了先王未能实现的事业而已。愿朕的子民在自己的田地里守护祖坟、男婚女嫁、生儿育女、耕地种田、欢声笑语、安生万年。[1]

英国殖民地时期和联邦宪法中的黑人奴隶制度

自从1619年英国奴隶商贩将20名黑人奴隶带到弗吉尼亚州詹姆斯敦，英属美洲大陆便开启了黑人奴隶时代。黑人最初只是做4～6年活儿的"契约仆人"，可从17世纪中叶开始，他们就变成了奴隶，甚至沿袭到其子女身上。随着来自英国的白人失业者减少和奴隶贸易的活跃，奴隶的价格下降了。南方种植园的农场主奴役来自非洲的黑人奴隶，让其从事谷物、烟草、棉花的种植活动。在北方，黑人奴隶则从事技能工、家庭用人等工作或简单的农场种植活动。

18世纪初，大部分殖民地议会制定了限制黑人自由的"黑人法令（Black Codes）"。由此，黑人便不能行使参与商业活动和政治活动、自由旅行、法定婚姻、亲权等权利。黑人作为人类的权利几乎全部被剥夺，他们只能作为白人手中活动的财产，只有为

---

1 朝鲜王朝太宗时期国王问政的场所——昌德宫的正门。

2 朝鲜王朝时期国家向壮丁征收的贡物。

3 朝鲜王朝时期为加强王权而设立的禁卫组织。

白人社会作出牺牲的义务。然而，黑人奴隶并没有顺从于这种强压性的政策。不少奴隶难以忍受残酷的奴役，不是逃跑就是偷东西，甚至杀死自己的主人。这些黑人奴隶一旦被抓住就会被白人阉割、严刑拷打，若被发现有反叛苗头，即刻被处以绞刑。

黑人奴隶在1700年约为2.5万人，1760年约为25万人，到了独立战争时期已经达到了50万人。美国独立战争期间，北方各州工商业和金融业较发达，对奴隶的需求量不大，因此对奴隶制度大体上持否定的态度。而在南方各州，他们需要用奴隶来种植烟草和棉花，从而维持贵族上流的社会生活，因此极力支持奴隶制度。美国独立后，包括纽约州在内的北方各州废止了奴隶制度，而包括弗吉尼亚州在内的南方各州却极力维持奴隶制度，南北矛

图26 新奥尔良的奴隶竞拍：1842年美国最大规模的贩奴市场在新奥尔良开张。1790年美国南方棉花年产量为1000吨，到了1860年增加到100万吨，这些棉花当然是用黑人奴隶的血泪和汗水换来的。

盾越来越深了。

1787年制定了以自由和平等为基本精神的美国联邦宪法，可围绕奴隶制度而形成的对立并没有得到解决。最后北方妥协，接受了南方要想建立联邦就要容纳奴隶制度的要求，在计算征税和选举人票数时将一名奴隶算为一名白人的五分之三（黑人实际上是农场主的私有财产，也是会说话的工具）。此外，为尊重南方奴隶制度的既得权益，有法案规定有人要是抓住逃亡奴隶，有义务还给原主人，并从1808年开始禁止奴隶输入。这条规定连宪法也无法更改。

围绕美国的这种宪法是亲奴宪法还是反奴宪法的问题，人们曾经发生过争论。由于默认奴隶制度并规定逃亡奴隶送还义务，宪法从社会体制和经济体制上拥护奴隶制度已经成了不可否认的事实。虽然作出很多的让步，但宪法制定者们努力防止并逐步缩小奴隶制度蔓延的努力还是依稀可见。1787年联合议会制定了俄亥俄河以北和五大湖以南新开发的领土上禁止实施奴隶制度的"西北地域法令（Northwest Ordinance）"，这个法令在宪法制定以后的1789年8月在联邦议会上再次得到了确认。1793年联邦议会制定了奴隶即便逃往北方的自由州也必须追缉的《逃亡奴隶法》（Fugitive Slave Act）。随着领土向西部扩张和棉花产业的发展，南方地区的人们需要更多的土地和奴隶，结果出现了在南方地区承认奴隶制度而在整个美国范围内限制奴隶制度的现象。

密苏里州的妥协与奴隶制度废除运动

美国根据宪法要求从1808年起禁止输入奴隶，然而，从1810年至1860年，美国奴隶人口却从120万人增加到390万人。奴隶人口如此剧增，一方面是因为法律上规定奴隶身份沿袭，另一方面是因为自1830年以后奴隶解放几乎不可能，奴隶买卖变得合法化。欧洲进入19世纪后奴隶贸易和奴隶制度逐渐趋于废止，可在美国奴隶制度反而得到加强，亲奴反奴争论愈演愈烈。北方人指责南方是依靠奴隶制度支撑贵族主义的封闭、停滞的社会，南方人批判北方是资本和劳动相对立的不稳定的社会，强调南方人反倒仁慈地对待黑人奴隶。

就在北方和南方围绕着奴隶制度针锋相对的时候，1819年奴隶制度相对稳定的密苏里州申请加入联邦，奴隶问题再次提到议事日程上。当时美国有11个州反对奴隶制度，有11个州承认奴隶制度，因此密苏里州加入联邦打破了双方势均力敌的局面。在此之前，马萨诸塞州北部的缅因州申请加入联邦，成了两个阵营失衡的突破口。1820年议会同意密苏里州（奴隶州）和缅因州（自由州）加入联邦，制定了北纬36°30′以上的所有地区禁止奴隶制度的法律。《密苏里妥协案》（Missouri Compromise）在奴隶问题上不过是权宜之计，奴隶问题像一颗炸弹随时都可能爆炸。

1831年春，议会出台"奴隶问题讨论终结法案（Gag Rule）"，如果奴隶问题提到议会上就让其自动保留审议，可进入19世纪30年代，主张奴隶解放的舆论和政治活动已经成了不可阻挡的趋势。威廉·加里森（William Garrison）批判渐进的奴隶解放政策不过是临时补救措施，他组织"美国反奴隶制协会（American Anti-Slavery Society）"，视奴隶制度为道德层面上的罪恶，要求立即废除奴隶制度。黑人逃亡奴隶身份的弗雷德里克·道格拉斯（Frederick Douglass）通过自传《美国奴隶弗雷德里克·道格拉斯的人生故事》（*Narrative of the Life of Frederick Douglass, an American Slave*，1845）生动地描绘了奴隶制度的破坏性危害，继而反对奴隶制度，主张黑人奴隶的自由和社会、经济上的完全的平等。温德乐·菲利普斯（Wendell Phillips）认为美国人对奴隶制度的漠不关心本身就是犯罪行为，主张如果南方各州不放弃奴隶制度，北方就应该退出联邦，或者支持奴隶解放的人们应该拒绝投票，也拒绝担任公职。1852年销量超过100万册的斯托夫人（Harriet Beecher Stowe）的小说《汤姆叔叔的小屋》（*Uncle Tom's Cabin*）描写的是因奴隶买卖而妻离子散的汤姆叔叔一家凄惨的故事。由于这部小说极力主张奴隶制度废弃论者（Abolitionist）的道德和自由精神，在当时的美国社会引起了强烈的反响。

下面我们再观察一下以北方为主的奴隶制度废弃论者和以南方为主的奴隶制度保留论者的主张。奴隶制度废弃论者认为，美国民主主义的核心是所有公民拥有财产，自我调节劳动，保障自我发展的机会，因此认为南方社会是否认个人主义和进步价值观的封闭、停滞的社会，南方还否定自由劳动、扩散奴隶制度，从而破坏资本主义开放性。对此，奴隶制度保留论者却主张先天不足的黑人与白人和平共处的方法就是得到白人的照顾，以保障自己的人身安全。南方人认为，北方社会以资本主义的贪婪性对那些处境上比奴隶还要悲惨的劳动者，不顾他们的健康和福祉，进行残酷的剥削并随时解雇，是个不讲正义的社会，而南方则是过着健康成熟的文化生活，为奴隶们的生老病死全程提供衣食住行的理想社会。如此尖锐的对立究其原因就是双方都将这个奴隶问题看成是决定个人价值观和国家根本方向的核心问题。

随着美国赢得墨西哥战争（1846—1848）并通过加利福尼亚"淘金热"获得广袤的西部领土，人们围绕着"准州（联邦宪

图27　道格拉斯的一生：1838年逃离奴隶制度的道格拉斯走遍全国，游说有关废除奴隶制度、妇女参政权、公民权益等方面的思想。他写的书不管是自传还是虚构的小说都以逃亡奴隶的故事为主题，因而在奴隶制度废弃论者当中产生了极大的反响。

法制定后正式编入联邦政府的州）"地区的奴隶制度产生了激烈争论。1850年议会将加利福尼亚州编入到没有奴隶制的自由州行列，决定从墨西哥获取的除加利福尼亚州以外的各州不限制奴隶制，由西部各州自行决定。然而，这种阻止奴隶制扩散的政策却随着《堪萨斯-内布拉斯加法案》的制定而被打破。所谓《堪萨斯-内布拉斯加法案》，是北纬36°30′以北地区的两个"准州"违背1845年《密苏里妥协案》中不允许这一地区奴隶制存在的规定，自作主张以公民意志决定奴隶制存在与否的法案。到了1857年，随着最高法院通过对德雷德·斯科特的判决将有关禁止奴隶制扩散的联邦法无效化，对废除奴隶制运动的反抗达到了高潮。

德雷德·斯科特的解放奴隶诉讼

黑人德雷德·斯科特出生于1795年的弗吉尼亚州，是一名黑人奴隶的儿子。小时候斯科特在允许实施奴隶制度的密苏里州陆军军医约翰·爱默森（John Emerson）家里当奴隶。1833年爱默森调入自由州伊利诺伊州军事基地时，他随同迁移，在那里得到主人的允许与一个女奴结婚并生下了两个女儿。1836年又随主人移居根据《密苏里妥协案》宣布没有奴隶制的威斯康星准州，在那里生活了4年。1838年退役后不久，爱默森重新回到密苏里州定居，斯科特也跟着他回到了密苏里州。1843年爱默森去世以后，斯科特又伺候其妻艾琳（Irene），后来向艾琳提议用钱换回自由，可被她拒绝了。1846年4月，斯科特向圣路易斯巡回法庭提出"解放诉讼（freedom suit）"，要求解除其奴隶身份，当时密苏里州的法律中有一项哪怕是暂住奴隶也可以成为自由公民的条款。

审判因各种法律问题一拖再拖，直到1850年1月法院根据密苏里州法律和其间的案例给斯科特作出了自由人的判决。对此艾琳向密苏里州高级法院上诉，而高级法院过了好几年才开庭审理。当时的州高级法院深刻地意识到了19世纪30年代出台的奴隶制废除论者的主张和南方人对这一主张的强烈回应措施，在这种形势下，州高级法院于1852年3月撤销原审判决，重新认定斯科特的奴隶身份。对此法院的解释是："现在与以前不同，对这类案件的判决不能遵循以前的做法。不仅是个人，各州在奴隶问题上都被凶恶和破坏性的精神驱使，其结果只能导致我们政府的颠覆和破坏。"

1852年艾琳再婚，她在纽约州的弟弟桑福德成了爱默森的遗产继承人。斯科特于1853年向联邦地方法院提出诉讼，称自己是密苏里州的一名已被解放的公民，目前被居住在另一个州的桑福德非法扣留，要求将自己从奴隶状态中释放出来。法院虽然承认斯科特有权向联邦最高法院提出申诉，但由于斯科特居住在密苏里州，因此按照密苏里州现行法律还是将他重新认定为奴隶身份。

斯科特没有就此罢休，1856年他将此案件上诉到联邦最高法院。斯科特主张，从爱默森将自己一家领到奴隶制度已被废止的伊利诺伊州时开始，自己已经在事实上摆脱了奴隶地位。对此桑福德主张那是主人在不可避免的条件下将他带到奴隶制被废止的地区，议会干涉爱默森的个人事情就等于侵犯他个人财产的行为。桑福德还强词夺理地强调斯科特是奴隶，并非美国公民，因此他没有权利向联邦最高法院提出诉讼。

其间，联邦最高法院认为涉及奴隶问题的案件非常敏感，一直回避正面审理。按理说，联邦最高法院这次也完全可以按照密苏里州高级法院的决定坚持斯科特的奴隶身份，或者推托斯科特既然重新回到密苏里州就按照密苏里州法律来处理，不属于联邦法院管辖的范围。然而，由罗杰·坦尼（Roger Taney）首席大法官领导的联邦最高法院一改过去消极的态度，作出了承认奴隶制度的判决。

黑人是否为联邦宪法规定的公民？

在政府权威几近崩溃、立法机构因地区纷争而争吵不休，而人们还在等待司法部判决的形势下，联邦最高法院于1857年3月6日以9名大法官（多数为南方出身）中7名同意的多数意见站在了奴隶制度保留论者的立场上。多数意见的核心是，根据联邦宪法规定，斯科特既不能成为密苏里州的公民，也不能成为美国联邦的公民，从而没有资格向联邦法院提起诉讼，因此没有审判权的原审联邦法院对本案作出的判决是错误的。

坦尼首席大法官亲自起草的判决书主要内容如下：

首先，根据各州法律，黑人也许是奴隶，也许是自由人，但根据联邦宪法的规定，黑人并不是拥有市民权利的公民（黑人公民权问题）。斯科特既然回到奴隶州，那么根据地域主义原则应由密苏里州法律来决定其身份，而由于斯科特的身份就是相当于私人财产的奴隶，因此不可能提出诉讼。由于黑人既不是联邦公民（federal citizen）也不是州公民（state citizen），因此斯科特没有资格向联邦法院提出诉讼。任何一个黑人在联邦宪法出台时都没有成为美国这一政治共同体的成员，因此其子孙也不可能拥有联邦宪法规定的公民权。

其次，联邦议会依据《密苏里妥协案》将威斯康星州定为自由州从而制定了禁止公民以财产形式拥有奴隶的法律，但由于这一项法律违反了联邦宪法第五条（法定程序条款，Due Process of Law），因此是无效的，斯科特也就没有资格向联邦法院提出诉讼（联邦议会关于奴隶制扩散的权限问题）。其间，对于"联邦议会是否有权直接制定否定准州自治权和准州奴隶制度的法律"的问题，北方持肯定的态度，南方则持否定的态度，而最高法院最终站在了南方的立场上。法定程序不仅在程序上要求正当，在法律内容上也要求正当，禁止公民拥有奴隶的法律等于无偿剥夺公民财产权，因此属于违宪法律。

由于第二个问题作为法律问题较为复杂，这里暂且不谈。第一个问题中的斯科特到底是不是密苏里州公民也属于微妙的法律问题，焦点在于黑人斯科特是不是联邦宪法规定的公民。这个问题涉及美国是否承认奴隶制度的问题，在这个问题上多数意见如下：

　　　摆在我们面前的问题是，从祖辈开始被贩卖到这个国家的黑人阶级能否作为主权国家的成员通过选举产生的代表来共同运营这个政府。然而我们认为这是不可能的。黑人在宪法中并没有包含在被称为公民的阶级之中，而且美国人在制定宪法的时候根本没有考虑把他们放在公民阶级队伍里，因此他们也就根本没有权利主张获得美利坚合众国的公民所拥有的任何宪法上的权利和特权。

我们的《独立宣言》宣称所有人都是平等的，造物主给我们赋予了生命权、自由权、追求幸福权等不可转让的权利，因此，《独立宣言》似乎是属于全人类的宣言。然而，策划、起草《独立宣言》的人根本没有考虑过把已经成为奴隶的非洲人包含在其中，这是严酷的事实，也是无可争辩的事实。即使《独立宣言》的起草人当中有一个人考虑到在宣言中包含黑人，但从当时的常识上看，黑人离宣言中所说的人类在资质上相差太远，弄不好我们的独立运动不仅不能得到欧洲各国的同情和支持，反而成为他们的笑料，会遭到斥责和排挤。联邦宪法并没有规定其适用对象是什么种族，也没有规定什么样的人才是宪法意义上的公民并拥有国民资格。因为对这个问题的理解和共识在当代过于明确，没有必要为此添加说明或者定义。

赋予黑人权利或"特惠"，对宪法制定者来说显然是不可思议的事情。我们不相信那些拥有大量奴隶的州会在"公民"一词里包括奴隶。如果那些州的宪法是强调奴隶变成公民的宪法，那么他们当初就不会制定那种宪法的。[2]

而约翰·麦克林（John Mclean）和本杰明·柯蒂斯（Benjamin Curtis）大法官却反对多数意见。下面是麦克林法官的意见：

有些人认为把奴隶当成自家的牲畜或财产，只要主人走到哪里他就跟到哪里。可奴隶并不是简单的财产，奴隶也是经造物主创造的人类，是顺应上帝的律法和人类法律的不灭的灵魂。

多数大法官宣告议会通过的《密苏里妥协案》是无效的，更有不少大法官主张有色人种不是美国社会认同的成员，因而他们在宪法上没有具备当作公民的资格。这与其说是基于法律文句，不如说是认同种族歧视的大法官的个人取向问题。本法庭坚称即使某一州承认有色人种为该州的公民，可因为不是联邦法院角度上的联邦公民，因此不具备向联邦法院提起诉讼的资格。可宪法却明确规定联邦审判权可以在不同州出身的公民之间行使。因此如果宪法内容已经十分明确，那么就应该停止没有必要的争论。

美国的独立是在自由的历史中创造新纪元的，合众国政府虽然不是专门为有色人种而组成的政府，可在政府建立时，新英格兰地区公民中已经包含着众多的黑人，他们甚至行使过投票权。因此当时只要是知识分子谁都坚信随着时间的推移黑人的条件和待遇会得到改善。回顾世界历史上的黑暗时期，黑人并不是唯一的奴隶。就在今天本法庭主张的同样的理论和原则下，白人也曾当过奴隶。所有奴隶制度都与肤色无关，是基于权力的，因此是违背人类自然权利的制度。[3]

南北战争与奴隶解放

这次判决虽然没有剥夺禁止奴隶制度的北方自由主义者的权限，但随着联邦政府最终表态各个准州没有权限决定奴隶制问题，长期以来对奴隶制问题的争论画上了句号。坦尼领导的联邦最高法院在当时的总统候选人布坎南的暗中压力下，希望司法部代替与无能的行政部进行派系斗争的立法部，用强硬而果断的手段拒绝奴隶制废除论者的主张，以司法部的权威来统一国民公论，使美国社会趋向和平稳定。然而，后来的历史发展方向却与最高法院的意愿背道而驰。

以奴隶制废除论者为主的北方人认为斯科特判决是将奴隶州渗透到自由州的行为，并谴责司法部与南方奴隶州同流合污，参与了妄图将自由州改变成奴隶州的南方各州的卑鄙阴谋。北方各州制定反对扩散奴隶制度、扩张个人自由权益的《个人自由法》（Personal Liberty Laws），对斯科特判决进行了正面对抗。例如，纽约州决定，不管任何形式、任何方法、任何机构，只要是在州境内就绝不允许奴隶制度的存在。可对南方奴隶制保留论者来说斯科特判决是他们长期以来的夙愿。这场判决，使奴隶制在法律上获得合法地位，道德上也成为他们信仰的支撑，于是南方领导者更顽固地主张了奴隶制度。他们还声称北方人正在挑战宪法，试图破坏南方独特的制度和文化，要求联邦政府必须按照判决的旨意对北方推行强硬的政策。

斯科特审判大约一年后，政治新星亚伯拉罕·林肯（Abraham Lincoln）在竞选伊利诺伊州上议院议员时表示，"奴隶和自由人各占半数的状态再也不能持续下去"，强调国家已经陷入严重的危机之中。提到反对斯科特判决的理由时，他说："这个判决不仅大张旗鼓地宣扬了邪恶的判断，而且成为将这种邪恶的判断传播到各州的根据。"林肯虽然在上议院选举中落选，可他正义的主张却广为人知。结果，在南北方围绕着是否保留奴隶以及州政府和联邦政府的权限问题而针锋相对的1860年总统选举中，北方4名候选人以北方公民99%的赞成票当选为上议院议员，已经沦落为少数派的南方奴隶主们主张可以以批准联邦宪法时的同样方法退出联邦。到了1861年，8个州退出联邦组建了南方联盟。对此，林肯总统谴责道："南方为保留奴隶制而退出联邦，这是不当的行为。由于各州是通过联邦才得以独立和自由的，因此他们没有权利随意退出联邦。"

1861年南方军攻打萨姆特堡，美国历史上最大的悲剧——"南北战争（America Civil War）"由此拉开了序幕。这场战争历时5年，双方人员损失达60万人，南方作为主战场有相当一部分地区变成了废墟。战争爆发第二年，即1862年9月，林肯总统签发"奴隶解放令（Emancipation Proclamation）"，宣布叛乱州的奴隶们即将成为永远的自由人。1865年2月，议会通过了全面禁止奴隶制度的宪法修正案第十三条，于林肯遇刺以后的12月18日开始生效。这项修正案的实施宣告奴隶制度的彻底废除。在南北战争前后，不计其数的奴隶从奴隶主的奴役中摆脱出来，越过南北方边界寻找避难所，其中有不少奴隶加入北方军参加了攻打南方军的战斗。尽管修改宪法并实施后续补充法律，尽管黑人奴隶迎来了解放，可他们的生活并没有立即得到改善。然而，不可否认的是当时有390万黑人成了自由人。

在历史的法庭上

为了摆脱奴隶身份，奔波在诉讼路上10多年最终还是被冷落的斯科特后来怎么样了呢？当斯科特向联邦最高法院提出诉讼的时候，艾琳与卡尔文·谢菲再婚，而谢菲作为奴隶制废除论者说服妻子要解放斯科特。法院判决书下达两个月后，向爱默森贩卖斯科特的原主人后代布洛不仅向斯科特垫付诉讼费用，还从志同道合的人们那里募集资金提供给斯科特，终于使61岁的斯科特成了自由人。遗憾的是，获得解放的第二年，斯科特在圣路易斯死于结核病。梦寐以求的自由虽然短暂，可斯科特在人生的最后却过上了自由自在的生活，而且给妻子和子女们卸下了奴隶的枷锁。

德雷德·斯科特判决在美国历史上是如何被评价的呢？就像少数意见指出的那样，那是一场没有依据法规、法理的判决，

也是一场对赤裸裸地暴露以黑人生来低劣的偏见进行种族歧视的
法官个人价值观的判决。黑人奴隶问题因道德、社会、经济等诸
多因素交织在一起，是一个很难解决的问题，可是坦尼首席大法
官却以匹夫之勇试图依赖司法部的权威一次性解决这一问题。议

图28　渴望自由的人：无视对奴隶制的政治协商，引发国内战火的德雷
　　　德·斯科特审判案，以美国联邦最高法院作出的最可耻的判决被记
　　　录下来。以短暂且自由的生活结束一生的斯科特的坟墓如今成了很
　　　多人光顾的地方。

会通过1820年的《密苏里妥协案》好不容易弥合了地区之间的对立，可最高法院却无视议会的这一努力作出完全有利于南方的决定，从而在政治上和社会上造成了严重的混乱。自联邦宪法制定以来，有关联邦和各州的权限以及黑人问题成了重要而敏感的宪政问题，因此最高法院尽量采取了克制的态度。然而，坦尼首席大法官却无视这一传统，在马伯里判决50年后以对联邦法律启动"司法审查权"的手段无理介入宪政问题，从而自贬司法部的权威和信任。在这一点上，斯科特判决被人们评价为"美国历史上最糟糕的判决"。南北双方围绕着斯科特审判极端对立，而正是这一场充满对黑人的偏见和歪曲的判决成了引发南北战争的导火索。这场判决在当时是极其错误的判决，然而不可否认的是，这一错误的判决加快了奴隶解放的步伐，从这一点上说，斯科特审判为奴隶解放做出了重大的贡献。

长期以来人们还孜孜不倦地讨论了奴隶制度废除运动对南北战争产生的影响，以及在废除奴隶制度和维持美国联邦的问题上林肯总统更重视哪一方的问题。很多人认为如果没有南北战争，奴隶制度的废除也许会晚一些，可没有奴隶制废除运动也就不会有南北战争。纵观美国历史，奴隶制度是早晚会被废除的，然而有了奴隶制废除运动和斯科特判决才有了南北双方的对立，有了南北对立才有了南北战争，而北方军的胜利又加速了奴隶制度的废除过程。林肯为维持美国联邦倾注了一生心血，可从内心深处厌恶和憎恨奴隶制度也是事实。如果将奴隶制度的废除问题放在拯救联邦的问题之上，那么很有可能竹篮打水一场空。从这一点上看，林肯在政治上很明智地处理了两者的关系。

南北战争结束后的1865年，美国制定宪法修正案第十三条正式废除了奴隶制。反对或废除奴隶制运动的精神动力来自信奉理性和个人自由以及人权的启蒙主义。18世纪末19世纪初在美法殖民地海地爆发革命，以黑人为交易对象的奴隶贸易成为海地革命的首要目标。经过无数次的争议和讨论，英国（1807）、美国（1808）、法国（1814）、荷兰（1817）、西班牙（1845）等国先后宣布奴隶贸易为非法行为。奴隶制度退出历史舞台也花了一定的时间，南美部分地区的奴隶制是随着西班牙统治地位的瓦解而被废除的。1833年英国宣布在大英帝国全域废除奴隶制度，1848年法国也紧随其后废除了奴隶制度。

美国社会对少数种族群体黑人的歧视是如何被正当化的呢？这是一个需要从多个方面多个角度深入探讨的问题，其原因从法律上看是司法部在亲奴法律文化的基础上放任或放弃纠正作用的结果。正如坦尼首席大法官在判决书上所写的那样，黑人是从最愚昧蛮荒的地方输入而来的，在人种序列中属于劣等种族的人种，在资本主义经济秩序中只能成为市场交易的对象。正是有了坦尼的这种观点，斯科特判决才会在南北分裂的危急形势下引发了白人对黑人的恐惧、愤怒以及反抗，也演绎出了摆脱奴隶地位的黑人仍然不能获得与白人同样的公民权且被歧视和排挤的逻辑。

与通过选举产生的立法部和行政部门不同，司法部不需要考虑选民（有选举权的人，即公民）票数的多少，因此有义务将多数群体的错误偏见和陋习纠正为自由和人权的理念。司法部的这一权限是法律赋予的。坦尼首席大法官不仅没有履行司法部的这一纠正作用，反而起到阻止、妨碍的作用。往往有很多事情当时很迷茫，可时间一过就变得十分清晰，站在台风中心的法官同样是无法避免迷失方向或犯下逆行错误的存在。德雷德·斯科特判决大约100年后，首席大法官沃伦判定公立学校将黑人和白人分开招生是不公正的行为。大约150年后，一位黑人父亲的儿子贝拉克·奥巴马当上了美国总统。

J'Accuse...!

...DENT DE LA RÉPUBLIQUE

E ZOLA

10

德雷福斯上尉真的
是德国间谍吗?

犹太人出身的法国军人阿尔弗
雷德·德雷福斯。他背上了向
德军泄露军事机密的罪名。

德雷福斯审判案

——初审1894年，一审1899年，复审1906年，法国

在报纸上披露德雷福斯无罪的小说家埃米尔·左拉。他是一个忠于真实、伸张正义的理想主义者和社会主义者。

时间与法庭

· 初审：1894年，法国巴黎军事法庭

· 一审：1899年，法国雷恩军事法庭

· 复审：1906年，法国上诉法院

案件当事人

阿尔弗雷德·德雷福斯（Alfred Dreytus）

审判焦点

德雷福斯上尉真的是德国间谍吗？

审判结果

· 初审判决：有罪，终身监禁（无期徒刑）

· 一审判决：有期徒刑十年（即时特赦）

· 复审判决：无罪

历史质问

· 为了国家安保，真实和正义都可以牺牲吗？

· 知识分子参与社会管理是否可取？

· 为什么刑事审判的误判难以纠正？

无法掩盖的真相，复审

2017年8月8日，韩国总检察长在韩国最高检察院举行了一次新闻发布会。过去权威主义政府时期，处理类似"姜基勋遗书代写造假案"等事关时局的案件和经过复审证实误判的"益山市[1]药村五街杀人案"时，最高检察院在法定程序和人权保障方面未尽职责，对此总检察长在这次新闻发布会上向国民表示深深的歉意并低头认错。9月，检察院利用职权向法院申请复审，用拷问和造假的方式将无辜的人打成罪犯的"太永浩被北扣留案"[2]"雅蓝生日宴案""李穗根伪装间谍案"等案件，事实上都是在为谋求真相与和解而设立的"历史遗留问题解决委员会（以下简称'历史问题委员会'）"的复审要求下已经由法院向所有被告人作出复审无罪判决的案件。可检察院以个别被告尚未请示复审为由向法院提出了复审要求。检察院向法院请求复审事关时局的案件，这在韩国历史上还是第一次。

1991年发生了大学生姜庆大在示威途中被警察挥动的钢管打死的事件。为抗议警察的暴行，金基卨在一所大学楼顶自焚，而法院认为金基卨的遗书是姜基勋代写的，于是以唆使他人自杀

---

1 韩国全罗北道的一座城市。

2 太永浩被朝鲜人民军扣留事件。

的嫌疑对姜基勋作出了有罪判决。这就是"姜基勋遗书代写造假事件"。这个案件从侦破初期开始就围绕着遗书的笔迹问题展开了争论,然而还是以国立科学侦查研究所(简称"国科所")的笔迹鉴定结果为依据作出了有罪判决。到2007年,历史问题委员会对多份文件进行鉴定后劝告姜基勋请求复审,姜基勋便请求复审,经过2009年首尔高级法院复审启动决定、2012年最高法院驳回检方抗诉的决定、2014年首尔高级法院的无罪判决决定、2015年5月14日最高法院驳回检方抗诉的判决,时隔16年姜基勋的遗书代写嫌疑被确定为无罪。此案与法国军方以极其糟糕的笔迹鉴定将犹太人军官打成间谍的"德雷福斯案"很相似,所以又称"韩国版德雷福斯案"。

"益山市药村五街杀人案"是2000年在益山市药村五街一个出租车司机被人刺死的案件。警方在寻找行凶工具和目击者时遇上了自称目击过犯人的一个骑摩托送货的少年崔某(事发当年15岁),警方不仅对其进行殴打拷问,最终还把该少年认定为真凶。无辜的少年被判十年徒刑并服刑,后来经过复审宣告无罪。2003年真凶被捕但警方以证据不足为由将其释放,被告人崔某刑满出狱后于2013年提请复审,同时电视节目《我想知道的事情》也将这一案件的疑点曝光,于是经过2015年复审启动决定和2016年11月的无罪判决,崔某的冤案终于得以平反,真凶也于2018年3月被最高法院判处十五年徒刑。之前的"姜基勋遗书代写造假案"是公权力和市民、学生运动势力正面交锋的一个案例,因此当年有很多市民团体和法律界的人士参与进来,相比之下,"益山市药村五街杀人案"只由复审律师一人出面作了辩护。以这起案件为题材还曾拍过电影《复审》。

　　法院刑事审判因虚假口供和伪证据以及实体性真相发现等原因往往作出错误的判决，考虑到这些因素，虽然设立了上诉制度，可到上一级法院也难免出现一些误判。复审指的是对已经确定判刑的案件重新进行审理的过程，然而复审必须具备证明原审判决存在明显错误的证据，只有具备这些前提才能打开复审之门。朴俊英律师为"益山市药村五街杀人案"和"三礼邑娜拉超市三人抢劫杀人案（1999年发生，2016年复审无罪）"进行复审辩护，终将原审有罪在复审中改为无罪。他在《我们的律师》一书中表明："如果真的有蒙冤的人，就必须为他打开复审之门。这才是实现正义的道路。"这在理论上固然是无可争辩的观点，可在现实中随着时间的流逝查明真相的证据容易消失或被歪曲，如果是涉及政治、社会矛盾的案件，自然会有害怕真相被揭露从而百般阻挠的势力，因此刑事案件的复审是个非常复杂、棘手的问题。

法兰西第三共和国的民族主义和反犹太主义

　　自从19世纪末20世纪初爆发法国大革命和拿破仑战争以后，欧洲形成了以国民和民族为主结成民主国家的氛围。被分裂为几个邦国的德国也在俾斯麦的领导下开展了以普鲁士为中心的武力统一全国的活动。1870年普鲁士在与自己相连的国家法国（拿破仑三世的第二帝国）的战争中获胜以后，普鲁士国王腓特烈在凡尔赛宫登基称帝，而法国则经过"巴黎公社"成立了第三共和国。

法国与普鲁士签订屈辱的和约，法国割让整个阿尔萨斯–洛林地区并支付巨额的赔偿金，经济上陷入了困境。在关乎民族命运和自尊心的战争中失败，且在国家的心脏地带由他国皇帝举行加冕仪式，法国人民愤怒之极，对德国产生了极大的敌意。19世纪初拿破仑战争时席卷法国的民族主义在充满对德国的敌意和复仇心以及对捍卫祖国荣誉愿望的法国国民中像狂风一样传播开了。这种敌意和复仇心引发了法德之间激烈的谍报战，有不少情报人员被捕甚至被处以重刑。

1882年欧洲爆发金融危机，随着投资银行纷纷破产，以投资商为主的法国人对建立金融帝国的以罗斯柴尔德为首的犹太金融资本家乃至整个犹太民族产生了反感和憎恨。在犹太人中出现了很多通过从事长期的高利贷业成长为金融资本家的人，于是在以资本家和工人阶层为主的法国民众当中开始出现了对犹太人的歧视和负面舆论。1882年随着巴拿马运河公司的破产发生了数千名投资商遭受巨大损失的事件。与此同时，在政府选择开发企业的时候，犹太人向政府官员和官僚阶层肆无忌惮地行贿。随着这些丑闻的败露，反犹太主义（Anti-Semitism）便在法国全境蔓延开来。法国大革命以后，法国政府以法律形式赋予犹太人与法国人同等的公民权，可现实却事与愿违，没有按照法律所期盼的方向发展。

在普法战争中失利的法国军方对普鲁士怀有极端的敌意和愤怒。当时在法国军队中军校出身的年轻军官和贵族或军人出身的高级将领之间产生了尖锐的矛盾。不少年轻军官倾向于共和主义，批判那些高级将领执迷于传统军事战术，主张公民参与政治，而高级将领中大部分倾向于保守主义，批评年轻的晚辈冒险推进改革，极力主张王政或贵族垄断政治。由于法国军队内部很多军官是基督教徒，因此军部对犹太人的偏见比社会各界更严重一些。

1894—1906年，民族主义和反犹太主义席卷法国。在这十二年间，法国国民陷入"德雷福斯派（Dreyfusard）"与"反德雷福斯派（Anti-Dreyfusard）"对立的旋涡和"精神上的内乱"状态，而导致这一局势的事件便是"德雷福斯事件（Affaire Dreyfus）"。回顾这场事件的发生过程不禁令人生疑："难道这就是口口声声追求自由、平等、博爱的法国的真面目？"每当真实和虚伪为揭示真相、伸张正义而展开攻防战时，人们便渴望知识分子的勇气和作用，反思"德雷福斯事件"。

对"德国间谍"德雷福斯的军事审判

1894年9月，巴黎驻德国大使馆以女保姆身份从事间谍活动的法国情报员在德国武官施瓦茨·科芬的垃圾桶里发现了已经被撕毁的"备忘录（Bordereau）"，交给了法国军方总参谋部亨利少校。没有日期、没有签名的备忘录上记录着法国军方的一级秘密——法军火炮研发现状、炮兵部队整编及炮击目标一览表等内容，最下面的发信人栏目上写有"无赖汉D"的代号。法国情报部侦查人员推测这是暗藏在法军总参谋部的德国间谍发送的情报，于是在总参谋部军官人事档案中查寻了"D"字母打头的军官。结果人们的视线集中到了"Dreyfus"的名字上，而这个人就是实习参谋、炮兵上尉德雷福斯。

1859年德雷福斯出生于阿尔萨斯地区经营纺织厂的一个犹太人家庭。德雷福斯在普法战争期间德语公用区阿尔萨斯划归普鲁士的时候移居到巴黎，后来从军事专科学校毕业后被任命为炮兵军官。生性固执又诚实的德雷福斯以优异的成绩走进只收精英军官的总参谋部，暗下决心一定要成为一名有出息的军人。

具有反犹太主义倾向的情报局局长桑德斯上校断定间谍就是在总参谋部服役、会说德语的德雷福斯。从阿尔萨斯移居且是总参谋部里唯一的犹太裔军官，这一点也就成了有力的线索。虽然围绕德雷福斯平时起草的文件和备忘录中的笔迹鉴定，人们提出了不同的意见，但情报局侦查人员的眼里只映入了他们想要得到的文件。有一份备忘录上记录着间谍即将出征的字迹，而当年德雷福斯没有参加作战，根本不可能成为那份备忘录的起草人，可侦查人员不顾这些事实，还是按照自己的主观判断做出了结论。

10月15日，情报局杜帕蒂少校为了试探德雷福斯，把他叫过来让他按照自己的口述写一份上交总参谋部的信。杜帕蒂以德雷福斯在写字时手指发抖为由以反叛罪嫌疑逮捕了德雷福斯，并递给他一把手枪劝道："一旦转入审判程序就会给军方带来耻辱，不如自杀了事。"德雷福斯强硬地反驳道："我没有任何罪，我不会自杀的。我要活下去，我要活着证明我是无辜的。我一定会洗清罪名的。"侦查人员搜遍了德雷福斯的办公室和住所，可没有发现任何能够证明其间谍嫌疑的证据。侦破工作进展不顺，当侦查人员还在秘密进行搜查的时候，有一家报社暗中收集情报在自己的报纸上公开了："不久前有一个间谍被捕，军方对此还在保密，这是为什么？我们要求军方立即说明。"对德雷福斯捏造的各种嫌疑和毫无根据的猜测，还有人们编造出来的他的"间谍行为"连日登在报纸上。如果不能证明德雷福斯有罪，总参谋部的威信便一落千丈。最终法国政府还是接受了国防部部长梅尔西应该起诉德雷福斯的意见。

1894年12月19日，对"德国间谍"德雷福斯的军事审判在通过窗户缝能看到监狱的巴黎近郊一座改建的宫廷建筑物中开庭了。审判委员会由以莫雷尔上校为主的7名军官组成，辩护律师由德芒日负责。法庭不顾辩护律师的反对，以国家安保为由进行了非公开审理。被告人德雷福斯用平静的口吻反驳道："我不图富裕，不图安逸，主动选择当兵并开始走上成功之路，现在还有一个幸福的家庭，我有什么理由做出叛国行为呢？"提出那份备忘录字迹鉴定意见的字迹专家贝蒂永使用专业术语作了冗长的解释。他主张备忘录中的有些笔迹与德雷福斯起草的其他文件有所不同，是为了掩人耳目故意改换字体的。他的这一逻辑实在是牵强附会。对德雷福斯来说，除了笔迹以外，人品、金钱、女人等方面上根本没有与间谍挂上边的证据。负责侦破的军官亨利证实"一位可靠的人曾经向我举报说总参谋部确有间谍，现在来看那个间谍正是德雷福斯"。

德芒日律师：这太荒谬了。请证人公开一下那个举报人的身份。

亨利：每个参谋部军官的心里都有一个绝对不能泄

露的秘密。

审判长：证人没有向法庭提供举报人姓名的义务。只要以证人的名义证明那个间谍就是德雷福斯就可以。

亨利：我向十字架保证，我说的全是事实。[1]

初审四天后的12月22日，当法庭宣布休庭的时候杜帕蒂递上了国防部部长的一封印有封印的信。信封里还有一个小信封，小信封外面有一张纸条，纸条上写着："审理期间将小信封里的内容念给法官们听，然后重新封印交还传达此封信的军官。"信封里装有德国武官施瓦茨·科芬和意大利大使馆武官之间相互传递过的信件，信件里出现一个打头字母为"D"的法国军官，看两个长官书信的内容，"D"正是指德雷福斯。一小时后法庭宣布继续开庭。继检察官的陈述和律师的辩护之后，德雷福斯简短地说了一句："我是无辜的。"

法官退庭，德雷福斯也被押送出去了，这是因为宣读判决书的时候一般要求被告人退席。军事法院作了如下的判决："法庭认定被告人的反叛罪。法庭判决开除德雷福斯军籍，驱逐出境，终身流放。"在牢房里听到判决内容的德雷福斯向墙壁猛然撞头，好在身旁的狱警和妻子一再劝说，他才放弃了自杀的念头。总参谋部诱导德雷福斯说："我们会让你过个舒适的流放生活，你就承认因一时疏忽犯了反叛罪。"然而，却遭到了德雷福斯的断然拒绝。德雷福斯提出上诉，要求得到公正的判决，可12月31日他的上诉被驳回。反犹太主义倾向浓厚的一些报纸称"德雷福斯是毁灭法国国民、妄图占领法国领土的国际犹太人组织的间谍"，呼吁法院将他处以死刑。总参谋部也火上浇油，声称"为了国家安保，虽然不能公开涉及国家重大秘密的证据，但是大逆不道的罪人还是受到了终身流放判决"，并宣扬耸人听闻的话语："如果公开这些秘密，将会导致与德国之间的一场战争。"

图29　一位诚实的军人被开除军籍：1894年12月19日，德雷福斯在军事法庭被判处终身流放，翌年1月5日被开除了军籍。德雷福斯不得不接受被上司撕下肩章、折断佩剑的屈辱的降级仪式。《法国画报》（*Le Petit Journal*，1895）

1895年1月5日，巴黎，法国军事学院练兵场，德雷福斯被开除军籍仪式在4000多人的围观下举行。德雷福斯身穿军装以立正姿势站在达拉将军面前，将军宣布德雷福斯已经失去拿起武器的资格，剥夺其军职军籍。德雷福斯虽然喊了一声"士兵们，无辜的人正在遭受开除军籍的污辱"，可他的喊声却被围观群众"杀死犹太人"的叫喊声淹没了。德雷福斯的上司走过来撕下他的肩章，揭下象征总参谋部军官的红色肩带，折断了德雷福斯的佩剑。2月下旬，德雷福斯被流放到了臭名昭著的法属几内亚的"恶魔岛"。其间，德雷福斯的家人呼吁其无罪，再三要求复审，可各大报纸和国民已经将他认定为犯有叛国罪的罪人，军方和政府内阁更没有开庭复审的打算。

对真正间谍的荒唐审判与埃米尔·左拉划世纪的指控

审判结束15个月后的1896年3月，情报局局长乔治·皮卡尔（Georges Picquart）中校秘密截获了德国武官施瓦茨·科芬向法国炮兵少校费迪南·埃斯特拉齐要求一份秘密情报的"蓝色明信片（le petit bleu）"。当年，皮卡尔作为国防部部长的情报员从头到尾见证了德雷福斯审判。当时他虽然也认为德雷福斯有罪，可总觉得有难以释怀之处。皮卡尔在检查埃斯特拉齐的资料时发现他的一份申请书上的笔迹与法庭认定是德雷福斯写的那份备忘录上的笔迹十分相似。这次笔迹鉴定专家贝蒂永也认同两份文件上的笔迹是相同的。接着，皮卡尔又了解到了埃斯特拉齐平时的诸多疑点，如1894年的时候，埃斯特拉齐出于业务关系经常出入总参谋部，因此他完全可以知道包括那份备忘录在内的各种文件的摆放位置；平时埃斯特拉齐总是抱怨上层没有提拔匈牙利贵族出身的自己；他又是一个因赌博和奢侈浪费而负债累累的人，因此很容易被金钱收买。

皮卡尔确认埃斯特拉齐就是真凶，于9月份向总参谋长布瓦代弗尔将军和副总参谋长孔斯将军建议查明事件的真相，可他们并没有表示重新侦查的意向。当皮卡尔问他们如果德雷福斯无罪的真相被披露将会发生什么事情时，将军的回答是只要他闭上嘴，真相就永远无人知晓。对此，皮卡尔表示决不会将真相带到坟墓里去。视军方威信比国家安全更为重要的军方高层给出的理由是，国家机密一旦泄露将会引发把整个欧洲夷为平地的一场战争，然而其真正的理由是由于总参谋部的高层已经介入间谍战，因此如果判德雷福斯无罪就意味着总参谋部将毁于一旦。

1896年11月，皮卡尔退出情报局到法属突尼斯任闲职。他在那里利用闲暇时间写了一封揭露间谍案真相的信。上议院副议长让·凯斯特内尔通过律师路易·莱布鲁瓦（Louis Leblois）了解事件的始末之后便向权威人士奔走呼吁，发起了对德雷福斯案件的复审运动。与此同时，德雷福斯的家属邀请作家编写有关德雷福斯案件的文章散发到市民之中。一家报社在《这就是证据》的报道中介绍了那份备忘录。有一个读者看到那篇报道以后说，备忘录的笔迹很像埃斯特拉齐的笔迹，并出示了从埃斯特拉齐那里得到的一封信。于是，德雷福斯的兄弟马蒂厄·德雷福斯在凯斯特内尔的帮助下起诉了埃斯特拉齐。

埃斯特拉齐立刻与总参谋部一起找对策，在总参谋部的压力下，笔迹鉴定专家判定备忘录里的笔迹不是埃斯特拉齐的。1898年1月11日，军事法院对亨利伪造的文件只进行了短短5分钟的研究，就宣布埃斯特拉齐无罪并将其释放，围观的人们还为军事法院的判决报以掌声。而皮卡尔却以"为把埃斯特拉齐逼上绝路伪造'蓝色明信片'，从而泄露军事机密"为由被捕入狱了。上回军事法院以"非公开文件"等违法程序宣判无辜的德雷福斯为反叛罪，这次他们又根据"上头的命令"隐瞒真相给真正的间谍作出了无罪判决。

事已至此，"德雷福斯事件"已经不是某一个人或军方内部的事情了。围绕着谁是真正间谍的问题，法国国民和舆论分成了两大派别，反对共和主义和大革命理念的王政复古主义者、贵族、军方、军国主义者、陷入反犹太主义的激进基督教分子以及与他们有着千丝万缕的联系的多家报社组成反对复审一方，而具有良知的知识分子、法律界人士、共和主义者、一些进步的政界人士以及少数支持他们的报社则组成主张复审一方。后来社会主义者和工人也加入到了主张复审一方的行列。55家报社中有48家报社不仅不想查明真相反而强词夺理地支持了原审判决，他们声称复审要求是妄想毁灭军方乃至整个法国的犹太组织的国际阴谋，因此不管发生什么事情都不能给军方的威信和信誉抹黑，哪怕德雷福斯的叛国罪不能成立也应该维护具有严格纪律性的军方命令体系。一些有良知的报社和知识分子曾提出过诸多质疑，然而"为了一个犹太人进行再侦查，会严重影响法军的名誉和士气，削弱军方防御能力，最终侵害法国的安全"的舆论铺天盖地地袭来。

在嘲讽和蔑视下，那些有良知的报社和知识分子根本发不出正义的声音。但随着军方首脑妨碍皮卡尔的再侦查，伪造证据，最后无罪释放真凶埃斯特拉齐的真相一一曝光，出现了不少敢于站出来查明真相的知识分子。

宣判埃斯特拉齐无罪两天后的1898年1月13日，《震旦报》（L' Aurore）在头版头条刊登了大文豪埃米尔·左拉（Emile Zola）用写给费利斯·福尔总统的公开信这一形式写成的文章《我控诉》（J' Accuse）：

真相，我要讲真相。因为我和正式负责审判的司

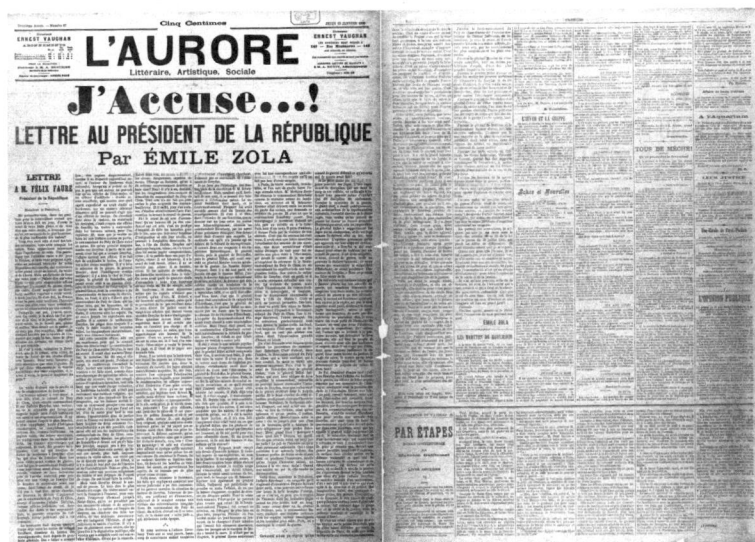

图30　我控诉：看似是一句简单的谎言，可谎言永远不能掩盖真相。再大的国家暴力也不能阻止左拉向着真相迈进的英勇的步伐。

法部有个约定，如果司法部不揭示真相，那就由我来揭示。我的义务就是说实话、说真话。我不想成为历史的共犯。如果我成为共犯，那么我今后的每一个夜晚都将是在他们的严刑拷打下对莫须有的罪名赎罪的那个无辜者的幽灵飘舞的夜晚。

真相离我们越来越近，谁都不能阻拦真相靠近的步伐。我觉得今天才是"事件"真正开始的日子，因为直到今天各方的立场才变得明确了。一方是不想看见阳光的犯罪者，一方是直到阳光照射为止豁出命来捍卫正义的卫士。前面已经说过，可现在再说一遍，如果真相被埋在地下，它早晚会爆炸，而当它一旦在地下爆炸就会毁掉整个世界的。[2]

以优雅和富有感染力的文笔，左拉一一列举德雷福斯的清白和埃斯特拉齐是真凶的原因、具体事实，揭露了事件的真相。他实名举报将德雷福斯打成罪人以掩盖军方错误的总参谋部和国防部的将军和军官，也斥责了笔迹鉴定专家的乱作为和审判法官的误判。当天的《震旦报》印刷了比平时发行量多10倍的30万份，可还是被抢购一空。《震旦报》轰动了整个巴黎。高中生、师范学校学生、作家、艺术家、科学家、教授等有识之士给予大量的支持，阿纳托尔·法朗士、埃米尔·杜尔凯姆、马塞尔·普鲁斯特、克劳德·莫奈等3000名知识分子在请愿书上签名，重新点燃了德雷福斯复审运动的火种。可在注重社会和谐、注重社会团结的人们的眼里，"知识分子"不过是一群质疑军事法院的判决、无

UN DINER EN FAMILLE

(PARIS, CE 13 FÉVRIER 1898)

PAR CARAN D'ACHE

— Surtout ! ne parlons pas de l'affaire Dreyfus !

... Ils en ont parlé...

C. d'A.

图31　法国社会的大分裂：1898年2月4日的漫画如实体现由德雷福斯事件而导致的国民的分裂状况。"不行！绝对不能谈论德雷福斯事件！"（上）"……到底说出来了……"（下）卡兰达什：《家族晚餐》（Un dîner en famille），《费加罗报》（Le FIgaro，1898）

241

视军方的权威、看重个人、损害国家的人。

反对复审一方提出的"法国归法国人，死亡归犹太人"的煽动性口号使大批群众一哄而起，在法国全境洗劫犹太人商店，向犹太人施以暴力，焚烧刊登左拉文章的报纸，将左拉的肖像吊了起来。一个多月来，法国人分成德雷福斯派和反德雷福斯派进行了激烈的斗争，那些凭理性和真相主张德雷福斯无罪的人遭受了暴民的污辱和诅咒，有些人甚至遭受了人身攻击。军方和内阁在极力掩盖"德雷福斯事件"真相的同时考虑到政府的面子，他们对左拉的公开信断章取义地选择他对军事法院根据上级的命令作出无罪判决部分的描写说成是以虚伪事实编出的谣言，最终以诽谤罪控告了左拉。

对左拉的刑事审判在凡尔赛宫重罪法庭开庭了，出席法庭的众多证人和专家展开了激烈的舌战。左拉说站在法庭的既不是他自己，也不是德雷福斯，而是法国的命运，法庭判的是法国的命运。他最后陈述道：

> 我以我的生命和名誉保证德雷福斯是清白的。在这严肃的时刻，我面对在这个法庭上代表国家的你们和各位陪审员，面对我的祖国法兰西重申德雷福斯是清白的。我以四十年的作家生活和用毕生的努力获得的所有荣誉宣告德雷福斯的清白。我以我所获得的一切、我所获得的名誉、我对法国文学的发展所做出的功绩发誓德雷福斯是清白的。上帝啊！如果德雷福斯真的不清白，你就让这一切毁灭，让我所有的作品被人遗忘吧！德雷

福斯是清白的。[3]

追随军方、深陷反犹太主义思潮的群众天天冲进法院大楼示威，要求杀死犹太人和左拉，左拉遭受了无尽的折磨和威胁。7月18日审理结束，陪审团以8:4的表决结果作出了有罪评议，法院判处左拉一年徒刑和三千法郎的罚金，宣判当日，左拉前往伦敦，走上了不情愿的流亡之路。

对德雷福斯的复审和无罪判决

左拉的《我控诉》发表以后，众多学生和知识分子撰文主张德雷福斯无罪，要求对德雷福斯进行复审。新当选的国防部部长卡维纳克指示重新审查被提到军事法院的证据，结果发现了亨利为把德雷福斯打成罪犯而制造假证据的事实。1889年8月30日，亨利在拘禁中神秘自杀，被左拉控告的一位将军反省自己的过错，由此，德雷福斯案的真相开始浮出水面。"备忘录"的真凶埃斯特拉齐深夜携女友逃往英国，后来又出版了一本书，书中描述自己作为双重间谍根据上级的命令为刺探德国机密而有意接近德国军官的事实。杜帕蒂因伪造文件被捕，左拉结束十一个月的亡命生活回到祖国，首次披露造假事实的皮卡尔被无罪释放。

内阁会议于1898年9月按照德雷福斯夫人的复审请求，将有关材料送到最高法院——上诉法院，上诉法院于1898年10月向巴黎高级法院发送了对德雷福斯案复审的文件。巴黎高级法院刑事部向德雷福斯发出复审通知，并开始听取了以皮卡尔为主的诸多证人的证词。对刑事部的积极态度感到惊讶的反复审派恶意猜测诽谤了刑事部法官们的倾向，议会以全国已陷入重度危机为由通过了由巴黎高级法院全权负责复审案件的特别法。经过长时期的审理，巴黎高级法院全员合议部于1899年6月3日判定"无赖汉D"并非德雷福斯，"备忘录"也非德雷福斯所写，据此判决对德雷福斯的军事审判无效，并择日将在雷恩（Rennes）重新进行军事审判。

1899年8月，复审军事法庭终于在雷恩中学讲堂开庭，在"恶魔岛"被监禁5年的39岁的德雷福斯身穿军装站在了法庭上。他没有丝毫的感情波动，用平静的口气说自己从未背叛过祖国。然而，当一位支持者述说本次审判的世界性意义时，德雷福斯便哽咽着抗辩道：

> 不是，不是的。我不过是一名炮兵军官，只是因为悲剧性的错误被剥夺军籍而已。你们说我德雷福斯是什么正义的象征，不，我不是正义的象征。象征正义的德雷福斯是大家创造的。[4]

无论是国内还是国外，复审赞成派都认定德雷福斯无罪，可复审反对派叫嚣"法庭必须在梅尔西将军和德雷福斯当中选一个"来给军事法庭的军官们施压。在指控德雷福斯时曾起过主导作用的梅尔西以证人的身份出庭，对所有的事实一一作了反驳，并对德雷福斯"已经到了揭开真相的时候"的一句话作了如下的陈述：

> 我并不那么想。自1894年以来我的想法丝毫没变。查阅过案卷并亲眼见过那么多人为证实上尉的无罪而作出努力，我的想法更加坚定了。他们为证明德雷福斯上尉的无罪花了几百万法郎的钱，可并没有得到预期的结果。[5]

以国家安保为由非公开审理的军事法院于9月9日经过两个小时的合议后判定："以法国国民的名义根据5:2的表决结果宣告被告人有罪。不过多数法官认为此案有酌情考虑的余地，据此判德雷福斯十年徒刑。"德雷福斯为获得特赦放弃了上诉，总统于9月19日签发了对他的特赦令。然而认为应判德雷福斯无罪的左拉和克里孟梭等多数人决定将此次寻求真相和正义的斗争继续进行下去。左拉失望地说道："河水似乎改变了流向。"克里孟梭也批判道："军事法院的法官们不是对被告酌情处理，而是对他们自己酌情处理。这只是他们在纪律和良心之间作了妥协而已，其他的等于什么也没说。"法国政府于1900年12月颁布赦免令，赦免所有与德雷福斯案相关的人。复审赞成派谴责赦免令妄图草草地了结此事件，是对市民的一种反叛行为。然而，谴责归谴责，结果已经不能改变了。

最终，德雷福斯为恢复名誉拒绝赦免，于1900年11月26日申请复审。在舆论的压力下，国防部开展了自我侦查，经过长时间的侦查，终于查明了以亨利少校为主的多名军官伪造有关文件的事实。1904年3月，新任国防部部长向上诉法院提交了德雷福斯的复审请求书和新发现的证据。1904年3月5日，上诉法院为消除审理中遗漏的问题决定重新进行证人讯问。

在德雷福斯两次审判和埃斯特拉齐、左拉审判中提供过证词的人全部到庭对10多年前的事情做了详细的证言。经过两年的审理，上诉法院于1906年7月2日宣布雷恩军事法庭的有罪判决为误判，因而予以撤销，因没有有效的证据证明德雷福斯有罪，所以至今所有的有罪判决均为无效。德雷福斯终于被判无罪，军方也给他下达了复职命令。第二天，下议院给德雷福斯授予法国最高勋章"法国荣誉军团勋章（Légion d'honneur）"，下议院还通过了恢复皮卡尔军籍、将于1902年9月去世的左拉的遗骸移葬到国立先贤祠公墓的法案。

1906年7月22日，曾经举行过开除德雷福斯军籍仪式的军校练兵场再次举行了德雷福斯授勋仪式。当军校将军和德雷福斯并肩站在检阅台检阅列兵式的时候，德雷福斯的儿子皮埃尔跑过来抱住了自己的爸爸，顿时德雷福斯禁不住流下了激动的泪水。德雷福斯与家族成员一起乘坐敞篷车离开校园的时候，20多万名官兵挥动着帽子向德雷福斯致敬："德雷福斯万岁！正义万岁！"

在历史的法庭上

法国虽然通过1789年的大革命推翻了封建旧制度，可在政治、社会未完全安定的情况下反复实行帝制和共和制，到了第三共和国政局仍然动荡不定，极端民族主义和反犹太主义在民众中盛行。围绕着被军方指认为德国间谍的"德雷福斯事件"，法国国民分为德雷福斯派和反德雷福斯派。主张德雷福斯有罪的一方认为，为了安全保障和社会秩序可以无视所谓的真相和人权。而主张德雷福斯无罪的一方则强调，只有坚守自由、平等、博爱和人权保障的革命和共和政权的精神，才能实现国家的繁荣昌盛和社会秩序的稳定。最终还是主张真相、人权和正义的一方获得胜利，而妄图回到革命前的保皇派和极端保守派，以及把军队这一手段和国家安保这一目的混为一谈的军方、助长反犹太主义的基督教会，则失去了信誉和影响力。由此来看，"德雷福斯事件"为法国在19世纪末20世纪初消除封建残余，发展共和主义、民主主义做出了决定性的贡献。

德雷福斯案对法国社会产生了极大的影响。与自己拥有不同的思想和原则的人也可以表明自己的看法并据此生活，即在国民之间相互接受异样性和多样性的"包容（tolerance）"成了社会的共识。随着1905年国家和宗教分离的《政教分离法》出台，法国不存在国家意义上的正式宗教，国家也不资助任何一个宗教，所有宗教建筑物都归属于国家建筑物。还有，随着"德雷福斯派"和"反德雷福斯派"都通过媒体向公众发表自己的主张或反驳对方的主张，整个法国社会重新认识到针对封建传统的舆论力量和新闻媒体的重要性。此前，犹太人一直认为法国是文明国家，但面对反犹太主义狂潮他们感到恐惧，于是树立民族精神和民族意识，开展了犹太复国主义运动（Zionism），直到第二次世界大战后成立了属于犹太人自己的国家以色列。

通过"德雷福斯事件"，知识分子重新为自己定位，提出了"参与社会（engagement）"的口号。支持德雷福斯的文人和学者以及媒体人为了与虚假的煽动斗争，以语言和文字为武器形成与传统观念截然不同的新的舆论阵地，组成了思想活动（思维领域）和社会活动（实践领域）相结合的社会集团——"知识分子团体"。知识分子虽不是社会、政治领域的专家，可他们是以在自己的领域里造就的心智活动为基础，以社会共识对重大的社会问题自由提出各种主张、实施各种行动的人。自"德雷福斯事件"后，基于良知的知识分子参与社会活动的热情有了明显提高，参与社会活动成了他们的一种社会义务。以哲学家让-保罗·萨特为代表的法国知识分子在第二次世界大战期间开展了对德抵抗运动，在阿尔及利亚战争中为解放殖民地阿尔及利亚又进行了对抗祖国殖民主义者的斗争，在印度支那战争中抨击法国和美国的侵略行径，在苏联入侵捷克时又谴责了苏联的侵略行径。1961年当掌权者提出逮捕萨特这颗眼中钉的时候，时任法国总统的戴高乐说了一句名言："不要把伏尔泰关进巴士底狱。"

　　无辜的德雷福斯是如何被打成德国间谍并判定为罪犯的呢？在侦查初始阶段已经对犹太人抱有偏见的侦查官们对笔迹之类的证据侦查并不客观，就是对明显矛盾之处也故意视而不见；一些媒体在尚未把握事实真相的情况下有意刺激军国主义爱国心和反犹太情绪，进行了煽动性的宣传报道；军方和政治精英们只强调军方的颜面和威信，刻意隐瞒真相，对有意误导的舆论听之任之；侦查官们不顾真相大白、真凶已现，仍然热衷于捏造证据、搜集虚假证词。首次军事审判谁都没有指出笔迹鉴定的真伪，也没有召唤意见不同的鉴定专家，不仅没有确认向亨利举报的人，反而唆使亨利拒绝回答举报人到底是谁的提问。他们没有按法定程序提示被告方的相关文件，偏信了长官那封秘密信件的内容。

就这样，他们首先是以侦查机关的操纵和法庭对现实的妥协，其次是以国家安保与军方威信重于个人名义与个人正义的荒唐逻辑，给犹太人德雷福斯上尉打上了叛国者的烙印。

德雷福斯的无罪判决为什么拖了12年之久呢？我们在前面已经说过，刑事案件一旦被确定为有罪，要想以复审方式予以平反则需要艰难复杂的过程。德雷福斯案甚至使整个法国国民一分为二，在这样的情况下推翻原审则有可能导致难以想象的政治、社会矛盾，因此这是一个并非仅靠法律程序来解决的问题。在德雷福斯案的处置过程中，随着复审赞成派和复审反对派激烈对立，议会和政府不知所措、乱作一团，内阁频繁更迭，因此负责复审的高级法院和上诉法院陷入深刻的矛盾之中。最终国防部在舆论的压力下查明了证据被伪造的事实，上诉法院则在重新侦查所有证人之后并没有将案件退回军事法院而直接宣判无罪，从而履行了历史的职责。在刑事案件中复审请求能否变得可能，一般取决于如何解释和判断能够推翻有罪判决的"新证据"，但是找出"新证据"也很重要。对此，朴俊永律师解释如下：

> 要想对一个案件进行复审，关键的因素就是侦查权限和侦查能力。历史问题委员会之所以能够进行很多有关时局案件的复审，就是因为他们能够利用权限和人力进行系统性的侦查。财政问题也是很重要的。复审需要有专门辩护人，而有几个律师愿意承接挣不到几个钱的复审辩护呢？这就需要有一个救助被害人的专门机构。我认为为了司法的发展也需要设立一个专门救助机构。[6]

历时12年之久的审判，所查明的只是德雷福斯上尉并非背叛祖国的间谍的事实。叛徒埃斯特拉齐、伪造证据做出假证词的亨利以及总参谋部军官、使军方蒙受屈辱的以梅尔西为主的总参谋部和国防部的将军等人，根据1900年的赦免令没有受到任何处罚。如果没有赦免令，这些人也许会得到严厉的侦查和严正的审判。

11

由法律规定工人最长工作时间是合理的吗？

在洛克纳审判案中支持多数人意见的首席大法官鲁弗斯·佩克姆。

洛克纳审判案

——1905年，美国

时间与法庭

1905年，美国联邦大法院

案件当事人

约瑟夫·洛克纳（Joseph Lochner）诉纽约州（New York）

审判焦点

州政府用法律规定面包坊工人的最长工作时间是否属于侵犯合同自由的违宪行为？

审判结果

保障面包坊工人的健康和公共保健卫生这一法律宗旨与最长工作时间这一手段没有直接关联，也没有实质性的效果，因此是违宪的

历史质问

以特定的经济理论判断宪法和法律是否合理？

拥有晚上闲暇的生活

韩国在"经济合作与发展组织"35个成员国当中不仅在生育率和自杀率上是数一数二的国家，工人的劳动时间长度也是数一数二的国家。2016年年均工作时间2069小时，比韩国更长的国家只有墨西哥（年均2255小时）和哥斯达黎加（年均2212小时）。发达国家中美国是1783小时，英国是1676小时，法国是1472小时，德国是1363小时，日本是1713小时。韩国工人比德国工人多干706小时的工作，比35个国家年均1763小时多干306小时，即多干两个月（以韩国标准平均多干一个半月）。

韩国《劳动标准法》为提高韩国工人的健康、安全、生活质量，规定成年工人的劳动时间限制在每天8小时、每周40小时以内，如果当事者同意，每周可延长12小时有偿加班。据此计算，每周最长劳动时间应该是52小时，可韩国雇佣劳动部一直推行"一周"中除去周末休息日要工作52小时，再加上经当事者同意休息日加班的16小时，最长劳动时间为68小时，节假日加班可增加一倍报酬的政策。对此，劳方主张"一周"的概念里应该包括休息日，以保障"拥有晚上闲暇的生活"。而资方则反驳如果缩短最长劳动时间，不仅中小企业和个体企业受到打击，企业的额外负担也会增加12兆韩元，劳动者的收入也随之减少。

2008年，城南市环卫工人主张假日上班等于延长工作日或休息日加班，因此假日上班报酬应该提高到平日上班报酬的200%，并就之前未拿到的加班津贴提起了诉讼。在初审和二审中劳方胜诉，可最高法院于2018年6月21日判决假日上班与平日加班不同，因此只能以50%的加价率来计算假日上班报酬。最后，经过5年的讨论，2018年2月28日，国会通过了《劳动标准法》修正案，规定每周最长劳动时间由68小时缩减到52小时，将8小时以内的假日加班费定为平时劳动报酬的150%，超过8小时的假日加班费定为平时劳动报酬的200%，并规定此修正案从2018年7月1日开始实行。说句心里话，要使新的《劳动标准法》成为"迈向保障人类正常生活的一大转变"和"能够增加就业岗位的绝好机会"，就要从多个角度分析由法律的实施带来的经济、社会效果，集中劳资双方的智慧制定后续完善政策。

专家表示，步入21世纪，随着经济、社会环境的变化，就业问题变得更复杂、更艰难。经济年均增长率下降3%；人口老龄化问题越来越严重；就业率只在劳动密集型企业和低收入的服务行业有所提高；就业模式由单职工模式转变为双职工模式；因垄断大企业为主的经济结构，大企业及其所属的转包商的劳动力市场变为双重结构；因数码技术的发达，劳动力市场大大缩小。增加优良的工作岗位，缩短劳动时间，使劳动和生活保持均衡（Work and Life Balance），与家人一起享受"拥有晚上闲暇的生活"的日子还需要等多长时间呢？

工业化的发展与劳动者的劳动时间问题

1865年美国南北战争以北方的胜利而结束，从此美国的工业发展突飞猛进。19世纪90年代，美国在工业产品的质量和数量上成了世界级的制造业国家，将英国工业革命后一百年间实现的成就只用一半的时间就完成了。然而，尽管美国人在生活上得到了很大的改善，财富也比以前增加了许多，可劳动成果却没有得到公平分配。产业巨头和中间阶层享受空前的荣华富贵，而普通民众的日常生活虽比过去有所好转却依然艰难困苦。

19世纪末20世纪初兴起的第二次工业革命是美国工业发展的原动力，他们抓住机遇大力发展了新技术、原材料以及生产工艺等。随着电话机、收音机、打字机、计算机的普及，企业可以有效地组织生产经营活动。随着照明和动力之源——电的发明，工厂和家庭晚上也如同白昼，电梯也成了常用运输工具。随着高效率的蒸汽机的发明，钢铁生产不断扩大，大型船舶挑起了贸易运送的重担，横跨大陆的铁路使各种资源和物资源源不断地送到各个企业。企业以崭新的经营方式提高了工人的专业化程度，通过中层管理者的系统管理大大提高了生产经营效率。

随着领土的扩大，市场也进一步扩大，于是包括铁路巨头在内的很多富豪们设立股份公司吸引了大量的资本。这些股份公司冲破同行业公司之间的竞争，以合法或非法的手段创造了全国性的大型企业。他们以或兼并同行业中的小企业，或将不同行业的企业归并于某一中心企业的方法建立了"企业帝国"，结果出现了主宰美国经济的摩根、卡内基、洛克菲勒等银行业、制造业巨头。

进入20世纪，美国经济取得了辉煌的发展，但由于过分迷信技术、过分强调效率也产生了一些副作用。技术的发展导致工人失业或突然降薪，使工人的地位变得不稳定。工人每天要依照严格而单调的时间表去重复同样的劳动。由于没有政府的有效监督，出现了很多不洁净、不卫生且缺乏安全措施的工厂和车间。工厂的大部分工人每天工作10个小时，一周工作60个小时。需要做简单劳动的工厂和车间低薪雇用大量的童工和女工，至少有170万名16岁以下的童工在工厂和农场做工挣钱。

　　面对这种情况，改善广大工人非人待遇的呼声也越来越高

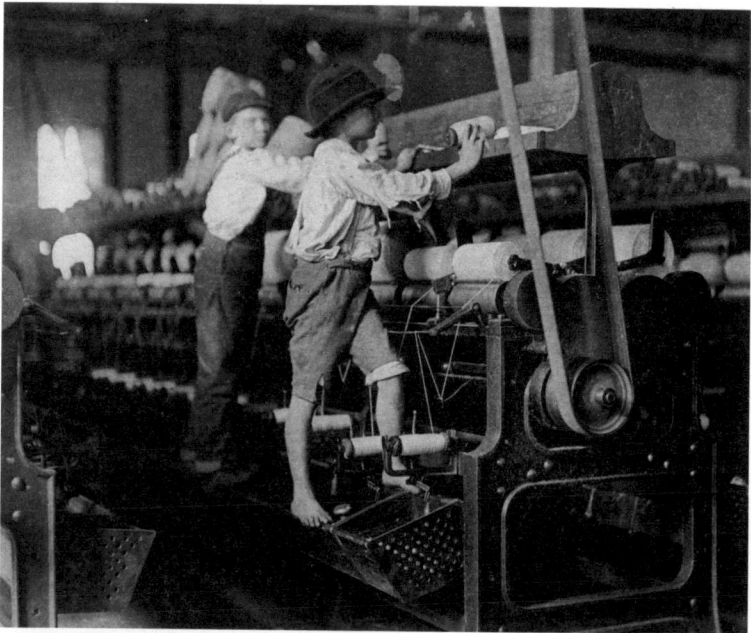

图32　稚气未脱的童工：1901年美国亚拉巴马州有不少5岁左右的幼童在玻璃工厂、纺织工厂等地方每天被迫从事18个小时的劳动。

了。工人们又是组织工会又是闹罢工，但每次都以失败告终。从19世纪中叶开始，工人领袖和一些政客提出了规定劳动时间以确保闲余时间、缩短非卫生环境中的工作时间，从而保障工人身体健康的主张。随着1867—1870年间康涅狄格州和伊利诺伊州等4个州制定每天工作时间限定在8小时之内的法律，相对稳定的最长工作时间问题开始得到了解决。

从历史上看，随着18世纪末英国工业革命的开始，许多工人因低工资、长时间劳动而备受煎熬，于是出现了一个社会性的问题，即最长工作时间问题。工业革命初期，英国的成年工人一般每天都要工作12～16小时，每周工作时间长达100小时。1833年英国制定《工厂法》（Factory Act），限制了9～13岁童工的每天工作时间（每天9小时，一周48小时）和未满18岁童工的每天工作时间（每天12小时，一周69小时）。法国在1841年和1892年以法律形式规定童工和女工的工作时间，1848年实施了成年工人的每天最长工作时间限制在12小时以内的法律。1919年国际劳工组织（International Labor Organization，ILO）缔结了每天最长工作时间为8小时、每周48小时的条约，到了1935年又缔结了每周工作时间为40小时的条约。此后各国纷纷制定相关法律，最终确立了每天工作8小时、每周工作40小时的劳动制度。

在世界第一产业大国美国出现的社会争论

19世纪末，美国出现了一种社会理论，那就是使美国走上世界第一产业大国的资本主义理论。其中最具代表性的理论就是将生物学家查尔斯·达尔文（Charles Darwin）的"关于进化规律和物种优胜劣汰规律"运用到人类社会的"社会进化论（Social Darwinism）"。据英国哲学家赫伯特·斯宾塞（Herbert Spencer）所说，在人类社会里只有最适合生存的人，即强者和有才的人才能生存并发展下去。与"社会进化论"相对应的经济理论是"自由放任主义（laissez-faire）"。根据这一理论，政府的管制是对个人财产所有权和契约自由这一根本利益的无理干涉，因此应该尽量减少政府管制，使那些杰出人士的事业免受干扰。此外，这一理论还主张所谓"保护工人、消费者以及竞争者的经济管制法律"在原则上也是不妥当的。"社会进化论"和"自由放任主义"在保守派政客和企业家、知识分子当中受到了广泛的欢迎。

以产业巨头为主的企业经营者们都认为"社会进化论"和"自由放任主义"是为他们成功辩护和解释市场经济优越性的观点。大企业的经营者们在赞扬竞争的优越性与自由市场的同时还利用囤积居奇、垄断、企业合并等手段抵制中小企业的挑战，在排斥政府对劳资关系的干涉的同时还要求政府减免税金。不仅如此，他们为了申明自己的利害关系还直接或间接地参与了立法过程。

相反，一些知识分子却批判"社会进化论"或"自由放任主义"是助长或拥护不平等的不道德的思想。有些人还主张在文明社会里每个人都拥有根据自己的智商打造理想社会的能力，因此政府理应制订以改善不和谐的社会经济体制为目标的计划。也有一些人主张因地价上涨而获得的利益属于不劳而获，因此对土地应该征收不同于其他税金的"单一税"。更多的人认为大企业对市场的垄断有可能破坏自由竞争，有可能人为地操纵物价，因此应该实行公共管制。在这种背景下，从19世纪末开始兴起了革新主义运动（Progressivism）。他们声讨大企业的独断专行和社会性的贪污腐败、工人恶劣的劳动环境和经济上的不平等，敦促政府尽早摆脱自由放任的状态，积极干涉和调整经济和社会。

事实上，多数知识分子主张且广为接受的是"实用主义（Pragmatism）"。实用主义者主张，某一种思想是不是正确并非取决于那个思想本身，而是取决于那个思想所造成的行为结果，同样，真理并非天生之理，而是通过实践的检验得出的理论。他们认为没有经过实践检验的思想和制度都是站不住脚的。重视实用价值和实践成果的"实用主义"正适合于美国人的开拓精神，然而在制定法律或解释法律上主张运用"实用主义"的人却越来越少。

洛克纳对纽约州《面包坊法》的抗议

1895年，纽约州议会以面包坊经营者为对象通过了面包坊工人每周的工作时间限制在60小时以内、每天工作时间限制在10小时以内的《面包坊法》（Bakeshop Act）。该项法律还规定，如果超过法定工作时间便予以刑事处罚。

这项法律是在由纽约州工人组成的工会提出将工作时间限制在每周60小时以内、每天10小时以内的要求下制定的。到了19世纪80年代中叶，美国大多数制造业行业已经实施了每天10小时工作时间的政策，可在面包制造行业因竞争特别激烈未能得以实现。面包制造行业的工人们为争取10小时工作时间进行过罢工、立法请愿等各方面的努力，可终究未能如愿以偿。

面包制造业的工人虽然没有像矿工那样在危险的环境中劳动，可他们也常年在充满面粉粉尘或烤制面包时的高温以及充满煤烟的环境中劳动。1894年纽约市曼哈顿地区的一家面包坊里发生一起犹太工人死亡的事件。媒体经侦查发现，位于曼哈顿和布鲁克林公寓地下室的那家面包坊卫生条件极其恶劣，于是通过报纸将其公之于众。革新主义者们敦促政府立刻改革面包坊的卫生条件，州政府对此进行侦查以后发表了侦查报告，侦查内容令人十分吃惊："待出售的食用成品（面包或饼干）里藏着很多蟑螂等虫子，成群的老鼠在面包堆里乱窜，根本不在乎那些'地下墓穴'里的居民。"

直到媒体曝光8个月后，纽约州议会才一致通过了《面包坊法》，规定"面包坊禁止每周60小时以上、每天10小时以上的工作时间"的最长工作时间，同时还要求面包坊必须具备通风、供水、排水、地板等符合面包制造最起码的环境条件。政府认为只要制定这一法律，面包坊的工作环境就会立刻得以改善，从而有效地保障工人的健康和权益，提高食用面包在卫生方面的质量。

然而问题是，纽约州的面包制造行业分为企业化经营的大型面包制造工厂和私人经营的零散面包坊，且他们各自的工作时间也有很大的差异。大企业面包制造工厂基本上按照《面包坊法》规定的10小时工作时间运营，可私人零散面包坊还是让工人从事12小时以上的劳动。与拥有现代化机器设备的大型工厂不同，私人零散面包坊由几个工人在公寓的地下室用老式的面包机生产面包，工人住的地方是面包坊隔壁的小房间，有些面包坊工人干脆在小作坊的工作台上食宿，以便随时等待老板的命令。

对那些已经实现设备现代化、工人组织化、工作程序制度化的大型面包工厂来说，实施《面包坊法》倒也没什么大问题，可对一直雇用移民以长时间、廉价劳动力勉强维持生计的零散面包坊来说，《面包坊法》的实施意味着其将被价格竞争淘汰。零散面包坊的老板们指责政府"小面包坊遵循这一法律是根本不可能的事情。这项法律不顾零散面包坊的利益，而是为大型面包工厂的利益制定的"。小作坊的老板们组成"纽约州面包制造名人联盟"，寻找规定最长工作时间违宪的证据。

1902年4月，"联盟"中的一个面包商约瑟夫·洛克纳（Joseph Lochner）以逼迫工人阿曼·斯密特从事每周60小时以上的工作为由被捕，并被处以50美元的罚金。洛克纳拒绝缴纳罚款。他在"联盟"的支持下坚称该法律没有履行宪法保障下的合法程序并侵害合同自由，主张这是违背宪法的判决。这一事件经过纽约州高级法院最后上诉到了联邦最高法院。这就是洛克纳审判案。

由法律规定面包坊工人最长工作时间是合理的吗？

看到洛克纳在纽约州高级法院以4∶3的表决结果败诉，洛克纳的律师们阐明了联邦最高法院规定的《面包坊法》违宪的论据。

他们认为这项法律"只适用于面包坊工人，而不适用于饭店或餐饮等与面包坊类似行业的工人，以及烘烤店工人及其家族"，在这一点上这项法律是不平等的，是存在偏向性的。面包坊工人并不像矿工那样从事高危工作，因此不是政府特别保护的群体。面包坊工人的死亡率也比其他工种要低得多，因此面包坊也不是比别的工种在保健上更有害的工种。

图33　20世纪初面包工厂的情景：1895年纽约州通过了面包坊工人的工作时间限制在每天10小时、每周60小时以内的《面包坊法》。这项法律虽然是为维护工人的权益而制定的，但自从这项法律实施那天开始众多零散面包坊受到了很大的打击。

1905年4月17日，联邦最高法院在9名大法官中以5:4的表决结果作出判决：纽约州制定《面包坊法》规定面包坊最长工作时间且违反规定时予以处罚，这是违背宪法规定的法定程序、侵害面包坊劳资自由合同的法律，是无效的。因此，对洛克纳的处罚是错误的。

现在让我们先看看大法官鲁弗斯·佩卡姆（Rufus W. Peckham）写的多数人的意见：

为了谋求公共卫生、公共安全、公共道德以及公共福利等，在不得不利用警察权力来限制个人的基本自由和权利的特殊情况下，州政府就有权立法。然而，《面包坊法》与上述的公共卫生或公共利益等特种状况并没有什么关系，只是介入了个人之间的合同问题。面包坊的劳动对工人健康的有害程度绝非用法律来限制工人劳动权利和劳资双方雇佣合同的程度，这一点是再清楚不过的。虽然是极端的假定，如果这样的法律允许实行，就要以培育健康市民为由限定资方的业务时间；还要以防止医生、律师等专业人员以及运动员、演员等人员因长时间劳动、训练以及演艺活动而劳累过度为由限制他们的业务时间，这就需要制定涉及各行各业的健康法。要使限制合同自由的法律合理化，目的要合理，目的和方法要有直接连贯性。法律的目的不是取决于文字上的法条，而是取决于实施过程中的自然效果。面包坊工人的工作时间和产品卫生之间根本没有什么内在的关系，即使有关系也不是政府使用公权力来解决的问题。因此，最长工作时间制度就是侵害自由合同权利的行为，是违宪的。

对这一多数人意见，约翰·哈兰（John Harlan）大法官等三人提出反对意见，奥利弗·温得尔·霍姆斯（Oliver Wendell Holmes）大法官也提出了反对意见。哈兰大法官揭示了司法部一直以来根据过去的案例促使州政府的警察权力以维护公共卫生和公共安全为由过于膨胀的事实。据此，他争辩面包坊工人每天劳动超过10小时、每周超过60小时有可能危害健康并不是一句空洞的借口，而是考虑到封闭的空间和浑浊的空气等工作环境而推出的合理的制度。洛克纳事件之所以广为流传并被人们称为划时代的事件，正是因为霍姆斯大法官的反对意见。现在让我们一起看看霍姆斯的意见原文：

本案判决是根据大多数国民并不待见的经济理论作出的。如果大家认为对本人是否赞同该经济理论是本案的焦点，那么在作出最终决定之前我还要进一步研究该理论。由于我本人是否同意这个理论与多数人将自己的看法反映到法律的权利毫无相关，因此我认为这不是我的义务。本法庭一直申明州宪法与州法律可以通过多种方式去规制民众生活的观点。这从立法者的角度来看也许是不恰当的，甚至有可能是肆意干涉合同自由的暴政，然而这些都是通过过去多种多样的判决被认定的。

过去的《礼拜天禁业法》《高利贷管制法》等就是典型的例子，现在的《彩票发行禁令》也属于这一类。在一些著名的作家笔下这是自由的信条，但在现实中这样的自由受到学校法和邮政法的干预，每个州、市政府机构都可以基于他们的目的征缴公民的钱财，无论被征缴的对象是否愿意。这同样是对自由的干涉。

宪法修正案第十四条并没有把斯宾塞的社会静力学（Social Statics）写入宪法。巧妙地利用联邦政府及州政府的法令限制合同自由，也是司空见惯的事情。最近我们批准了马萨诸塞州的《预防接种法》，两年前还批准了禁止赊购股票或期货交易的《加利福尼亚宪法》。规定矿工一天8小时工作时间的立法也是不久前的事情。在这些法律当中，有些法律包含了我们法官有可能分享的信念或偏见。但是一部宪法并非旨在弘扬某种特定的经济理论，无论是基于家长制的国家主义，还是基于公民和国家之间的有机关系，抑或是自由放任的学说，宪法从根本上来说就是为具有不同观念的人而制定的。我们法官往往对某些法律的内容感到自然、熟悉，或者感到新奇、震惊，然而在判断某一法律是否与美国宪法相冲突的时候我们切不可受到这些个人感觉的影响。

一般的命题不能决定具体案件。对事件的判决产生影响的，与其说是倾注心血的大前提，不如说是微妙的判断力和直觉。但我认为如果本案所表述的命题能够被人接受，那么该命题会把我们引导到本案的结论。每一种意见都想将自己变成一部法律。在我看来，如果修正宪法第十四条中的"自由"一词成为被用来阻碍已经成为绝大多数意见的自然结果的某一法案的手段，那么就意味着"自由"一词的原意已经被歪曲了。除非所有理性且公道的人都承认这些法案损毁了反映国民意志和法律传统的基本原则。要想证明摆在我们前面的面包坊没有达到千夫所指的程度并不需要多少努力。在理性之人眼里《面包坊法》是适用于公众健康的适当举措。还有一些人也支持这个法律，认为它是迈向限制工人工作时间的第一步。但我认为没有必要讨论后者的观点中到底存不存在不平等的因素。[2]

实质性正当程序理论与"洛克纳时代"

美国联邦最高法院判定最长工作时间制度违宪的理由是"因为该项法律违反了'正当法律程序'"。这是一个非常复杂的法律问题，在这里尽量作一个通俗易懂的解释。联邦宪法第五条规定，"除了正当法律程序（due process of law）以外，任何人不得剥夺他人的生命、自由、财产"，宪法修正案第十四条规定，"不经正当法律程序，任何州不得剥夺公民的生命、自由、财产"。

"正当法律程序"可分为"程序性正当法律程序"和"实质性正当法律程序"。所谓"程序性正当法律程序"指的是，政府要想剥夺个人的自由等权利必须事先告知当事人并给予陈述个人意见的机会，而"实质性正当法律程序"是指，先弄清法律所追求的目的是否正确、对个人实施的限制措施是否合理后再提示剥夺个人自由或财产的充分且合法的理由。比如，政府想剥夺父母对子女的监护权，必须事先经过告知和听证程序，还要提示终止监护权的确凿且具有说服力的证据。这里的"告知"和"听证"属于"程序性正当法律程序"范畴。同时，由于对子女的监护权是父母的基本权利，因此若想剥夺这一权利就要提示防止虐待或监护不周所必需的行为规范。这就是"实质性正当法律程序"。

政府恣意剥夺个人自由是不当的行为，因此必须由司法部对这种内容的法律动用司法审查权，即违宪法律审查权，宣布无效。而联邦最高法院自19世纪下半叶开始为了保护财产所有权和合同签订权，出台了"实质性正当法律程序"作为限制立法部管制经济生活权限的依据。有些州政府制定了禁止未经州政府认可的保险公司私自签订保险合同的州法律，对此，联邦最高法院于1897年以违反正当法律程序为由判定该项州法律无效。8年后，联邦最高法院又宣布在洛克纳事件中以面包坊工人健康为目的的最长工作时间制度无效，理由是，以法律形式所要达到的目的和管制手段既不恰当也不合理。联邦最高法院此举在社会上引起了轩然大波。

19世纪后期，美国企业家们在税金问题或者在企业的维持和发展问题上希望政府介入，可在劳资问题上却主张自由放任。相反，工人和社会改革家们却在劳资问题上要求政府积极介入，保护交涉能力较弱的工人阶层。联邦最高法院在这样的情况下提出"实质性正当法律程序"，宣布有关改善劳动条件的立法是无效的。有了这个判决以后，社会各界要求政府向有利于自己的方向立法，如果政府制定不利于自己的法律便打着"合同自由"或"财产权保护"的旗号向法院要求取消那种法律。美国司法部并没有像洛克纳案件那样总是偏袒企业家一方，可在1897—1937年联邦最高法院在200多起案件中以"实质性正当法律程序"为由宣布州政府的经济管制法律为无效，其中大多是有关劳资关系的法律。

洛克纳审判以及作为其依据的司法理论在此后的很长时间内受到了社会各界的猛烈批判。1929年美国爆发了使国家经济面临崩溃的一场大萧条，随后当选的富兰克林·罗斯福（Franklin Roosevelt）总统在众多国民的支持下制定了促使联邦政府积极介入产业界和劳动界谋求社会福祉的"新政（New Deal）"。这是一个与洛克纳判决的理论依据"合同自由"理论明显相悖的政策，到了1937年，随着联邦最高法院判定华盛顿州的最低工资制度并未违宪之后，才开始终止将经济管制法律视为无效的判决。以洛克纳审判为契机，这种潮流持续了40多年，因此历史学家们将这一时期称为"洛克纳时代"。1938年，联邦最高法院判定"对日常商业活动产生影响的管制法只要不是基于立法者的知识和经验，就不能说是违宪的"。从此以后，再也没有发生以违背实质性正当法律程序为由判定经济管制法律是违宪的事例。

在历史的法庭上

洛克纳审判案以后，纽约州面包坊工人的工作时间发生了什么样的变化呢？洛克纳案宣判8年后，经过州政府的调解，经营小规模面包坊的老板们同意了将工人的最长工作时间限制在10小时以内的决定。看来美国的大小企业家们实在是难以抵挡从19世纪末开始的缩短工作时间的大潮。在美国联邦角度上随着1938年《公平劳动标准法》（Fair Labor Standard Act）的制定，在保障最低工资的同时，将一天的工作时间定为8小时，即一周工作40小时。

认为立法规定最长工作时间是违宪的洛克纳审判案是否公平呢？从现在的角度看很多人会认为是不公平的，可从法律的角度上也可以作出这样的批评：如果不缺乏劳动力，没有实效性的工会，面包坊工人就很难理直气壮地向老板提出一天只做10小时以内的工作，"合同自由"之类的权利也无从谈起。由于面包坊工人没有真正的"合同自由"，因此《面包坊法》在签订劳动合同阶段调整交涉力（影响力）差异的目的是正当的。《面包坊法》是为了把面包坊工人及公共健康与安全纳入法律范畴才采纳了最长工作时间制度，如果有人认为这是没有直接相关性也没有实质性效果的法律，显然是缺乏根据且十分狭隘的想法。负责运用和解释法律的司法部将自己认为是正确的经济理论强加给立法部是不公正的。作为"自由行使自己权利"的公民（权利的主体），在签订劳动合同时陷入"为了他人的利益提供从属于他人的劳动（权力的客体）"的矛盾状态，而解决这个矛盾的方法就是由政府介入经济活动。显然，洛克纳审判案在这一点上是没有足够的认识的。进入20世纪，欧洲各国和美国用法律形式规定了工人的劳动时间以及劳动条件，进而为保护整个工人阶层的利益用法律形式保障了团结权、团体交涉权、团体行动权。

如前所述，这个审判案之所以广为人知是因为霍姆斯大法官的反对意见。他认为针对多数意见规定正当法律程序的宪法修正案第十四条并不是对"社会进化论"的立法化，也不能站在那个立场上去解释。他还提起"宪法是为拥有不同意见的人们而制定"的初衷，指出只有伤害以国民感情和法律传统为基本原则的法律才是违宪法律。在他起草的判决书或撰写的著作里我们能够很容易看到他的思路。"法律的生命不在于逻辑，而在于经验。""依赖于公式等于睡觉，睡眠过深等于死亡。"霍姆斯经常规劝自己的法学徒弟不仅要学好成文法规（black letter），还要学好统计学和经济学，只有这样才能了解社会现实，才能把握法律发展的方向。他还主张法律并不是一成不变的，是随着时代的发展而不断发展完善的。因此，法律应该根据当时国民的常识和社会科学研究而发展下去。由于他是在联邦最高法院提出异议最多的法官，因此被人们称为"伟大的异议者（The Great Dissenter）"。

从19世纪末到1939年，美国联邦最高法院以"实质性正当法律程序"宣布管制产业界和劳动界的法律为无效，对此法学界的意见褒贬不一。通常法官们根据"社会进化论"和"自由放任主义"思想，对工人和社会改革家围绕工人恶劣的劳动条件而进行的挑战视而不见，作出了有利于企业家一方的判决。"大萧条"

以后由于新政改革立法为大多数国民所接受，于是很多学者认为立法终于回到了中立的立场上。对此，也有反对意见认为作出洛克纳判决的大法官们并非一味地主张"自由放任主义"或单纯受到"社会进化论"影响，"实质性正当法律程序"实际上是在英美法律传统上原本就使用过的理论，因此对当时制定的社会改革立法定为合宪的法律多于定为违宪的法律。在那段时间里，最高法院宣布无效的社会改革立法大约有200件，然而有更多的法律却被最高法院认定为有效法律，现在估计还没有提交到最高法院的法律可能比那些还要多。不可否认的是，当时没有一个国家由司法部来行使违宪法律审查权，所以也只有在美国依据多数国民的意志而制定的经济管制法律被法院判定为无效。问题是这一做法反映在立法过程中，从而对社会改革立法的制定及内容产生了影响。

"宪法无意体现任何一种特定的经济理论"，对霍姆斯的这一主张需要作进一步的探讨。现代民主主义国家的宪法显然是基于资本主义经济体制的，然而倾向于新自由主义把所有的对于经济和企业的管制全都看成"邪恶"，这种极端的思维方式在政治经济学界有可能得到认可，宪法却不可能接受。韩国宪法第119条第一项阐明："大韩民国的经济秩序以个人和企业在经济上的自由和创意为根本。"第二项规定："国家维护国民经济均衡、稳定发展和适当的收入分配，防止市场支配和经济力的滥用，为实现各经济主体协调发展的经济民主化进行经济管制和经济调整。"

看看张夏准教授的《张夏准经济学讲义》，经济学界的经济理论除了主流理论新古典主义学派以外，还有澳大利亚学派、行动主义学派、古典主义学派、发展主义、制度学派、马克思学派、熊彼特学派等。这些学派在经济活动中对个人、社会、国家的看法都不一样，对于在经济活动中最重要的因素是什么，应该推进什么样的经济政策等方面都有不同的视角和政策。2017年诺贝尔经济学奖得主是研究和发表"以政府温和的干预引导人们做出更好选择的方法（助推，nudge）"的理查德·泰勒（Richard H. Thaler）教授。他是代表行动主义学派的美国经济学家。张夏准教授认为，所有经济理论各有千秋，都有各自的效用，不存在凌驾于这些理论之上的"魔戒"。宪法是拥有多样的利害关系和思考方式的人们为形成一个和谐的共同体而制定的，因此任何人都无权用某一绝对化了的特定经济理论来制定或解释法律。

韩国法院在社会性重大事件上也曾发生过对经济管制法令的违宪和违法性的审判案例，那就是限制大型超市营业时间是合法的审判案（韩国最高法院2015年11月19日判决）。2011年随着韩国流通产业发展法的修订，地方自治团体颁布了"大型超市从午夜12点到早晨8点之间禁止营业、每月第二周的星期日和第四周的星期日为法定休息日"的条例。对此，大型超市以指定处理方式侵害营业自由为由提出了取消该条例的诉讼，然而，最高法院并没有支持他们的诉讼。最高法院的理由如下：

> 市场监管行政领域的主要作用是防止市场支配权的滥用和经济力的滥用。如果错过了管制时期就会导致市场结构的变化，而市场结构一旦变化就很难恢复到原状态，从而有可能导致中小企业受损的结局。监管是以对未来不确

定效果的预测判断为基础形成的。除非这一监管完全失去实效性或完全没必要，法院就应当慎重判断违法与否。在本案中，由于相关区政府是通过指定处理方式确立健全的流通秩序的，是考虑到大型流通企业工人的健康权及大型流通企业与中小流通企业协调发展等公益事业和包括大型超市营业自由、消费者的选择权等公、私利益的相关因素而限制营业时间的，因此是合法的。

12

潘克赫斯特为女性参政权运
动唆使别人放火是合理的吗?

英国激进的女性参政权运动家艾米
琳·潘克赫斯特。威斯敏斯特英国
议事堂门前至今还矗立着女权运动
之母——潘克赫斯特的铜像。

潘克赫斯特审判案

——1913年，英国

时间与法庭

1913年，英国伦敦老贝利中央刑事法院

案件当事人

艾米琳·潘克赫斯特（Emmeline Pankhurst.）

审判焦点

潘克赫斯特为女性参政权运动唆使他人纵火是否合理？

审判结果

有罪，判处有期徒刑3年

历史质问

人权用什么方法找回来？

妻子必须要得到丈夫的许可才能提起诉讼吗？

据韩国现行民法和民事诉讼法规定，满19岁以上的人都拥有独立履行法律的行为能力（成为权利主体的法律资格）和提起诉讼的能力。因此，现在"妻子得到丈夫的许可才能提起诉讼"的提问已经没有什么意义。1945年，韩国虽然摆脱了日本帝国主义的统治，却仍然沿用日本帝国主义制定的民法，而日本人制定的民法中有一条同样的规定，即"妻子得到丈夫的许可才能提起诉讼"。1947年美军政时期，最高法院决定废弃"未经丈夫许可妻子不许提起房屋转让诉讼"的条款：

> 对妻子，根据民法第十四条第一项，对妻子的行为需要丈夫的许可，以限制妻子的能力。这不仅是为了夫妻间的和谐，更是为了给丈夫赋予优越的支配权。可从1945年8月5日开始，我们已经摆脱日本的殖民统治，迎来了全国性的解放。我们要建设以民主主义为基础的民主国家，以民主主义理念建立法律、政治、经济、文化等各项制度是我们当前面临的最大的国事。因此，所有国民应该是平等的，性别歧视制度也随着民主主义趋势而发生改变，从今天开始，国家承认女性的选举权和被选举权，在公共官吏任命上也将取消男女区别，使女性享受与男性同等的公共

权利，对女性的私权也同样讲求平等。旧制度中否认男女平等最典型的民法第十四条已经不适合我们的社会，对其加以变更是大势所趋。为此，本院通过对社会发展和法律解释的调整，进一步加强审判的公平公正，不再承认同一条款中限制妻子权利的规定。[1]

在当时有许多性别歧视的法律条款，也不清楚法院是否拥有违宪法律审查权的情况下，最高法院以民主主义理念和男女平等的精神作出了不再采用限制妻子行为能力的决定。这个决定尽管在法理角度上需要作另一番探讨，但应该说还是符合时代潮流的。虽然有人说这是为了保护夫妻共同生活的法律，也有人说采

图34 女性参政权运动的开端：法国大革命中女性的作用不可小觑，将路易十六和玛丽·安托瓦内特从凡尔赛宫拖出来押往巴黎的是女性示威队。可尽管如此，女性还是没有享受到大革命的胜利果实——"公民"待遇。

纳民主主义的别的国家也有类似的法律条款。然而，在国家主权回归国民、整个国家需要反思法律秩序的特殊年代，如果一味地探讨平时通用的法律解释和逻辑，应该说是有悖于国民对法律的期待的。

近代三大资产阶级革命和女性参政权运动的开始

英国的光荣革命（1688）和美国的独立战争（1776）以及法国大革命（1789）是给共同体里独立的"个人"保障普遍自由和人权，赋予参与共同体政策决定权利，确定和践行自由主义思想的重要事件。通过这三大资产阶级革命而出台的英国的《人权法案》（1689）、美国的《独立宣言》（1776）、法国的《人权与公民权宣言》（1789）为国民主权和自由主义制度化、人权基础的确立做出了重大的贡献。然而，不管是宣言还是法案，不仅没有把女性包含在公民之中，而且根本没有提及妇女的权利。大革命时期在街头上大喊人权的女性，却在革命胜利以后不得不回到各自的家庭里。

18世纪法国的奥兰普·德古热（Olympe de Gouges）首次揭露了"女性在男性的政治秩序中位于从属地位，因此必须从属于男性"的公民革命隐含的前提。她还主张女性在家庭和社会中受歧视、受压抑是不当的，女性也应该享有与男性同等的权利。很早以前失去丈夫的德古热拒绝再婚，从1788年到1793年因反对大革命主体势力雅各宾而被推上断头台为止，写了很多有关女性公民权和参政权的文章。她认为男性对女性的压制是派生所有不平等的根源，并于1791年发表了由十七个条文组成的《女人和女性公民权宣言》（Déclaration des droits de la femme et de la Citoyenne）。其中，第十条写着，所有人表达意见的权利不得受到妨碍，女性既有上断头台的权利，也有上演讲台的权利。也许德古热在发表这个宣言的时候就已经意识到了自己两年后的命运。

在英国，18世纪后期，玛丽·沃斯顿克莱福特（Mary Wollstonecraft）首次主张女性解放论，指出女性要改变受歧视的现状就必须接受与男性同样的教育，并办起专门给女性传授知识的学校。移居法国目睹法国大革命失败后她指出，"就像剥夺公民权利的同时还声称为公民行使权力的历史上的暴君一样，男性在强迫女性服从男人的同时还声称只有男性才具有理性去保护女性"。后来她还写了一本关于女性要独立、女性也应享有政治权利的书《女权辩护》（A Vindication of the Rights of Woman）。1869年，约翰·斯图尔特·密尔（John Stuart Mill）在《女性的屈从地位》（The Subjection of Women）一书中主张对女性应该赋予与男性同等的参政权。1865年密尔当选为下议院议员后，1867年就提出对女性赋予选举权的法案，但是未能得到通过。这里我们看一下主张女性从属地位是理所当然的让-雅克·卢梭的观点和沃斯顿克莱福特的反对观点：

由于女性在理性上停滞于未开化的状态，是个理应被理性上比她们优越得多的男性，特别是被她们的父亲或丈夫所教化的存在，由于女性从肉体上就是弱小的存在，因此只能处于被动地位，也正因为如此，女性的从属地位是不可避免的现象。这是自然法则。[2]

要想让女性真正成为合理合法的人，就不应让她们受到奴隶般的待遇。对男性，我是当作我的同事去爱他们的。可男性的王权不管是天生的还是篡夺的，只要人类的理性不尊重我，男性王权就与我无关。即使男性王权与我有关，我要服从的也是理性，而不是男性。[3]

在美国，1848年伊丽莎白·凯迪·斯坦顿（Elizabeth Cady Stanton）和卢克蕾蒂娅·莫特（Lucretia Mott）首次召集了宣告女性解放的集会。她们在模仿美国《独立宣言》的《感伤宣言》（The Declaration of Sentiments）中强调，"人类历史是一部男性对女性不断伤害与掠夺的历史，其直接目的是在女性身上建立绝对专制的暴政"，并发表了与女性权利相关的十一项决议。这里我们看一看这个决议的最后部分：

现在，占国家人口一半的民众完全没有选举权。她们在社会宗教领域里受到不公正的待遇。面对上述不公正的法律，面对女性所受到的冤屈和压迫，面对女性最神圣的权利被他们用欺骗的手段夺去的现实，我们坚决要求立刻给予女性所有属于美利坚合众国公民的权利和特权。[4]

都说选举是民主主义之花，可在号称议会民主主义楷模的英国，女性参政权直到1928年才得以保障，距今还不到100年的时间。英国首次提出女性参政权的要求是19世纪前期。19世纪30年代，随着工业革命的兴起，社会阶层和人口分布发生变化，被政治边缘化了的中间阶层和工人阶层开始要求选举权。他们从1839年开始，10年间开展了要求男性普选的"宪章运动（Chartist Movement）"。于是，1832年、1867年、1884年三次修改了选举法，但三次修改只是减少了拥有选举权的男性的财产规模，女性仍然没有获得选举权。

　　直到19世纪中叶维多利亚女王时期，英国中层女性仍旧甘愿做一个身穿腰部勒紧、下身鼓胀的裙子守在家里等待男人归家的"家中天使（Angel in the House）"，工人阶层的女性则四肢粗壮，身穿破旧的衣服从事女仆、工厂工人、矿工等连男性也吃不消的劳动。女性被认为是所有方面都不如男性的劣等存在，法律上、社会上都没有自主权利，被男人当成自己的从属物或财产。1882年之前已婚女性的财产全归丈夫所有，1857年之前没有教会法庭或议会规定的特殊情况，女性不得擅自提出离婚。后来法律稍作调整，允许男性以妻子通奸为由提出离婚，允许女性以丈夫重婚或遗弃为由提出离婚。直到19世纪90年代，经过法院审理的离婚诉讼每年也不到600件。女性想从事经济上、社会上认可的工作几乎不可能，女性所能从事的职业不过是教师、工人、文书、女仆等，其收入也只有男性的一半或不到一半。

　　在这种情况下，受过一定教育并有一定闲暇时间的中层女性对将女性排除在非教育和专门职业以外以及不承认女性独立财产的政策开始提出抗议。由于长期以来选举权只掌握在男性手中，因此女性也无法为自身的利益修改法律或制定法律。英国女性之所以如此明目张胆地开展非法活动，目的就是为了打破不平等和对女性的歧视。她们认为当议会开始注重女性选民的眼色或女性加入议会使女性成为政治主体时，不平等和性别歧视才会被消除。

19世纪60年代，英国女性有组织地发起了"选举权运动（Suffrage Movement）"。伦敦、曼彻斯特等大城市出现了小规模的组织，运动骨干通过和平示威、演讲、小型聚会等形式引起舆论界的重视。她们还制作请愿书送到了议员手中，她们的要求是切实保障"具有与男性参政者同等资格"的女性参政权。莉迪亚·贝克引领的这场运动一直持续了40多年，然而，以莉迪亚·贝克为主的"温和的参政论者（Suffragist）"和后来出现的"激进的参政论者（Suffragette）"有所区别。作为"日不落帝国"最高权威的英国维多利亚女王以第三人称表述了自己对这场运动的看法："女王以同是卑劣、软弱的女性身份恳切希望那些忘掉女性天生本分和礼仪礼节的女性热衷于所谓女性权利运动的鲁莽又邪恶的行为得到遏制，盼望所有能言善辩的人和知书达理的人参与进来共同遏制这种行为。"[5]女性参政权运动中除了男性以外还有一部分女性名流。现在让我们一起看看那些女性反对派于1889年发表的宣言：

> 女性为国家所承担的义务与责任与男性有着本质的不同，在国家运营中女性所承担的责任也不同。女

性在照顾病人或智障者、救济穷人、教育儿童等方面可以发挥最佳作用，我们也为之感到高兴。然而在殖民地或宪政等问题上女性确实不具备作出正确判断的资格。如果女性获得参政权，对女性自身素质、地位、家庭生活都会带来负面影响。女性即使没有投票权也可以成为宝贵的公民，也可以为国民生活做出重大的贡献。事实上，对于扩大女性参政权的确有很多人心存不满情绪，对女性地位的改革也不存在认真而普遍的要求。其间，通过立法女性在法律上不公正的问题得到了很大的改善。女性行使政治权利只能引发与男性之间不必要的矛盾。[6]

1897年，米利森特·加勒特·福西特创立的"全国女性参政权联盟（National Union of Women's Suffrage Societies，NUWSS）"已经形成了全国性规模的组织。然而，当时英国在国内和国际存在着众多尚未解决的悬案，再加上保守党和自由党都对女性参政权持以否定态度，所以有关女性参政权的法律迟迟没有定下来。1903年10月，"女性社会与政治联盟（Women's Social and Political Union，WSPU，以下简称'女性联盟'）"成立，她们批评"温和的参政论者"停滞于消极形态，不可能得到预期的成果，并提出"重在行动，不在言论"的口号。创立这个联盟的人就是艾米琳·潘克赫斯特。

潘克赫斯特与"女性联盟（WSPU）"

1858年艾米琳·潘克赫斯特出身于一个支持奴隶解放的商人家庭，从小在自由的家庭氛围中成长。潘克赫斯特在14岁的时候听到莉迪亚·贝克的演讲就开始对女性解放运动产生兴趣。她15岁时赴巴黎接受高中教育，21岁时身穿褐色天鹅绒便装与律师理查德·潘克赫斯特结婚了。理查德是穆勒的朋友，也是提出女性在从属关系和法律上不平等问题的人。受朋友的影响，理查德也成了女性参政权运动的积极支持者。婚后潘克赫斯特生下5个孩子，过上了"只有在梦中才能看到的理想的家庭生活"。她不仅参与丈夫激进的政治活动，也为救济贫民等社会问题，尤其是对女性不平等问题和参政权问题倾注了很大的心血。潘克赫斯特的社会活动虽然因1898年丈夫的死亡暂时停止了一段时间，可她亲眼看到大女儿克里斯塔·贝尔在社会上遭受不平等待遇，便与几个女儿（二女儿西尔维娅，三女儿阿德拉）一起重新投入到运动中。1903年潘克赫斯特和女儿们组织"女性联盟"，有意疏远了表面上赞成、背地里却排斥女性参政权运动的政党。"女性联盟"只收女性会员，她们明知是非法的，可还是决定以女性的力量开展激烈的示威等行之有效的活动。从此以后，英国的女性参政权运动以潘克赫斯特和"女性联盟"为中心展开。

1905年，提交到下议院的女性参政权法案被否决，"女性联盟"便发起了抵制、不服从自由党的运动。当时的自由党虽然对女性参政权运动具有支持的一面，可在法律制定上非常消极。当年10月，克里斯塔·贝尔及其朋友们参加自由党集会，高喊："如果自由党执政，是否履行赋予女性投票权的程序？"警察抓捕她们，可她们向警察又是挥拳又是吐口水，做出了激烈的反抗。潘克赫斯特劝说"罚款我替你交，你还是赶紧回家吧"，可克里斯塔·贝尔拒绝道："如果妈妈替我交罚款，以后我再也不回家。"这些行为在当时是非常激进的，媒体也对监禁十天释放出来的她们用辛辣的语言做了大量的报道。从此，"女性联盟"会员们不管是在议员们的游说场还是在集会上，都向议员们发起了女性参政权问题的质问攻势。然而，她们还是免不了遭受当局的人身攻击、暴力驱散，甚至被移送到法庭。

1906年自由党在议会选举中获胜，潘克赫斯特和"女性联盟"还以为女性参政权法案会在议会上通过，可没想到随着反对女性参政权的赫伯特·阿斯奎斯（Herbert Asquith）当上新首相，自由党政府与女性参政权运动之间的矛盾越来越深了。于是，"女性联盟"为了唤起舆论的重视频繁举行了集会和示威活动，一些女性以砸碎首相官邸和政府大楼的玻璃、烧毁邮筒、对有权势的政客施以暴力等过激的、破坏性的行为表示抗议。被监禁的"女性联盟"会员为求得政治犯待遇进行了绝食斗争。当局一开始释放了那些绝食的会员，可随着加入绝食斗争的人越来越多，他们就捆住绝食会员的四肢，将软管插入她们的食道强行注入了食物。社会上对他们这一暴行的谴责声越来越大，当局于1913年开始制定《亚健康囚犯临时释放法》（也被称为《猫鼠法》），采取了一旦有人绝食，就先释放然后随时再抓捕的措施。

引领所有这些斗争的人是潘克斯赫特。她在1908年首次入狱，1913年又进行12次的绝食斗争，揭露了政府的不当操作。然

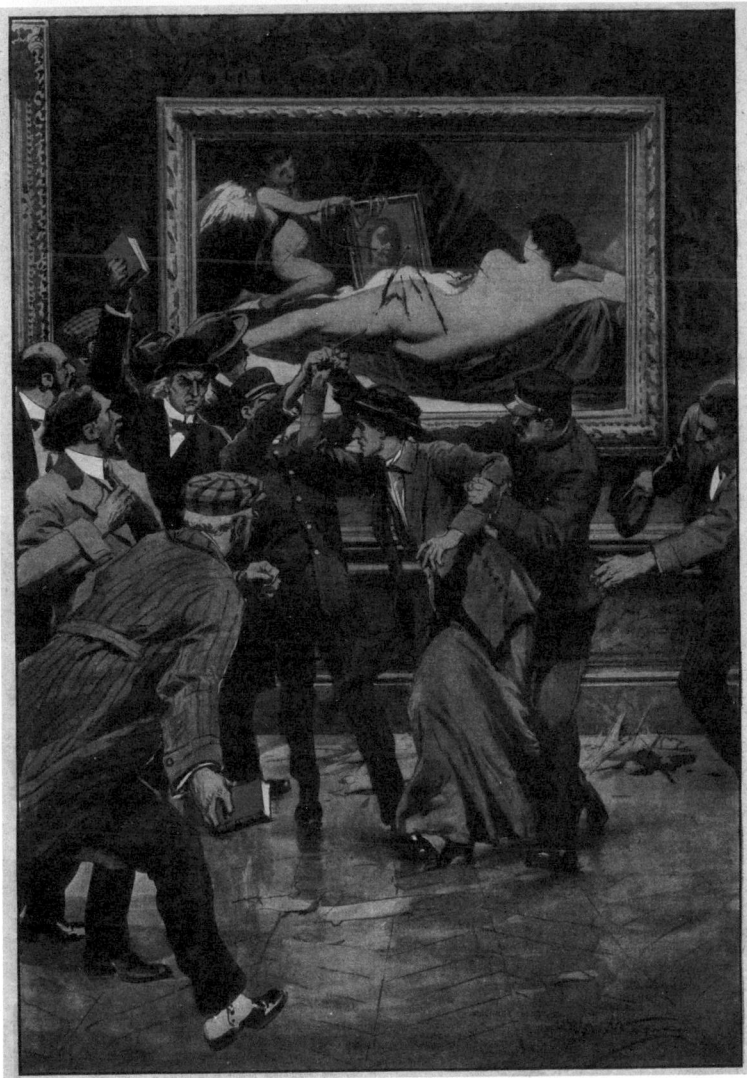

图35 被乱刀毁坏的名画：面对众多有识男性赞美不已的《罗克比·维纳斯》，玛丽·理查德森愤怒之极，乱刀毁坏了这幅名画。令人惊讶的是她没有以暴力示威为由被拘禁，而是以一个女人妄评艺术作品的理由被判定为精神病患者送进了精神病医院。

而，男性政客以女性拥有参政权不仅威胁婚姻和家族制度还会威胁男性权威为由对她们的活动进行了镇压。他们的镇压越残酷，女性参政权活动家们的反抗则越激烈。她们高喊"给女性予以投票权，给男性予以纯洁性"的口号，采取了放火焚烧车站建筑、在议会旁听席上用铁链自我捆绑、拆毁会场屋顶、在首相演讲时跳楼等多种过激的方法。有一位女士在伦敦美术馆用刀乱划迭戈·委拉斯开兹的油画作品《罗克比·维纳斯》（*Rokeby Venus*），其理由只有一个，那就是看画的人将女性单纯看成性对象。激进的活动家们冒着被殴打、被逮捕入狱、被严刑拷打的危险毫不犹豫地站出来进行街头示威和极具挑战性的演讲，甚至实施打砸、放火等行为。2016年在韩国上映的英国电影《女性参政论者》生动地再现了这些"英勇的女性参政论者"们不屈不挠的斗争经过。

1912年3月1日，参与议事堂广场大规模集会的数百名女性砸碎了皮卡迪利街等伦敦主要街道建筑物的玻璃窗。在这次"砸窗运动"中，以潘克赫斯特为主的150多人被捕入狱，出狱后潘克赫斯特做了如下内容的演讲：

> 女士们、先生们，英勇的参政论者不顾生命危险去奋斗，只是不顾自己的生命，绝对不能认为是轻视别人的生命。有一件事政府看得比人命还要重要，那就是对财产权的保护。因此我们以破坏他们的财产来粉碎敌人的阴谋。从现在开始，凡是支持本人的女士都会说"先生们，我们鄙视你们的法律。我们要求将女性的自由、尊严、福祉放

在任何其他想法之上。我们将会像过去那样继续这样地斗争下去。对财产的破坏和损伤不是我们的过错，而是在表面上承认我们的要求的合法性而在背后却不想满足我们的要求的政府的过错"。本人想对政府说的最后一句话是："我呼吁女士们都要举起反政府旗帜！"[7]

1913年4月的审判

潘克赫斯特传奇性的参政权运动在后来整理成文字的记者采访录《关于我自己的故事》（*My Own Story*）中有详细的记录，2016年这本书在韩国以《敢于斗争，敢于赢得胜利的女人》为标题翻译出版。在这里只介绍她在法庭斗争中最具代表性的1913年4月的审判过程。

当时执政的自由党主要议员罗埃德·乔治（Lloyd George）在乡下的别墅发生了因纵火引发的爆炸事故，检察官指控是潘克赫斯特唆使身份不明的"女性联盟"会员犯下的重罪。对潘克赫斯特的刑事审判在警察的多重戒备下于1913年4月2日在伦敦老贝利中央刑事法院开庭。潘克赫斯特主张自己被起诉的理由不是因为否认之前自己承认对那起爆炸事件有责任，而是"不当的、恶意的"唆使罪，因此自己是无罪的。

检察官伯德金控告潘克赫斯特平时就与乔治恶意相向，并作为证据拿出了她给朋友写的信件和演讲稿，信件和演讲稿上都有"在此种时局下，奋起战斗既是义务也是必需"的内容。法庭还传唤爆炸现场报警人和施工监理作为证人听取了他们的证言，可在他们的证言里并没有爆炸事件与"女权联盟"会员直接相关的内容。在第二天上午开庭的终审法庭上，潘克赫斯特陈述把许许多多值得尊敬的遵纪守法的人和走上正确的人生之路的人看作蔑视法律、肆意违法乱纪的人是非常严重的事情。最后，她向陪审团留下这样一番话结束了辩论：

> 在获得参政权的斗争中，超过1000名的妇女被关进监狱。在监狱里她们身心受到极大的伤害从而肉体上变得十分虚弱，可她们没有失去不屈不挠的精神，直到被释放为止。我想代表众多女性向你们质问：你们是否准备好把数不清的妇女关进监狱？是否准备好今后继续这样下去？如果妇女获得了自由，那么她们谁都不会做出违法的事情的。她们知道自己选择的这条路也许是不归之路，可她们坚信这是获得选举权的唯一一条途径。她们明知为了增进人类的福祉需要流血牺牲。她们坚信在妇女获得选举权之前绝对不能根除毁坏文明的邪恶力量。要想结束这场运动，只有一个方法，那个方法不是驱逐我们女性，也不是把我们女性关进监狱，而是为我们女性伸张正义。我不承认我"唆使邪恶"，我更不承认我有罪。为了我们国家的福祉，为了全人类的福祉，我向你们恳切呼吁在这个事件上对我作出无罪判决。[8]

法官罗西嘱咐陪审团被告人是否有罪只能凭证据来判断，

至于她们的行为是否是因未能获得投票权而引发的，或者女性所面临的悲惨现实是否是因法律不公正而引发的，这些问题与她们是否有罪无关。下午法庭再次开庭，陪审团向法官强烈要求赦免（释放）被告人，尽管她们有罪。潘克赫斯特最后申辩道：

> 我并不认为我有罪，我只是履行我自己的义务罢了。我认为我是一名战争俘虏，我没有任何义务接受你们对我的判决。我想向我所代表的女性、在我的煽动下面临如此可怕的违法后果的姐妹们说一句话。我不会让姐妹们失望的，我会像姐妹们一样斗争下去，经受姐妹们经历过的磨难。不管我能否活着出去，我坚信姐妹们不会停止斗争的。在我们国家，只要女性没有获得公民的权利，这场运动将会一直进行下去。[9]

　　法官认为潘克赫斯特的罪行虽然不是出于利己的动机，可从后果上看她损害了与己无关的无辜者的财产，差一点让无辜者面临死亡的危险，还唆使年轻的女性参与这场运动，因此释放是不恰当的，于是宣告判处法定最低量刑——有期徒刑三年。旁听席上立刻爆发出了愤怒的呐喊声，在潘克赫斯特被押下去的时候，女人们列队退庭，高声唱起了"让我们走下去，为了黎明，为了自由的黎明继续走下去"的歌曲。潘克赫斯特被囚禁后按照在法庭上的承诺在监狱里进行了绝食斗争，当局于4月12日根据《猫鼠法》释放了她。当时潘克赫斯特体重锐减14千克，且心律失常，痛苦不堪。

英国女性参政权运动的结局

两个月后，英国发生了女性参政权运动中最为悲惨的事件，出现了第一个牺牲者。1913年6月4日，一场赛马大会在英格兰中部德比赛马场举行，乔治五世莅临赛马大会。赛马途中一个40多岁的名叫艾米莉·戴维森（Emily Davison）的女人突然高喊"给妇女赋予投票权"的口号，越过观众席隔离栏杆闯入了赛马跑道，戴维森与疾驰中的赛马相撞后被护送到医院。人们在她的外套口袋里发现了1906年参与女性参政权运动的一面"女性联盟"旗帜。她因伤势过重，四天后医治无效而死亡。就在她在死亡线上挣扎的时候，有一封匿名信传到了医院，信中说戴维森是个该死的女人，如果活下去就得终生在痛苦中受煎熬，要求获得投票权的女人都是精神病患者，必须送进精神病医院。6月14日的葬礼直接变成了声势浩大的示威游行，数千万妇女手举"妇女需要参政权"的标语牌和象征"女性联盟"运动的紫（象征尊严）、白（象征纯洁）、绿（象征希望）三色旗进行了示威游行。在游行过程中，许多建筑物被她们破坏或烧毁，警察局里挤满了被捕的女性示威者。

暴力与镇压的恶性循环直到1914年缔结合议案才开始出现了解决问题的头绪。这个合议案虽然没有承认女工的投票权，可随着第一次世界大战的爆发，以潘克赫斯特为主的女性参政权活动家们接受政府战争结束后给予解决的承诺，暂时停止了运动。

1918年2月战争结束，英国政府通过《国民代表法》，赋予21岁以上的男性公民和30岁以上具备一定资格的女性选举权和被选举权。这是全靠女性在战争期间做出的贡献得来的，然而由于战争中大量的男人死亡，如果给女性赋予与男性同样的参政权，男人在政治上的地位就会受到一定的威胁，因此政府还是设置了一定的区别。10年后的1928年，英国政府制定《国民平等选举法》，英国公民不论男女从21岁起都拥有了参政权。英国女性针对性别歧视和不平等经过长期的斗争终于获得了与男性完全同等的参政权。然而，遗憾的是，在这项法律实施一个月前的1928年6月，潘克赫斯特与世长辞了。

在历史的法庭上

自玛丽·沃斯顿克莱福特主张女性权利100年后，自约翰·斯图尔特·密尔向议会提交法案50年后才获得公民权利的英国女性参政权运动史上，人们对潘克赫斯特做出什么样的评价呢？她是个优雅、有品位、彬彬有礼的英国淑女，可一旦站在讲台上就以非凡的气质征服台下的听众。她组织女性参政权运动，站在斗争最前列，有力地引领各项活动，为确保女性参政权做出了重大的贡献。然而，由于她在组织运动时采取的是过分激进的非民主主义方式，以中上层女性为主引领运动，在她一生的后半期拥护了英国帝国主义（在这个问题上与二女儿和三女儿意见不合），因此受到了不少人的批评。可是，有一点是不可否认的，那就是潘克赫斯特一贯伸张女性权利和社会改革大义，在所有领域开拓自己的命运，树立与男性平起平坐的女性形象。她作为女权运动的先驱，为后来的女性活动家树立了典范，为后辈女性伸张与男性平等的权利打下了坚实的基础。在这一点上，艾米琳·潘克赫斯特应该说是青史留名的人物，也应该得到历史的重新评价。

英国的女性参政权运动对扩大人权范围起到了决定性的影响。在潘克赫斯特领导的女性参政权运动中，既得利益阶层为了否认弱势群体的完整人权，以各种理由予以回避或妨碍女性开展参政权运动。法国大革命以后人权理论成为个人主义和自由主义哲学的基础，可由于当时的人权理论仅限于有经济能力的成年男性，因此初期的人权理论具有"非普遍性"色彩，理论与实践之间还存在着很大的鸿沟。社会上受歧视、受压迫的人都在寻找更自由的生活空间，从这个角度上看，人权应该具有普遍性。人权不应该局限于白人绅士、中产阶级和非残疾男性，应该在包括公共领域和私人领域在内的所有领域里得到保障，这个命题正在变得越来越清晰。进一步讲，英国的女性参政权运动给人们揭示了不管是任何权利重要的不是在律法上赋予资格，而是如何在现实生活中得以体现的道理。正如某位人权活动家主张的那样，人权与其说是客观存在，不如说是一种信仰。因此，如果不进行斗争就无法享受人权。

英国的女性参政权运动为20世纪民主主义的产生做出了重大的贡献。在古希腊雅典，民主主义持续200多年便没落了，此后"民主主义"一词在很长一段时间被历史遗忘。到了十七八世纪随着近代三大资产阶级革命的爆发，"民主主义"一词死灰复燃，但他们的头脑里只有古罗马的"共和政体"的念头，认为雅典的"民主主义"是不可继承的。但是，法国大革命后，随着欧洲越来越多的普通公民要求参政权,"民主主义"一词使用得越来越频繁。英国女性参政权运动与身无分文的工人阶级联手,超越偏向中产阶层或知识分子的"共和政体",强调了以"政治上的平等"为基础的民主主义价值。随着所有公民获得参政权,"民主主义"成了所有国家向往的政治体制。抛开世袭、血统、出身、阶级等因素,给普通公民以平等的政治参与机会,从这一点上看,雅典民主主义和现代民主主义并没有多大的区别,可在经济体制、政治共同体的规模与参与范围(在雅典,获得参政权的只是不到人口15%~20%的2万~3万男性公民)、公职人员选拔方式与代表体系(雅典的公职人员选拔与政党、官僚制无关,以抽签形式选出了主要公职人员)等方面却有着一定的差异。如何才能将"民主主义"实践得更接近其原有的价值和意义,这是今后将继续讨论下去的课题,也是永恒的课题。

如何看待潘克赫斯特和"女性联盟"不止于集会和示威,还打砸建筑物玻璃窗、放火焚烧公共物品等过激行为?这正是在审判中检察官和法官、被告人和旁听者双方产生分歧的焦点。也许女权活动家们主张她们的忍耐已经到了极限,呼声高是在所难免的,再说在现有法律框架内什么问题都得不到解决,采取那些过激行为也是不得已而为之。她们的这一主张在普通公民的角度上是完全可以理解的,放在历史大潮里看也是没什么不妥当的,但是在社会正当性和法律违法性的角度上应该说还是有所区别的。虽说女性参政权运动的目的是让女性获得参政权,这个目的本身是正当的,可对没有直接关联的对象实施暴力,这已经超出了社会传统观念所允许的范围。因此,这从法律角度上看是违法的。

在判定潘克赫斯特有罪与否时，法官说的"不能考虑行为动机和社会状况"这句话虽然有引发误会之嫌，但是认为她们放火焚烧议员私宅是有罪行为的陪审团的意见还是正当的。即使这样，法官最终对潘克赫斯特判实刑而没有给予缓刑处分是很遗憾的。

潘克赫斯特和"女性联盟"也许在普通的女性形象和作为社会活动家的女性形象当中选择哪一方的问题上作过很多的思考，这对女性来说是非常有意义的问题。在这里介绍一下对英国女性参政权运动做过深入研究的李南熙博士的结论：

> 在持有保守的传统观念的当代人看来，要求参政权的女性是失去女性魅力、失去被爱资格的不合格的女性。当时参加女性参政权运动的活动家们面临双重课题，即在争取平等的政治权利的同时还要正确处理社会对她们否定的看法。为此，她们表现自我的方式是积极接受而不是拒绝被当代人称道的"女性气质"。然而，女性参政权活动家们并没有以单纯的顺从或抵制的极端二分模式来寻求"女性气质"，而是力争在社会和女性多样性的角度上寻求"女性气质"。尤其在示威中被捕入狱的女性参政权活动家试图以绝食斗争来主张选举权，恢复自己的人身自由。她们还推出"圣女贞德"这一性别区分模糊的人物为运动的象征性领导者，试图颠覆维多利亚时期定型的"女性气质"。[10]

在韩国，赋予20岁以上所有国民选举权和被选举权的普选制度在1948年的制宪宪法中得到保障，可实际上韩国女性早在为组成制宪国会而举行的议会选举中就已经行使了投票权。由于韩国女性是随着光复（1945年日本投降）自动获得参政权的，所以并没有发生女性运动活动家们站出来要求女性参政权的现象，从而韩国女性也不可能有像英国那样在参政权运动过程中建立组织，开展多样的斗争以增强女性群体力量的经历。由于韩国女性没有体会到围绕女性参政问题与外部势力做斗争以确认自己的存在感这种感觉，因此笔者认为韩国女性运动实际上还没有取得令人满意的成果。

13

公立学校隔离黑人学生和白人学生是否合理？

为获得联邦最高法院"公立学校的种族隔离是违宪"判决而兴高采烈的律师们。左起：乔治·E.C.海斯、瑟古德·马歇尔、詹姆斯·纳布里特。

布朗审判案

——1954年，美国

时间与法庭

1954年，美国联邦最高法院

案件当事人

奥利弗·布朗（Oliver Brown）诉托皮卡市教育委员
会（Board of Education of Topeka）

审判焦点

公立学校隔离黑人学生和白人学生是否合理？

审判结果

公立学校种族隔离的做法给年幼的黑人学生带来自
卑感，伤害他们的感情，因此违反了宪法中保障平
等权的规定，是不合理的做法

历史质问

·如何消除种族歧视和不平等？
·司法部牵头积极推进社会改革是否可取？

艾森豪威尔总统的一次低级失误

第二次世界大战后，20世纪50年代和60年代初随着经济快速增长，美国中产阶层迅速成长，消费文化急速发展。而在农村和城市贫民窟（ghetto），黑人和西班牙裔、亚裔美国人却以佃农或低薪劳动者身份过着贫穷的生活。当时的美国堪称是多个种族和多种文化混杂的"种族熔炉"，因此种族问题是美国社会最重要的问题。1954年5月17日，联邦最高法院宣告一场划时代的审判，轰动了联邦各州。

当时的审判焦点是公立学校种族隔离教育是否违反了宪法修正案第十四条保障平等权的问题。之前，最高法院一直认为由于各种设施相差无几，因此分开设立黑人学校和白人学校也算是平等的，不存在种族歧视问题。然而，通过布朗审判，联邦最高法院宣布了一条新的法律原则，即种族隔离政策其本身就是不平等的政策。这个案件虽然在1952年结束了法庭辩论，可由于大法官们的意见不统一无法宣判，直到1953年被任命为首席大法官的厄尔·沃伦（Earl Warren）经过一年时间的内部协调才使9名大法官统一意见并通过了决定。

在1952年的美国总统大选中，诺曼底登陆作战的"战争英雄"德怀特·艾森豪威尔（Dwight Eisenhower）当选为总统。属于共和党的艾森豪威尔于1953年9月将来自加利福尼亚的政客沃伦任命为

联邦最高法院首席大法官。之前，沃伦历任加利福尼亚州法务部
长官、州长等职，曾以共和党副总裁候选人的身份参加过1948年的
总统大选，在1952年的总统大选中竞选共和党副总裁候选人的位
置，结果败给了艾森豪威尔。艾森豪威尔任命沃伦为联邦最高法
院首席大法官，期待联邦最高法院能够严格公正地适用法律以整
顿社会秩序。对此，虽然有很多人质疑沃伦能否公正、明智地履
行最高法院首席大法官一职，但几乎没人怀疑他会将联邦最高法
院引向中立保守的方向。然而，出乎任命者和普通公民的意料，
沃伦在担任最高法院首席大法官的16年间，在种族平等、刑事程
序上对嫌疑人的权利、言论表达等方面都作出了积极、进步的改
革。在处理布朗案件上，他以卓越的领导能力，在没有一个反对
意见的前提下做出这个长期争论不休的种族隔离政策是不合理政
策的结论，从而打开了"司法革命"之门。艾森豪威尔卸任后回
忆，委任沃伦为最高法院首席大法官是"在总统任期内做出的一
次低级失误"。

普莱西审判与"隔离但平等"原则

　　南北战争以北方胜利宣告结束，黑人奴隶得到了解放。为了
保障他们与白人同等的权利，联邦宪法也做了一些修正。宪法修
正案第十三条废除了奴隶制度，第十四条通过"法律的平等保护
（equal protection of the laws）"保障了黑人在宪法上平等的公民权
利，第十五条给黑人奴隶赋予了投票权，可南方还没有打下黑人

在政治上、经济上行使新获得的公民权的基础。不仅如此，南方白人当中很少有人赞同种族平等的理念，1877年联邦军队结束南方重建工作而撤军以后，他们以白人社会为中心重新开始了对黑人在政治上、社会上的歧视。南方地区的州政府提出了将白人社会和黑人社会隔离起来治理是维护社会稳定的一项重要措施的理论。这一理论的出台意味着在"隔离但平等"的原则下对社会各个领域进行种族隔离，从而加强对黑人歧视的"吉姆·克劳（Jim Crow）体制"的形成。

联邦议会将旨在保护黑人的宪法修正案的解释权交给了司法部，然而，深陷白人至上主义和种族主义的联邦最高法院于1883年做出了"宪法修正案第十四条只规定禁止州政府的种族歧视，而对私人组织或个人的种族歧视行为不予制裁"的判定。在1896年审理"普莱西诉弗格森案（Plessy vs. Ferguson）"时，联邦最高法院甚至将种族隔离制度化的州政府的法律也说成是非违宪法律。

在带有种族歧视性质的州法律不断出台的情况下，1890年路易斯安那州议会通过了《提高乘客舒适度法》（Act to Promote the Comfort of Passengers）。根据这项法律，所有铁路公司对本公司的列车必须设置两个或两个以上的车厢，或用隔板分隔车厢，为乘客提供"对白人与黑人平等、但相互隔离的设施"。1892年6月7日，八分之七为白人血统，只有八分之一才是黑人血统的黑人（只有奶奶是黑人，其他祖先都是白人，因此看上去与白人别无两样）荷马·普莱西（Homer Adolph Plessy）乘坐白人专用车厢。列车开动后，普莱西站起来向车厢内的旅客表明了自己是黑人。列车长当即要求普莱西转移到黑人专用车厢，而普莱西拒绝了列车长的要求。看上去与白人别无两样的普莱西制造这一事端就是为了反对路易斯安那州的种族歧视法，后来普莱西以违反《吉姆·克劳法》被起诉，1892年路易斯安那州地方法院和高级法院作出有罪判决。于是，普莱西上诉到联邦最高法院。

1896年，联邦最高法院以8名大法官中7名赞成的多数人的意见，作出了《提高乘客舒适度法》并不违宪的判决。大法官亨利·布朗（Henry Brown）是奴隶制已经废除的北方人。现在我们看一看他写的多数人的意见：

> 宪法修正案第十四条的内容不是废除对不同肤色的歧视，不是实现有别于政治平等的社会平等，也不是偏向于某一种族而是强制混合两个不同种族的法律。社会意义上的平等是由自然的亲密感、对对方优点的相互认可、个人自发的动机等因素形成的，不是由法律强制形成的。《提高乘客舒适度法》只是政治共同体为了迎合公民的习惯和传统，为提高他们的舒适度和公共秩序而在社会层面上实行的种族隔离而已，并不是有意针对黑人实施不公平、不平等待遇而制定的。这个法律在规定不允许黑人乘坐白人专用车厢的同时，也不允许白人乘坐黑人专用车厢，因此，法律本身并不存在种族歧视。在黑人的心里已经印上了种族隔离就是歧视黑人的烙印，事实上这种想法是黑人对法律的误解，不是基于法律本身的想法。

曾拥有过奴隶的南方出身的大法官约翰·马歇尔·哈兰（John Marshall Harlan Jr.）提出了自己的反对意见。他的意见大概的内容如下：

> 《提高乘客舒适度法》真正的意图不是为了把白人排除在黑人专用车厢之外，而是为了把黑人排除在白人专用车厢之外。这是不经过法律程序强行剥夺黑人人身自由的行为。从宪法和法律的角度上看，美国不存在优越、特殊的统治阶层，更不存在种姓制度。联邦宪法就像"色盲（color blind）"一样，不承认也不容忍公民之间存在不同的阶级。所有公民在法律面前是平等的，在公共场合中肆意隔离不同种族的公民是违背自由与平等理念的行为，因此不能让这些行为合理化。我相信以维护宪法和人权为宗旨的联邦最高法院迟早会废除种族主义制度的。

最终，普莱西判决不仅承认运输设施上的种族歧视惯例，还把这个惯例扩散到社会各个领域使之得以强化、合理化。从那个时候起，美国南方各州不再建立黑人学校，只建立专供白人学生念书的白人学校；在投票权方面强调相当数额的财产或识字能力，事实上剥夺了黑人的投票权；白人和黑人不能同乘一节车厢，不能在同一候车室里候车，不能使用同一个卫生间，不能在同一个餐桌或饮水台上吃饭喝水；黑人不能出入公园、海滩等地方；禁止黑人进入医院等：种族隔离现象愈演愈烈。对黑人的这种歧视在日常生活中公然形成，而改变这一切总共花了半个世纪的时间。

废除种族歧视运动的兴起

从20世纪初开始，反对种族隔离政策的运动在美国徐徐拉开了帷幕。随着越来越多的律师、医生、教师、牧师等黑人中产阶层移居北方大城市，争取黑人权益的呼声开始高昂起来了。许多黑人团体建立黑人学校，黑人教会门庭若市，黑人们开始从事多样的社会文化活动。黑人们响应罗斯福总统的脱贫公约，积极参加了政治活动。第二次世界大战中有数百万黑人男女或者参军，或者在军工厂劳动，他们的自尊心和社会地位得到了很大的提高，这在社会文化方面与一贯推行种族歧视政策的纳粹德国相比显示出了极大的优越性。在这种社会背景下，从1930年开始兴起了一场系统性的废除黑人歧视的运动。一些具有人权平等觉悟的白人也积极响应，黑人民权运动蓬勃发展起来，通过布朗审判于1960年初取得了初步成果。

1909年，由反对"吉姆·克劳体制"的人组成的"全国有色人种促进会（National Association for the Advancement of Colored People，NAACP，以下简称'促进会'）"发起了反对种族歧视政策的运动。随着黑人种族自信心和社会认识的变化，废除种族歧视运动取得了令人瞩目的成果。促进会为寻求政治少数者黑人在宪法保障下的权利，提起了公民权利诉讼。这起诉讼是由美国黑人名校霍德华大学校长查尔斯·休斯顿和他的弟子，也是后来成为美国史上第一位联邦最高法院黑人大法官的瑟古德·马歇尔（Thurgood Marshall）律师负责的。马歇尔律师于1939年在促进会内部设立"法律救济团"，系统地开展了黑人公民权诉讼业务。

马歇尔律师等人根据黑人和白人"隔离但平等"的原则，在要求隔离后的设施必须要平等（设施上的平等）的同时，还主张不论黑人、白人应该共同使用白人专用设施（贴近平等）。实事上，黑人专用设施或者环境与白人相比差别很大，人们一眼就能看出普莱西审判的虚伪程度和敷衍程度。对马歇尔的这种主张，联邦最高法院于1941年判决列车上专门设置黑人车厢和白人车厢是对平等权的侵害，1945年判决除了列车以外的其他交通工具上隔离黑人也属于违宪，1948年又宣布黑人不能进入白人居住区的住宅管理规定也无效。

马歇尔律师等人又提起了废除教育机关种族歧视的诉讼。他们从战略角度出发，选定了能够体谅不平等状况，在只有少数人才能报考的法学院或专门职业学校里能够足额交纳税金且稳健、诚实的黑人原告。从20世纪30年代后半期开始，联邦最高法院接连作出了对教育领域由种族隔离制度所导致的各种问题和认定平等必要性的判决。此前，一些州规定黑人不允许报考本州的白人法学院，但如果本州的黑人在别的州念书就给他们提供学习费用。对此，1938年联邦最高法院作出了"这是侵害平等权的制度，相关各州也应该给黑人接受平等法学教育机会"的判决；1950年，作出了"在教育设施方面实行种族隔离的条件下不论是在数量上（教员数量、讲座的多样性、学生名额等）还是在质量上（教授团队的名声、毕业生的地位和影响力、地区社会的声誉等）都应该平等，不允许黑人报考优质白人法学院是不合法的"的判决。同年，联邦最高法院在审判一起案件时作出了"黑人学生虽然考入白人法学院，可在教室、图书馆、食堂等地方与白人隔离，使黑人学生无法接触白人学生，事实上这是剥夺了黑人与同学之间正常进行学术交流的权利，因此从平等教育的角度上考虑也属违宪举措"的判决。

公立学校废除种族隔离的诉讼

　　看到联邦最高法院在有关法学院诉讼中支持黑人，南方各州开始采取了以黑人为对象增设小学、中学、高中教学设施和增加教员数量等措施，"全国有色人种促进会"也为尽早废除教育部门的种族歧视陋习，以公立学校为对象开始了诉讼准备。1950年，美国还有12个州和华盛顿市的公立学校仍在实行种族隔离，于是促进会在堪萨斯州等4个州和华盛顿市以对黑人儿童和白人儿童的隔离教育是违反平等权为由同时提起了诉讼。然而，他们除了在特拉华州胜诉以外，在其他4个地方全都败诉。后来双方上诉到联邦最高法院，最高法院将双方上诉合并审理。由于所有原告当中奥利弗·布朗名字的头一个字母排在最前面，于是该案被取名为"布朗案"。

　　布朗生活在堪萨斯州的小城托皮卡（Topeka）。由于堪萨斯州规定在超过15 000名居民居住的地方办校时必须采取黑人和白人的隔离措施，因此托皮卡市教育委员会（Board of Education of Topeka）也要遵循这个规定。布朗是当地黑人助理牧师，也是一名钢铁厂工人，他有一个女儿叫琳达（Linda）。8岁的琳达要上学了，可她不能上离家不远的白人学校，却天天走路一公里左右然后再坐校车去上离家很远的黑人学校。布朗爱子心切，于是与其他13名家长联手以教育委员会为对象提起了诉讼。

1952年，联邦最高法院主张南方各州政府的公立学校黑白隔离政策并非种族歧视，因而不是不平等的政策。而家长的代理律师则辩称普莱西判决已经不适合美国社会的现实，应该予以改变。民主党杜鲁门总统的政府提出了支持公立学校实施黑白隔离是违宪的意见。马歇尔律师也主张宪法修正案第十四条的宗旨很明显是禁止对不同种族、不同肤色的歧视行为，也是禁止对公立学校实施种族隔离政策。对此，南方各州政府强调黑白融合是对宪法修正案第十四条的公然歪曲，司法部无权对地方自治团体的教育政策指手画脚。1953年继杜鲁门执政的共和党艾森豪威尔政府提出，废除基于肤色的法律歧视虽然符合宪法精神，但有必要留给他们一年的时间做准备。

马歇尔等促进会方面的律师们为了证明种族隔离教育体制的非合法性，作为参考资料提出了专家们的社会心理学研究成果，其中肯尼斯·克拉克（Kenneth Clark）的研究成果引起了人们的注意。克拉克通过黑人儿童对黑白布娃娃偏好的反应，测定了其所具有的心理障碍，测定结果发现黑人儿童更喜欢白人布娃娃。这种现象被解释为，在南方种族隔离教育体制下，黑人儿童意识中逐渐形成自己不如白人儿童的心理，极大地伤害了他们的自尊心，从而加重了他们的自卑心理。在测试数百名社会科学家认知程度的另一次研究侦查中，大部分专家也表示用法律强制实行的种族隔离政策会给被隔离双方都产生负面的心理影响。基于对这些资料的分析和评估，律师们主张种族隔离制度会使学生产生不可治愈的自卑心理。因此，从本质上讲种族隔离制度就是侵害平等权的歧视性制度。

沃伦院长主导的"布朗审判"

从1953年9月开始担任联邦最高法院首席大法官的沃伦深刻认识到了布朗案件的重要性，他在表明反对学校种族隔离教育意见的同时，还向大法官们强调，由于这是政治上十分敏感且很有可能引发社会动乱的问题，因此以什么样的判决结果和理论将其合理化也是一个非常重要的问题。从1953年冬天开始直到次年春天，经过大法官们反复讨论和交换意见，最终同意推翻将种族隔离合法化的普莱西审判案。如果保守的前任最高法院院长文森没有因心脏停搏突然死亡，"布朗审判案"还会存在吗？这里不能不考虑"历史上的偶然因素"。沃伦首席大法官在说服南方白人不能再容许种族隔离的同时，为了给他们一定的时间提高对这方面的认识，决定先宣布种族隔离是违宪的行为，然后到适当的时间再彻底废除。

从宪法的角度上看，布朗审判案需要考虑以下两个方面的问题：一是"隔离但平等"原则是不是对黑人不合理的歧视，

图36 种族隔离是违宪：对种族隔离持有反对意见的律师们从联邦最高法院获得了"公立学校的种族隔离是违宪"的判决。中间的人就是布朗审判案的主角马歇尔律师。

二是宪法修正案第十四条规定的"法律面前人人平等"是不是包含种族融合。对此，联邦最高法院于1954年5月17日判定无法确认宪法修正案第十四条的制定宗旨，只能在目前的现实中寻找答案。现在让我们一起看一看最高法院首席大法官沃伦亲自写的判决书：

　　在宪法修正案第十四条制定后作出的一系列判决中，法庭的解释是本条款禁止一切由国家主导的对黑人的歧视。"隔离但平等"原则出现在本法庭是在1896年普莱西诉弗格森案的审判中，可当时不是围绕教育问题

313

而是围绕交通工具而出现的。自从这个审判案以后的半个世纪以来，美国各地的法院一直围绕着"隔离但平等"的原则展开了争论。

普莱西诉弗格森案终结半个多世纪后的今天，我们才澄清了"隔离但平等"原则对现代美国社会的公共教育到底是否适合的问题，以及该原则是否剥夺了原告方子女享有宪法保障下的法律同等保护权的问题。

如今，国民义务教育也许是各州和地方政府向公民提供的最重要的服务职能。义务教育法和政府的教育经费支付额度是在民主社会对教育重视度的一项指标。教育就像国防义务一样是最基本的公共责任。教育的目的是培养公民健康向上的基本素质。现代教育是让儿童接受文化启蒙教育，为将来的职业教育打下基础，让他们及时适应周边环境的重要工具。如果现在的儿童人为地失去适时教育机会，那么被剥夺教育机会的儿童将来在人生道路上能否取得成功也是值得重视的事情。州政府负责提供的教育机会是每个人都应享受的一项基本权利。

"公立学校完全因为种族不同而对不同肤色的儿童进行隔离教育，即使物质设施和其他各项待遇同等，是否也属于剥夺少数种族儿童享受同等教育机会的权利？"我们对这个问题的回答是"没错"。如果在小学和中学完全因为种族不同而将一组儿童与相同年龄段且具备相同条件的另一组儿童隔离开来，那么会使那一组儿童在同一个共同体内产生地位上的自卑感，给他们带来无法治愈的心灵创伤。围绕教育机会产生的种族隔离，已经被法院作出了违背黑人原告意愿的判决，但是在堪萨斯州对相同的案件却作出了条理分明的判决。他们作出的判决是公立学校实施隔离教育，对黑人儿童产生伤害性极大的影响。当种族隔离被法律确定下来时，这种影响会变得更加强烈，这是因为种族隔离政策在黑人看来是强化黑人劣等种族意识的政策。这种劣等意识严重影响儿童的求学热。因此，根据法律推出的种族隔离具有拖延黑人儿童在教育上、精神上的发育进程，进而剥夺黑人儿童享受教育权利的倾向。普莱西诉弗格森案审判时心理学知识水平到底达到什么程度如今无从知晓，可我们知道现代心理学确实是支持这样的结论的。普莱西诉弗格森案判决书中任何与这一结论相抵触的部分都应该予以拒绝。

我们现在做出结论，"隔离但平等"的政策在公共教育领域没有立足之地。种族隔离下的教育设施根本不可能平等。因此，本法庭判定原告因种族隔离政策被剥夺了宪法修正案第十四条规定的根据法律享受平等保护的权利。[1]

轰动美国社会的布朗案的判决书比别的案件的判决书要短得多，后来沃伦在回忆录中表明，那是为了让普通人都能看懂判决书才写得那么短。联邦最高法院在布朗判决中指出必须保障所有人享受平等教育的机会。包括韩国在内，所有国家的宪法都是围绕着保障平等权而制定的，然而，平等的意义和体现方式因国家、时期而不同。布朗判决提示的平等不是对结果的平等，而是对机会的平等；不是对某一团体的平等，而是对个人的平等；不是根据形式逻辑的平等，而是根据现实和经验的平等；不是根据传统习惯的歧视性平等，而是对美国整体的平等。

对判决的抵抗和种族融合政策的进展

主张实施"种族融合教育"（school desegregation）的布朗判决在各方面遇到了强烈的抵抗，南方白人至上主义者以司法部无视传统习惯过分推进平等为由发动了骚乱。还有一些法律界人士指责最高法院施行种族融合政策不仅是超越权力分立界限的行径，而且是错误的"司法能动主义（judicial activism）"的行径。南方各州出身的下议院议员甚至主张弹劾沃伦首席大法官，南方一些媒体也大肆谴责了最高法院。

第二年，即1955年5月，最高法院就如何制定废除学校种族隔离制度宣布了第二次的布朗判决。判决规定，教育委员会和学校当局承担公立学校推进种族融合教育的责任，法院负责审查监督。判决还强调相关政策实施既要合理、迅速，同时又要"以非常慎重的速度"进行。

第二次布朗判决以后，包括华盛顿在内的几个地区较迅速、平稳地推进了种族融合政策，可南方地区为逃避判决的执行采取了明文规定新的种族隔离法律，为阻止种族融合政策的实施切断对教育委员会的财政支持，给学生赋予择校权，甚至干脆关闭公立学校等多种措施。当然这些措施引发了诉讼，同样被判为违宪。问题是就连实施种族融合教育的学校也经常出现种族歧视主义者们阻止黑人学生上学的事情，也曾出现过给白人学生单独授课或单独举行毕业典礼的事情。

直到1957年秋，南方3000个学校中只有684个学校开始实施了种族融合教育。在公立学校，围绕着种族融合而发生的学生与家长、种族歧视主义者和人权活动家之间的矛盾已经扩散到美国全境。1957年9月，阿肯色州还发生了支持种族隔离的州长奥瓦尔·福布斯（Orval Faubus）向州国民警卫队下命令阻止黑人高中学生到州府小石城（Little Rock）去上学的事情。一直对种族融合政策采取消极态度的艾森豪威尔总统看到州政府直接反抗联邦政府，便发布戒严令，动用陆军空降部队采取了镇压白人群众、保护黑人学生的措施。

1958年，面对推迟执行布朗判决的诉讼，联邦最高法院表明宪法赋予的权利不能因伴随政府的措施而发生的暴力和无序而推迟。布朗判决宣告15年后的1969年，联邦最高法院发布"立即兴办"任何学生都不因种族或肤色而受到排挤的"单一制学校（unitary school system）"的判决书。1971年又宣告只要兴办单一制学校，可允许编制种族融合统一学区或"校车学区（busing）"，尽管行政上有所不合理、不方便甚至觉得不正常，但这是过渡时期的无奈之举。

布朗判决以后为抗议不合理的社会政策，反对种族隔离政策的各种"公民不服从运动（civil disobedience）"开始席卷了整个

图37　种族融合的阵痛：小石城关闭一年公立学校以示对联邦政府的抗议，白人家长将子女送到附近的私立学校。与法律的变化不同，人们在认识上的变化要慢得多。

美国。1955年10月1日，黑人女性罗莎·帕克斯（Rosa Parks）以坐在公共汽车白人专用座位上不肯起来为由在亚拉巴马州蒙哥马利市被捕。对此，马丁·路德·金（Martin Luther King Jr.）等黑人人权活动家主导的众多黑人有组织地开展了拒绝乘坐公共汽车的运动。1956年联邦最高法院作出了公共交通工具上实施种族隔离是违宪行为的判决。从此以后，国立公园、公共图书馆、机场等公共设施里也禁止了种族隔离行为。在公民不服从运动和布朗判决的影响下，1964年议会通过了肯尼迪总统提出的"民权法（Civil Rights Act of 1964）"。这项法律的主要内容就是禁止包括种族隔离在内的任何形式的歧视行为。

在历史的法庭上

公立学校的种族隔离政策根据联邦最高法院的判决终于废止了。从无数次的反对与抵抗到单一制学校在全美国实行经历了很长时间，可那些反对势力无法抗拒滔滔的历史潮流。以布朗判决为契机，20世纪50年代和60年代以黑人为主的社会少数群体的"民权运动（Civil Rights Movement）"像野火一样扩散开来，在公共领域里，白人和黑人区别对待的种族隔离法被废止了。布朗判决（与德雷德·斯科特案截然相反的判决）在铲除了美国社会根深蒂固的毒瘤——种族隔离的法律基础上，展示了宪法审判的社会和谐功能。从这一点上看，布朗判决是美国宪政史上最伟大、影响最深远的判决。换句话说，布朗判决是"二十世纪美国社会最重要的政治、社会、法律事件"，也是促成"最重大社会变革"的判决。

布朗判决以后，美国黑人是否彻底摆脱了种族歧视，享受与白人完全同等的待遇呢？可以说表面上的歧视几乎完全消失，可在经济、社会、文化等方面仍然存在着种族隔离和种族歧视。白人警察对黑人的歧视性执法以及由此引发的各种骚扰事件仍旧没有得到杜绝，大城市仍然划分黑人居住区和白人居住区，白人私立学校不断增加，黑人、白人融为一体的单一制学校的全面普及仍然遥遥无期，黑人学生和白人学生在毕业率和升学率上也存在着很大的差异。对此，有些学者抨击法院，说布朗判决并没有真正触及现实中存在的歧视现象，只是在形式上提供平等机会而已，他们强调的实际上是以白人为中心的同化主义种族融合。然而，规范人类行为的法律不可能约束种族歧视者的阴暗心理，判断法律正确与否的司法程序也不可能提示在多元文化社会中体现全方位平等的方法。要使这个社会发生根本性的变化，就像《缩减的民主政治》一书的作者克林森所说的那样，仅凭司法程序上的人权诉讼远远不够，只有通过公民对社会活动的积极参与和民主政治才能实现社会的全面变革。

20世纪50年代，美国民权运动之所以蓬勃开展，是因为经济上已经富裕，社会各阶层的分配也比较公平，具有较高教育水平的中产阶层也壮大起来了。除此之外，在与苏联主导的共产主义竞争的大背景下，美国需要用美国社会的最大难题——种族问题来证明其民主主义的优越性。第二次世界大战前后，随着参军或收入稳定的黑人逐渐增多，黑人的社会地位也逐渐提高了。黑人在大众文化和体育领域的活跃，使社会对黑人的评价也提高了很多。在这样的背景下，黑人渐渐直起了腰杆，一些白人在良心和正义上为黑人呐喊助威，司法和政治精英们也支持和承认了以废除种族歧视为宗旨的民权运动。美国这个时期的状况与两千年前的雅典民主政体有很多相似的地方。当时的雅典由平民参加海军赢得了波斯战争的胜利，通过贸易和纳贡积累了大量财富，又通过与寡头政体斯巴达的体制竞争确立了以普通公民为主的直接民主主义。20世纪50年代发生在美国的民权运动，就其目的、方向，还有暂时的成功和局限性（种族歧视虽然在法律意义上有所缓解，但并没有带来政治上、社会上的变化）上看，与雅典民主主义的鼎盛期相比具有很大的启示意义。

布朗判决引发了法律界广泛的争议。很多人批判司法部代替议会或行政部实施种族融合政策是"司法积极主义"的错误做法，这一做法是推翻过去的所有先例，没有历史和法律根据，仅凭社会科学研究结果为基础实施的。"司法积极主义"是与"司法消极主义（judicial passivism）"或"司法节制（judicial restraint）"相反的概念，这两个概念以法院在审判中应在多大程度上遵循从前的判例，宪法解释应在多大程度上介入政策的制定、应在多大程度上遵循行政部门或立法部门的决定等因素来区分。然而，不管采用了什么标准，布朗判决采取了"司法积极主义"的事实是显而易见的。由于司法部参与社会政策程度之深达到了在别的国家根本看不到的程度，因此被法律界称为"司法革命"。判决并不是某一法院或法官站在某一特定的立场以一刀切的方式作出的，也不是站在自认为是正确的某一立场作出的。对与错的判断标准取决于该判决出台的背景和依据是否明确、透明，取决于被人们认可的合理性。然而，即使按照这个标准来分析布朗判决，人们的评价也不一定是一致的。要想有效地保障公民权利，就应该引入司法部追究行政机关责任的"强制性禁令"制度。在韩国当前的情况下，由于现行的行政诉讼法尚未认可这种制度，因此在韩国法院是不可能作出"布朗判决"的。早在15年前，议会就提出过允许实施一次性诉讼从而迅速有效地保障国民权益的"强制性禁令"制度的行政诉讼法修正案，可因行政部以"行政权萎缩"为由极力反对，一直搁置到现在。"强制性禁令"制度适用于基础生活用品供应、工伤补助、新建建筑许可、公共机关信息公开等多个领域，因此希望"强制性禁令"修正案在第二十届国会上顺利通过。

我们在前面提过，布朗判决因无法确认宪法修正案第十四条的立法宗旨，因此只好以社会心理学方面的资料和研究结果作为参考，这样的资料和研究结果在美国法庭很早以前就使用过。比如，布兰代斯律师在主张为保护女性而限制洗衣工工作时间的法律合宪性辩论中提出了过度工作量对女性身体和育儿产生的影响以及对两岁儿童身体和精神侵害状况的研究资料，结果获得了胜诉判决。随着政府职能和作用的扩大，介入社会、经济领域的法律越来越多，在这种状况下为了探讨以什么内容制定法律、该法律是否符合宪法等问题，需要社会科学性的侦查和研究。"隔离但平等"原则基于"公立学校可以将白人和黑人隔离，但必须平等"的前提，可布朗判决从社会心理上给占据少数的黑人学生留下自卑感，因此该前提本身就是错误的。笔者认为这种社会科学性的研究和论证在韩国也应该广为利用。

目前，韩国社会多元文化家庭日益增多，有众多的外国人劳动者在韩国打工。虽然到目前为止，种族之间的矛盾和歧视还没有凸显，可事实上，多元文化家庭子女和混血儿在很多方面受到不同程度的歧视。他们也是我们社会的成员之一，因此必须保障他们平等受教育的机会，形成完整的多元文化教育体系。目前农渔村与大城市之间的教育质量差距和受教育机会不均等现象也很严重。布朗判决以后，美国实行了为补偿因种族歧视产生的损失而在黑人学生入学之初直接、间接地给予补助的"积极的平权法案（Affirmative Action）"，然而，这一法案一出台便引发了很大的争议。可争论归争论，如果在有色人种快速增长的情况下对黑人学生的状况置之不理也许会引发更大的社会矛盾。这些措施无疑成了美国社会发展的一股新的推动力。在韩国高考中也应该以地区均衡、社会特困阶层转型等多样的方法扩大和保障实质上平等的教育机会。在没有任何人的帮助下绑着沙袋奔跑在泥塘的径赛运动员和在一流教练指导下奔跑在聚氨酯跑道上的径赛运动员的成绩用一个标准来衡量显然是不合理的。

14

对艾希曼以反人类罪
论处是否合理?

德国纳粹党卫军军官、迫害犹太人
实际负责人阿道夫·艾希曼。

艾希曼审判案

——1961年，以色列

时间与法庭

1961年，以色列耶路撒冷地方法院

案件当事人

阿道夫·艾希曼（Adolf Eichmann）

审判焦点

能否向已经成为阶下囚的艾希曼追究反人类罪？

审判结果

有罪，死刑

历史质问

大屠杀这场悲剧到底出于什么样的体制和心态？

《艾希曼在耶路撒冷》一书提出的问题

进入20世纪，自由和人权开始深入人心，民主主义体制已经成为人们的共识。那么20世纪到底是不是和平时期，对这个问题的回答因人而异。然而，对无辜的平民进行大屠杀也正是在20世纪。其中，阿道夫·希特勒（Adolf Hitler）和纳粹在第二次世界大战中只因他们是犹太人而对无辜的600万犹太人（这是当时居住在欧洲的犹太人总数三分之二的人口）进行了集体大屠杀（Holocaust），这是人类的种族排他性和暴力性以及集团狂虐的极端表现。从这一点上看，这场大屠杀是人类历史上耻辱性的事件之一。

那么，纳粹为什么要屠杀犹太人呢？对此，很多人会回答他们对犹太人由来已久的仇恨和反犹太主义就是其根源。然而，1963年德裔犹太人出身的政治哲学家汉娜·阿伦特（Hannah Arendt）却在她的《艾希曼在耶路撒冷：一份关于平庸之恶的报告》一书中否认了这一传统观点。她认为"犹太人问题"的责任人阿道夫·艾希曼并不是深陷反犹太主义的、具有恶魔本性的凶残之人，而是丧失分辨善恶能力的"毫无思想（没有任何思维的人，sheer thoughtlessness）"的平庸的官僚，而帮助纳粹实施大屠杀的恰恰是犹太人自己的组织。阿伦特的这一主张一时引发了轩然大波。阿伦特是以《美国周刊》杂志特派员身份旁听1961年审判艾希曼的人，《艾希曼在耶路撒冷》一书正是她亲眼看到艾希曼被审判之后写的。阿伦特在书里把艾希曼评价为不会从别人的立场上去思考、只会服从上级的命令、"对自己干的事全然不懂"的人，把艾希曼所犯下的罪恶说成是"平庸之恶（banality of evil）"。

阿伦特提出的问题是"平庸之恶"和"毫无思想"，"既是被害者又是加害共谋者的犹太人"以及"反人类犯罪（crimes against humanity）"。在这里，不谈"既是被害者又是加害共谋者的犹太人"问题，相关法律问题也留到最后再谈。我们先看看争议最大的"平庸之恶"的对立观点。"深陷反犹太主义，以恶魔的心态进行了大屠杀"的传统观念认为，以希特勒为首的纳粹分子从一开始就推行反犹太主义，意欲杀光犹太人，执行这一政策的人也清楚地知道所发生的事情和自己所干的事情。以阿伦特为代表的新的观点认为，在纳粹那样的极权主义体制下，屠杀犹太人的决定是在国家体系尚未完全形成的情况下出台的，因此普通的德国民众并不是以反犹太主义信念或意识形态参与大屠杀，而是出于集团意识和对权威的盲从意识才卷入进来的。

尽管包括艾希曼在内的纳粹官僚和军人在当时的情况下以什么样的心态参与那场大屠杀还有待进一步探讨，然而我们有必要关注一下阿伦特的观点，即除了反犹太主义这一特性以外，只要是极权主义存在的地方随时都可能发生恶性犯罪活动的事实。

大屠杀，20世纪最大的悲剧

1933年德意志魏玛共和国崩溃之后，执政的纳粹立即开始公然镇压犹太人。希特勒利用当时已经弥漫在国民中的反犹太情绪，将犹太人指定为第一次世界大战失败和社会混乱的替罪羊。他主张"在第一次世界大战中如果让那些已经堕落的犹太人上战场去呼吸毒气，几百万的生命就不会白白牺牲"。当时众多纳粹党人同希特勒一样十分厌恶犹太人，带头镇压和迫害犹太人。

纳粹政权怂恿德国民众捣毁犹太人商店，向犹太人发动恐怖袭击，革除犹太人所担任的所有公职，甚至剥夺犹太人的公民权。通过这个活动，纳粹取得了两个政治利益，即能够把民众动员起来的凝聚力和高度集中的统治权力。他们还剥夺犹太人的国籍，没收犹太人的财产，强迫犹太人佩戴象征犹太人的六角星徽章。除了这些政治手段以外，纳粹政权还妄图把犹太人从德国全部消灭掉。1939年9月第二次世界大战爆发。战争伊始纳粹军队很快控制了欧洲大部分地区，于是纳粹军队在欧洲各地设立大量犹太人专门居住区，迫使犹太人集中居住。从1942年开始在居住区接受非人待遇的犹太人又开始被转送到集中营。

纳粹并没有满足于将犹太人送进居住区或集中营。在战争这个视生命如草芥的极端环境下，纳粹通过宣传、煽动使每个国民心里产生对犹太人的憎恨就是对国家的忠诚的意识。犹太人在设施极其恶劣的犹太人居住区成批地死亡，在移送到集中营的过程中也成批地被纳粹屠杀。1941年12月，纳粹最高统帅部为"最终解决（Endiösung der Judenfrage）"犹太人问题，决定杀掉所有的犹太人。1942年1月，负责犹太人问题的纳粹官僚们聚集在柏林附近的万湖（Wannsee），通过了将欧洲的所有犹太人强制收容后进行"大规模处置"的"最终解决方案"。

起初，纳粹将犹太人排成一列用一颗子弹枪毙多人，或者投掷手榴弹一次性炸死多人，后来使用毒气进行集体杀戮。他们在集中营建立了配有毒气室和焚烧炉的"杀人工厂"。规模最大的集中营是波兰奥斯维辛（Auschwitz）的集中营，在那里每天最多有9000人被杀。集中营里到底用什么方法进行集体杀戮呢？我们看看宋忠基教授写的《纳粹为什么要杀害犹太人？》一

图38　大屠杀的悲剧：无数平凡、善良的犹太人被"最终解决方案"屠杀了。艾希曼是第二次世界大战的战犯，也是犹太人大屠杀行动的实际负责人。

书的部分内容：

　　纳粹对犹太人采用了"流水线"式一条龙杀戮方式。满载犹太人的列车到达集中营，纳粹首先通过用皮鞭抽打他们的方式造成恐怖气氛，然后又欺骗他们按性别分成两列分别进入"淋浴室"洗澡。他们让犹太人脱光衣服，交出身上携带的所有物品。女性一律剃光头发。从走下列车到进入"淋浴室"只需半个小时。等到犹太人全部进入"淋浴室"，犹太人领班则立刻锁上房门。然而"淋浴室"里喷出来的不是热水，而是毒气。约过二三十分钟，室内的人全部窒息死亡，室内密密麻麻地躺着浑身是血迹和污物的尸体。最后剩下的事情是处理这些尸体。搬运尸体、焚烧尸体的活儿还是犹太人领班的事儿。他们用手推车将同胞的尸体一具一具拉出来去焚烧、埋葬。在处理尸体过程中，这些犹太人领班时而看到自己的家人或同乡的尸体。

　　在屠杀过程中，纳粹还提议在犹太人尸体中尽量抽取有用的东西。其中，最臭名昭著的是从尸体中取出金牙送到中立国瑞士提取黄金以补充国家财政支出。也有传说纳粹甚至利用尸体的毛发和皮肤制造别的某种东西。据统计，仅在集中营毒气室死亡的犹太人多达三百万。[1]

第二次世界大战结束后，追究有关纳粹党参与大屠杀责任的司法程序启动了。从形式上看，镇压和屠杀犹太人是根据纳粹的国内法实施的，因此，战后让已经战败的德国行使司法权是极其不合理的。以美国为首的同盟国适用"战争犯罪"和"反人类犯罪"的罪名逮捕纳粹领导人，并在德国南部小城纽伦堡（Nürnberg）举行了国际战犯审判，包括纳粹第二号人物戈林在内的22名战犯受到审判，其中12人被判死刑。在美、英、法占领的德国西部地区约有6000名战犯被判刑，其中约700名战犯被处以绞刑。在苏联占领的德国东部地区虽然没有准确的统计数字，可据后人推测有更多的战犯被判战争罪。然而，参与大屠杀的犯人并没有全部被惩罚，有不少人或者隐姓埋名，或者逃往国外而逍遥法外。艾希曼就是其中的一人。然而，他逃亡15年之后还是被捕归案，在犹太人国度以色列接受了审判。

犹太人移送行动的权威人物艾希曼与"最终解决方案"

1906年艾希曼出生于德国西部索林根的一个中产阶级家庭，5个兄弟姐妹中他是长子。1914年他们全家移居奥地利林茨。艾希曼高中毕业后考入专科学校接受了职业教育，可他中途辍学跟着父亲在冶炼厂做工，后又在电子产品销售公司和减压炼油公司当过推销员，1933年在减员风潮中被解雇，再次移居德国。

1932年艾希曼加入奥地利纳粹党，第二年纳粹在奥地利的活动遭到禁止，他回到德国经过一段时间军训后成了一名军人。1934年10月艾希曼进入纳粹党卫军帝国指挥官所属的保安部队，后任分队长，1937年晋升为少尉。艾希曼既规矩又勤奋，被纳粹分子分配到专门研究纳粹重大课题"犹太人问题"的部门，从此艾希曼开始研究包括希伯来语在内的犹太文化。1938年晋升为中尉的艾希曼接受将居住在奥地利的犹太人移送到国外的任务，最后他仅用8个月的时间就将5万名犹太人从奥地利驱逐出境了。为此，纳粹上级评价艾希曼是"谈判能力、语言能力、组织能力出众，精力旺盛、行动敏捷，管理能力卓越"的军官，并称之为"犹太人移居问题权威"。

犹太人问题的总负责人是赫尔曼·戈林（Hermann Göring）。帝国保安总局创立后，当时已经晋升为上尉的艾希曼在保安总局里负责制定驱逐欧洲境内所有犹太人政策的业务。1940年艾希曼晋升为少校，1941年又晋升为中校。当时，随着德国占领地的扩大，犹太人口急剧增加。此时的艾希曼已经成了将欧洲所有犹太人移送到犹太人居住区业务的实际负责人，他的业务能力也得到了纳粹上层的认可。1941年苏联战线处于胶着状态，美国已确定参战，戈林便向保安局局长莱因哈德·海德里希下达命令为"最终解决"犹太人问题做好必要的组织、物质准备，海德里希又向艾希曼下达了尽早拿出"最终解决"犹太人问题的总体计划报告的指示。

1942年1月，海德里希受希特勒特命在万湖召集各部门主要负责人主持召开秘密会议，研究讨论了如何处理犹太人的计划。当时艾希曼负责会议的准备工作和会议记录工作。他在不到半个小时的会议上按照海德里希的建议做出了大规模屠杀犹太人的决定。据会议记录，以"最终解决"为目的的犹太人处理行动原则上从西欧开始，根据情况可随时改变前后顺序，先将犹太人集中在临时居住区，然后再移送到东部的集中营。艾希曼的任务是在最短的时间内将欧洲各地的犹太人集中在5个地方，再用列车把他们送往奥斯维辛等设在东部的集中营。3月份开始对犹太人进行收容转移，艾希曼在混乱不堪的形势下与德国交通部协商调动大量列车，取得了仅在两年时间内利用铁路运输将500万犹太人移送到集中营的成果。

严格地说，艾希曼并不是做出利用毒气室屠杀犹太人决定的人，他也没有参与过集中营或毒气室的建设，更没有直接下达过将犹太人关进毒气室里投放毒气粉末的命令。可他清楚地知道自己亲手配送的列车到达目的地后会发生什么事情，而且为了在短时间内完成"最终解决"任务想尽一切方法保证了运送任务的顺利执行。他虽然没有晋升为高层级别，但是在处理犹太人问题上，纳粹高层没有亲自动手而是交给最信任的艾希曼去处理却是不争的事实。通过纽伦堡审判，艾希曼在执行"最终解决"行动中曾发挥过重要作用的事实已经大白于天下，然而，当时艾希曼已经人间蒸发，谁也不知道他的下落。

十五年逃亡生涯的终结

1945年在纳粹德国战败之前，艾希曼还在匈牙利指挥犹太人移送工作，可几天后被美军俘虏，被送往纳粹党卫军战俘收容所。在那里有很多战俘认出了艾希曼，可他为了隐瞒自己的身份，没有给家人写过一封信。知道在纽伦堡审判中自己的名字经常被提起，而且众多证人接连不断地做出对自己不利的证词，艾希曼从收容所里逃了出来，改名换姓，潜伏深山当了几年伐木工。几年后国内形势发生了很大的变化，艾希曼深感不安，于是在一个党卫军退役军人的帮助下逃到了意大利。1950年艾希曼在意大利一个基督教神父的帮助下拿到了化名里卡多·克莱门特的伪造护照，又逃到了阿根廷的布宜诺斯艾利斯。在那里艾希曼又获得了单身、无国籍、三十七岁、姓名里卡多·克莱门特的身份证和就业许可证。一开始他在报酬很低的德国独资企业梅赛德斯奔驰工厂就业，总算过上了安定的生活。1952年他把妻子和子女

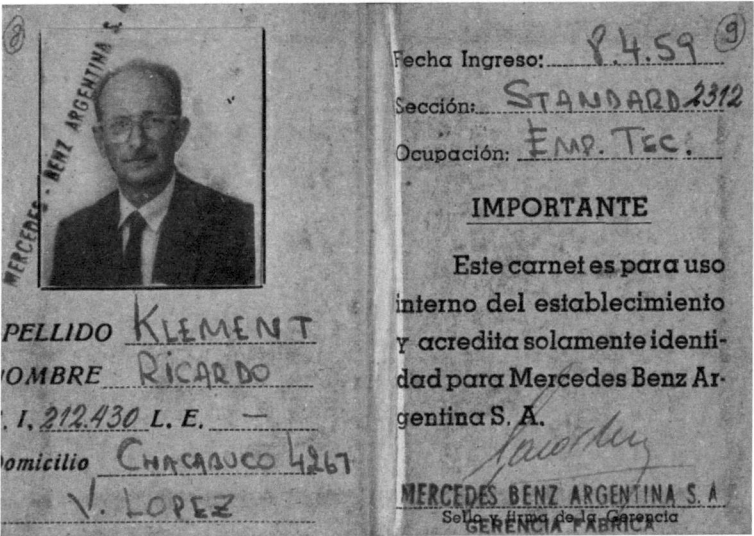

图39　艾希曼的新名字：第二次世界大战刚结束就被逮捕的艾希曼逃出收容所，用伪造护照逃往阿根廷并隐藏起来。后来他把德国的妻儿也接到阿根廷，过了10年的安定生活。

也从德国接过来了。他对自己的子女谎称自己是艾希曼的弟弟，第四个孩子出生以后与妻子重新办理了结婚登记。

自从犹太人国家以色列于1949年成立本国的情报机构摩萨德（The Institute for Intelligence and Special Operations，MOSSAD，以色列情报和特殊使命局），开展专门追捕和起诉纳粹战犯活动以后，20世纪50年代，无数犹太人和大屠杀受害者纷纷站出来主动为他们提供了线索。在追捕艾希曼的行动中起到决定性作用的是犹太人洛塔尔·赫尔曼。曾经在集中营见过艾希曼的洛塔尔·赫尔曼也在20世纪50年代移居布宜诺斯艾利斯，而其女儿在偶然的机会与艾希曼一家（当时艾希曼的妻儿们仍旧使用了艾希曼姓氏）结缘，并与艾希曼的儿子谈起了恋爱。女儿从恋人那里得知其父亲曾经是纳粹且是与大屠杀直接相关的人物之后，立刻告诉了父亲赫尔曼。女儿受父亲赫尔曼之托到艾希曼家亲眼确认了那个纳粹分子。赫尔曼将艾希曼的住址提供给了1975年以追捕纳粹分子而出名的联邦德国检察官弗里茨·鲍尔（Fritz Bauer），鲍尔当即将这一情报转送到了摩萨德。

摩萨德对艾希曼及其家人进行了两年的追踪，1960年3月21日，他们发现了为纪念结婚日手捧送给妻子的一束鲜花走来的克莱门特，他们当即认定那个克莱门特就是当年的艾希曼。以色列当局制订将艾希曼带到以色列来审判的方案以后，派摩萨德特工前往布宜诺斯艾利斯执行抓捕行动。1960年5月11日晚，艾希曼在从布宜诺斯艾利斯奔驰工厂下班回家的路上终于被摩萨德特工抓到了。他们将艾希曼带到郊区的一间僻静的房屋内。艾希曼被绑在椅子上，嘴也被嚼子堵上了。在那里，艾希曼受了一周的讯问。

他们向艾希曼提出了是就地被处决还是被押送到以色列受审两个选择，艾希曼亲笔书写愿意到以色列受审的陈述书以后在其下面签了名字。

艾希曼再也没有企图逃跑。他承认曾有过自我了结的念头，然而他不敢确信自我了结能证明什么。摩萨德特工对艾希曼实施全身麻醉，将他伪装成重症患者送上飞机于5月21日抵达了以色列。5月23日以色列国会召开会议，会上，总理戴维·本·古里安（David Ben Gurion）发表了有关将艾希曼押回国内进行审判的计划。刚刚建国的以色列以审判大屠杀的罪魁祸首追究造成犹太人惨状的纳粹罪恶，向全世界表明伸张正义的坚定意志。然而，阿根廷政府却向联合国安理会提出以色列政府特工绑架艾希曼的行为，要求恢复艾希曼的名誉并对相关负责人予以相应的处罚。1960年6月23日，联合国安理会发表声明，称以色列此举是威胁世界和平与安全的行为，因此以色列应该向阿根廷赔礼道歉。8月3日，两国政府发表"两国因以色列公民侵害阿根廷公民的人权行为而引发的事件已经得到妥善解决"的共同宣言，通过外交途径和平解决了这个问题。

以色列法庭对纳粹分子的审判

对艾希曼的审判于1961年4月11日在以色列耶路撒冷的"正义之家（Beth Hamishpath）"开庭。法官、检察官和律师端坐在宽敞的大厅讲台上，讲台下边有一个用防弹玻璃特制的透明小玻璃屋。法庭让艾希曼单独坐在那里，以防止遇难者家属的袭击。法庭由莫谢·兰道、本雅明·哈利比和伊萨克·拉韦罗3个法官组成，检察官席上坐着总检察长吉德昂·豪斯纳及其4个助理检察官，律师席上坐着由艾希曼选聘的罗伯特·谢尔巴蒂乌斯。以色列检察院对艾希曼适用的法律是以色列制定的《惩治纳粹及其帮凶法》。这个法律以纽伦堡审判为先例制定，规定对纳粹帮凶的罪行排除诉讼时效，对在外国已经受到惩处的罪犯可以重复审判。对艾希曼的指控共有十五项，包括对犹太人的犯罪、反人类罪、加入非法组织罪等。

这场审判在国际上引起巨大的争议，成为当时的热门话题。以色列政府允许全世界的媒体直播审判过程，来自世界各地的数百名记者向自己的国家报道了审判进展情况。在审判的4个月里，法庭共整理并出示了1500多份文件，仅证人就有120多人出席。在检方证人讯问中，大屠杀幸存者出庭为纳粹的暴行做了生动的证词，被告人和辩护律师表示对大屠杀中发生的事实无意继续争论下去，但也没有反对检方的讯问。在纽伦堡审判中曾经审问过纳粹战犯的侦查官也以证人身份出庭作证，揭露了在审问中曾听说过艾希曼对"最终解决方案"的实施确实拥有决定权的事实。辩方向法庭申请16名纳粹高官出庭作证，可由于那些战犯不肯前往以色列，于是法官亲自去德国做了讯问。他们没有一个人为艾希曼只是听从上级命令而已的主张作证，甚至有一个证人说："艾希曼是个天生的二号人物，是不考虑后果、肆无忌惮地耍弄手中大权的人，是个只要是统帅的意志就肆无忌惮地超越权限的人。"

谢尔巴蒂乌斯律师辩称艾希曼并没有从政治上制定政策，也没有直接创设政策的目的，只是按照上级的命令将犹太人移送到集中营而已，因此应该判为无罪。他还讥讽说："如果按检方的论调，除了艾希曼有罪以外，包括希特勒在内的德国第三帝国的所有掌权者都应该无罪。"艾希曼在被告席上一再强调自己只是服从命令而已。艾希曼的态度与纽伦堡审判席上的纳粹战犯如出一辙。他认为自己不过是没有任何权限的"追随者"，主张"我从来没做过什么决定，不管大事还是小事，只是不折不扣、忠诚老实地履行希特勒或别的上司的指示罢了"。然而，艾希曼不仅没有否认自己所做的事，反倒提议"作为对地球上所有反犹太主义者的警告，我甘愿上绞刑架"。他的这句话并不是出自某种反悔的憾言。他说："只有小孩子才会后悔。"

豪斯纳检察官回想起了艾希曼曾经给副官说过的一句话："我会高高兴兴地跳进我的坟墓里的。因为五百万人的死亡在良心上过不去的事实给我极大的满足感。"在审判过程中通过无数证词和文件已经充分证明了艾希曼在大屠杀中担负确认人员和移送任务的事实。对法庭来说，现在剩下的是关于大屠杀该向艾希曼追究什么样的责任的问题。辩护律师称抓捕艾希曼属于非法绑架，而且是以色列政府对阿根廷主权的公然侵犯。他还说大屠杀事件是在以色列境外，在以色列成立之前由非以色列国民造成的犯罪行为，因此以色列司法部对大屠杀事件没有审判权限。

在从1961年12月11日开始的为期两天的公审中，3名法官轮番宣读了对15项公诉事实的244项定罪理由。法庭表明艾希曼下令屠杀数百万犹太人，让犹太人生活在精神上几近崩溃的恶劣环境，给犹太人造成身心两方面的极大的痛苦，这些都是艾希曼带着灭绝犹太民族的意图犯下的罪行。现在我们看一看判决书指认艾希曼虽然没有直接屠杀犹太人但却负有不可推卸的责任的部分：

> 由于这些犯罪无论是在受害者一方还是在参与者一方，从人数上看都是集团性的，因此，针对其中的某一个罪犯追究他是直接参与者还是间接参与者是毫无意义的。一般来说，在集团性杀人参与者当中，离杀人现场越远的人，其罪责程度越大。[2]

12月13日，检方请求法庭将被告人判处死刑，而辩方则引用《圣经》里的一句话——"复仇由上帝决定"要求宽大处理。在12月15日进行的最后一次公审上，法庭强调被告人用列车将犹太人移送到集中营意味着直接参与杀人计划，被告人以出自内心的意愿忠实执行了上级下达给自己的命令。法庭判定一个集团对另一个民族的整体犯下的反人类罪行比若干个个别犯罪总和严重得多，据此，法庭最终对被告人判了死刑：

> 退一万步说，就算被告人在大屠杀集团中甘愿充当一个杀人工具是他不幸的遭遇，然而，被告人忠实执行大屠杀政策且积极支持这个政策的事实是不可否认的。在这里我们感悟到这么一个道理，被告人支持和执行不愿与包括犹太人在内的许许多多别的民族共享这个地球的政策（似乎被告人及其上司有权决定什么样的人可以居住在这个世界，什么样的人不可以居住在这个世

界），事实上，任何一个人，即人类成员中的任何一个人同样不愿意与被告人共享这个地球。这就是被告人必须接受绞刑的理由，而且是唯一一条理由。[3]

1962年5月29日，艾希曼的辩护律师向最高法院提出了上诉，可被驳回。艾希曼的妻子和子女们提出了请愿书，时任以色列总统的伊扎克·本·兹维亲笔写下《圣经·旧约》里的一句话送给了他们："你的刀使众多母亲失去子女，因此你的母亲也会成为失去子女的女人。"赦免请愿被拒绝后，1962年5月11日夜，艾希曼在监狱里被绞死了。艾希曼是否真的像他生前说的那样高高兴兴地走上绞刑架，我们不得而知，据说临死前他确实说过这样一句话："过不了多久我们会重新见面的，这是所有人的命运。德国万岁！阿根廷万岁！奥地利万岁！我不会忘记他们的。"第二天艾希曼的尸体被火化，其骨灰被撒入地中海，以防止举办任何形式的纪念仪式。

纽伦堡战犯审判和东京战犯审判

对发动第二次世界大战致使无数军人和平民死亡的德国纳粹和日本军国主义者的审判分别在纽伦堡和东京进行。同盟国领导人决定把德国战争责任人交给法庭处以死刑，于1945年8月通过了《国际军事法庭宪章》。随着"国际军事法庭（International Military Tribunal）"的成立，首次建立了处决战犯的国际法律机制。对于日本，同盟国同意由占领国美国主导组成法庭并进行审判。1946年同盟国最高司令麦克阿瑟宣布《远东国际军事法庭宪章》，为给日本战争责任人定罪，组成了"远东国际军事法庭（International Military Tribunal for the Far East，IMTFE）"。

在举行过大规模纳粹全党大会的纽伦堡，同盟国4个国家各派出一名代表成立法庭。在1945年11月举行的纽伦堡战犯审判中，除了已经自杀身亡的希特勒和希姆勒以及戈培尔之外，以纳粹政权二号人物戈林为首的22名战犯受到了审判。这些被告人除了以几个世纪以来在国际法上认为的犯了违反战争规则和惯例的战争罪以外，还以反和平罪和反人类罪（以强制奴役为目的的强制移民、宗教迫害及其他迫害）被起诉了。在审判过程中，在是否可以惩罚政府或者上级的命令下的行为，是否可以追溯适用新规定的违反和平罪和反人类罪等问题上出现了争议。1946年10月法庭判定，当法律沦落为罪恶的工具时应该根据良心行事，尊重人类生命、认同不同文化是自然法的最低要求，因此可以追溯适用。据此，22名战犯中的19名战犯被判死刑，3名战犯被无罪释放。

1946年5月，由战争受害国的法官和检察官组成的东京战犯审判法庭上除了裕仁天皇以外的东条英机等28名A级战犯被起诉了。审判与以纽伦堡审判相似的方式进行，法庭于1948年11月26日对26名战犯宣告有罪判决，其中7名被判绞刑。

纽伦堡战犯审判和东京战犯审判都是战胜国或是受害国单方面的审判，有些人指出东京审判在战犯甄别或惩罚问题上因政治原因进行得不够彻底。只有纽伦堡战犯审判在历史上首次通过审判揭示战争真相，并对战犯个人（不是战败国）给予应有的惩罚，显示了反人类罪在任何时候都要严加惩处的决心。

在历史的法庭上

由大屠杀的受害者犹太人自己进行的对纳粹战犯艾希曼的审判是以色列历史上的第一次，也是最后一次的审判。那么，历史对以色列的这次审判会做出什么样的评价呢？纳粹主要战犯和主要负责人在纽伦堡审判和其后在德国进行的审判中被处决，然而，因战胜国在战争结束不久的战败国德国进行审判等理由，战争犯罪的严重性并没有受到充分的关注。而艾希曼审判是在战争结束15年后依据客观视角和证据进行的，因此纳粹极权主义和对犹太人的大屠杀真相这时候才真正大白于天下。德国国民在真正的意义上反思"过去"，正式对大屠杀等纳粹犯罪行为兴师问罪是从艾希曼审判之后才开始的。随着对战争犯罪并没有直接关系的战后一代的出现和民主主义传统的确立，德国国民对过去的战争痛定思痛，开始起诉和惩罚屠杀犹太人的罪犯。成功地塑造边战斗边建设的犹太人英雄形象的以色列，在建国初期虽然因政治原因暂时不再提起种族灭绝这一痛苦的记忆，但是艾希曼审判以后在整个社会范围内形成了一种承认大屠杀悲剧是民族认同的核心。然而，从以色列持续对占领地巴勒斯坦居民施加歧视和暴力的角度上看，我们又不能不怀疑他们对历史反思的深刻程度。

艾希曼果真像阿伦特的评价那样是一个既平庸又规矩的人

图40、图41 艾希曼和阿伦特在耶路撒冷：在耶路撒冷的艾希曼审判中，有112名证人出庭以生动的证词揭示了大屠杀的全过程。艾希曼坐在用防弹玻璃特制的被告席上否认所有指控，竭力主张自己的无罪。亲眼看见这一情形的阿伦特提出了"平庸之恶""毫无思想"等概念，引起了一场轩然大波。

吗？这里首先要说明的是，阿伦特在检方对被告人讯问结束的时候就已经出国了，因此她并没有看到在辩护律师反讯问中艾希曼为自己狡辩的情形。从审判途中递给辩护律师的纸条、自传、未公开的小说来看，艾希曼对审判早已做好了周密的准备。据后来公开的资料显示，艾希曼在晋升路上以指挥员兼组织者的身份采取具体方法决定或执行将犹太人移送集中营的行动，在战争末期无视海因里希已经改变为温和态度的命令，还是强制执行了犹太人移送计划。甚至在战争结束后艾希曼还与纳粹残余势力聚会，妄图重建纳粹。可见，艾希曼本人是比阿伦特在法庭上看到的更为顽固的反犹太主义者，在犹太人屠杀行动中扮演了主要的角色。艾希曼认为自己是一个再普通不过的德国人。也许他是一个平凡的人，可从能够正确认识自己所做的事情、能够采取具有攻击性的行为这一点上看，他又是一个非凡的罪犯。只是，不管如何看待艾希曼这个人，在极权主义国家，哪怕是再普通不过的人也可以参与像大屠杀那样可怕的犯罪活动，可以说这是所有人共同的认识。

阿伦特认为艾希曼是一个平庸之人，是缺乏换位思考能力的人，因而对上级命令百依百顺，但也不能否认他又是一个罪大恶极的犯人。这里我们看一看她写的书中的部分内容：

> 在个人的发展问题上，他除了特别勤奋以外没有任何动机。勤奋本身不是犯罪。他不是愚蠢的人。他之所以成为那个时代罪大恶极的犯罪者之一，正是因为他"毫无思想"。这种远离现实的现象和"毫无思想"的

现象会带来比世上存在的"所有邪恶之和"还要大的毁灭。这就是人们在耶路撒冷所应该吸取的教训。[4]

　　仔细听听他说的每一句话，就能感觉到他的"不会说话（inability to speak）"与他的"不会思考（inability to think）"，即"缺乏换位思考能力"有着很大的联系。与他沟通是一件非常不容易的事情。这并不是因为他在说谎话，只是因为他已经被"语言（the words）"和"身边的他人（the presence of others）"隔离起来，从而被牢牢围住"现实本身（reality as such）"的一堵墙包围着。[5]

接到希特勒的命令，凡是有思想的人都会联想到关押在奥斯维辛集中营的犹太人焦躁的情感和走向毒气室的恐怖气氛，并由此想象到最高统帅的命令所带来的结果。然而，艾希曼在根本上丧失了从被害者立场上思考的能力，只是一味地服从上司的命令，毫无犯罪意识地参与了"最终解决"行动。艾希曼之所以不能慎重思考，与他平时习惯于官僚化、公式化的官方语言思考和发言有关。纳粹为了保密使用了很多专用语言，即以"最终解决方案"来代替"屠杀"，以"转移"代替"强制移送"，以"特殊处理"来代替"毒气室杀害"等。在使用这些用语中，他丧失了深思熟虑和与人沟通的能力，直至他被处死的那一刻还在用别人的葬礼上使用的语言来结束自己的一生。

　　一个法官平时的工作主要是用定型化的法律概念和逻辑分析

来评价普通人因欲望而犯下的罪行或有关钱财的纠纷。对这样的法官来说，艾希曼审判无疑是个很好的反面教材。要是我们的审判只限于分析是否符合法律需要的犯罪"构成条件"和权利"条件事实"，不如使用人工智能（AI）法官更有效、更准确。凡是诉讼当事者，只要法官倾听自己的陈述、理解自己的心情，被告人就会觉得法官的判决是最公正的。

以色列法庭判艾希曼死刑，这在法律上是否合理呢？由于我们是从阿伦特的视角上看待艾希曼的审判，因此如果认为对德国纳粹充满仇恨的犹太人也对这个"平庸之恶"的判罚觉得过重，那就大错特错了。阿伦特也对艾希曼的有罪判决没有异议，对其被判死刑也表示认同。对这一点笔者也是同意的。从刑法角度上看，本案的基本点是被告人故意行为和同谋共犯的问题。故意行为是在明知某一件事情会成为犯罪成立要素的情况下去满足自己欲望的行为，不可否认的是，艾希曼在移送犹太人到集中营的过程中明知他们会全部死亡的结果。"平庸之恶""毫无思想"是伦理学或政治哲学领域里讨论的议题，并非判断"故意行为"的理论依据。在艾希曼是希特勒等纳粹高层的同谋共犯还是仅仅帮助他们实施犯罪行为的从犯的问题上，法庭的判定是同谋共犯。笔者的观点也与他们相同。在大屠杀这个有组织的犯罪活动中，艾希曼参加了万湖会议与纳粹高官共谋"最终解决"方案，在集中并移送受害者到死亡场所的行动中充当实际负责人的角色，从而对犯罪行为的实施起了重大的作用。《惩治纳粹及其帮凶法》承认对他们的死刑判决，只要不是绝对的死刑反对论者，谁都会同意对杀害数百万人的艾希曼处以极刑。

下面再来看看艾希曼审判中的特殊法律问题。艾希曼犯下的反人类罪行是违反人类道德基本原则的行为，符合不分时间、场所应该立即处决的国际法的犯罪行为，因此与公诉时效无关，只要国际刑事法庭不存在，那么任何一个国家都有权进行审判，而以色列作为受害当事国更有权进行审判。因此，他们规定的《惩治纳粹及其帮凶法》与国际法完全符合。基于种族原因，种族灭绝罪行不受"追溯效力禁止原则"的限制，这一点已经通过纽伦堡审判和随后其他国家的法律得以确认。因此，笔者认为对以色列建国之前发生的大屠杀以建国后制定的法律予以惩罚也是合理的。纽伦堡审判结果是，即使是上司或国家下的命令，只要是反人类罪行，对该命令的执行者必须追究法律责任。在纳粹统治下也有不少不服从命令而保住官职的官僚，与此相比，积极主动执行命令的艾希曼更不能逃脱罪责。只是以色列特工在阿根廷非法逮捕艾希曼，并未经正常出入境程序将其押回以色列之后在以色列法院进行审判，在这一点上未免存在着一些问题。要履行合法程序，以色列政府理应向阿根廷政府请求刑事司法配合，由阿根廷调查机构根据阿根廷法官签发的逮捕令逮捕艾希曼并将其遣送回以色列。由于在逮捕和遣送过程中发生了重大的违法行为，因此部分证据无法得到认证，由此围绕以色列法院无视程序上的违法行为作出的判决是否合理的问题成了人们议论的话题。以色列法院声称阿根廷已经撤回针对非法绑架而提出的抗议，并表示已经交付审判的人不能以逮捕过程中的违法行为为由拒绝审判。据此，以色列还是对艾希曼作出了有罪判决。

　　最后我们再思考一下，大屠杀是在什么样的体制下以什么样的心态发生的问题。希特勒统治下的德国国民认为最高统帅的决定就是自己的决定，在狂热和欢呼声中忘记了自己也是犯罪行为责任主体之一的事实。纳粹主义者的基本信念是"将万人对万人的斗争看作人生的终极真理，一方对另一方的统治就是万物秩序的特征"，这种信念相当于"社会进化论"的极端形式。在这种体制下，国家与法律体系仅仅是维持和发展由拥有共同理想的人组成的社会的工具而已，而他们声称的给国民以思考自由的自由主义的基本前提也不过是一个幌子而已。

在权力结构变得复杂，市场经济已经普遍化的现代社会里再也不会发生像大屠杀那样的罪恶。然而，随着生活的所有领域里竞争变得普遍化，效率和成果变得重要的价值，人们便不知不觉地加入到了以各谋其生的观念在官僚等级秩序中只做属于自己分内事情的忠实的"毫无思想"之行列。正因为有了这些人，很容易发生谁都不愿意思考、谁都不愿意负责的"微小之恶"。只有所有人都承认个人的特性和差异并与别人沟通时，人类才能成为有尊严的存在。

15

在侦查机关做的供词
能否成为有罪证据？

以绑架、强奸嫌疑被捕并被
带到警察局的墨西哥裔美国
人埃内斯托·米兰达。

米兰达审判案

——1966年，美国

时间与法庭

1966年，美国联邦最高法院

案件当事人

埃内斯托·米兰达（Ernesto Miranda）诉亚利桑那州（Arizona）

审判焦点

在侦查机关做的供词能否成为有罪证据？

审判结果

没有事先告知沉默权或得到辩护律师帮助的权利而获得的供词不能认定为证据

历史质问

嫌疑人的正当权利该如何保护？

侦破程序中的矛与盾

据说"美剧（美国电视剧）"在韩国年轻人中很受青睐。在以犯罪侦查为题材的电视剧中我们经常能看到一个警官一手拿手枪一手给犯罪分子戴手铐，用很快的语速说"你有权保持沉默"。这是美国警察常用的一句警告词，叫作"米兰达警告（Miranda Warning，又叫米兰达原则）"。制伏重大案犯是非常危险的事情，然而即使在千钧一发的时刻，美国警察还是不忘用语言告诉犯罪分子"你拥有沉默权和选择辩护律师的权利"。看着这些场面不禁觉得在那样危急的时刻还有必要讲那些话吗。然而，这就是"法治主义"的体现。还有，警官在审讯刚刚抓获的犯罪嫌疑人时，犯罪嫌疑人还能向警官提出要先跟自己的律师商谈。尽管看上去这是犯罪嫌疑人十分厚颜无耻的态度，可我们还是能够感觉到积极维护自己权利的现代美国人的"公民意识"。目前，包括韩国在内的很多国家都以法律形式规定"米兰达警告"，并由法院保护实施。这里说的"米兰达"，是强奸未成年智障女性的一名凶犯的名字。

主导侦破的检察官要强制拘留犯罪嫌疑人，必须先由法官亲自审问犯罪嫌疑人，听取当事人陈述之后再签发拘捕令。这种拘捕令实质审查制度是根据1997年韩国刑事诉讼法的规定才开始实施的。在此之前，法官是只凭检察官提出的调查记录签发拘捕令的。在这里我们看一看1996年申东云教授解释当时情况的文章：

> 不知从什么时候开始，在检察机关针对人身拘留而进行调查的时候，我们在媒体上经常听到"检察机关的司法处理"一词。但是，如果将检察机关定义为行使检察权的刑事司法机关，那么"检察机关的司法处理"就具有了由刑事司法机关进行司法处理的意思。可以说这是同义语的反复，是在逻辑上相矛盾的说法。但检察机关的司法处理作为传递国民法治意识的最简单的表现，在我们的语言生活中占有一席。检察机关的司法处理被理解为检察机关从现在开始将一名国民"从日常生活中隔离开来"进行调查的意思，也被认为是检察机关将以拘留的方式对该国民展开调查的意思。但是，如果稍微懂得宪法和刑事诉讼法的人就会知道，检察机关束缚人身自由在韩国宪法体制下是不容许的事情。根据宪法第十二条第三款阐明的调查拘捕令规则，没有法官的许可谁也不能采取剥夺公民人身自由的逮捕或拘留措施。[1]

近来，每次发生轰动全国的大案要案时，媒体仍然使用"离检察机关的司法处理不远了"等措辞，人们也在自然而然地接受。然而法还是法，现实还是现实。韩国检察机关对媒体关注度高的案件一般急于拘捕犯罪嫌疑人，如果拘捕令没有批下来则以各种方式表示不满或反复请求签发拘捕令。在侦破过程中如果取得犯罪嫌疑人的供认，侦破工作就会变得更加顺利，即使犯罪嫌疑人在随后的审判中否认自己的口供也往往无济于事。犯罪嫌疑人即使不供认，一旦被拘捕就从心理上陷入孤立无援的状态，侦查机关则可以利用犯罪嫌疑人的这一心理作用轻松获取供认。检察机关流行"拘捕不是侦破的结束，而是侦破的开始"这样一句话，由此可以看出侦查机关非常重视"拘捕"和"供认"。

从犯罪嫌疑人角度上看，在被逮捕或被拘留的情况下，绝大部分人不知如何应对自己所面临的处境和状况，显得十分惊慌。不管年龄、性别、学历以及职业，只要被拘禁接受调查，任何人都变得十分敏感和不安，难以消除心中的恐慌。在这样的情况下，心理上占绝对优势的警官或检察官以熟练的方式发动质问攻势，犯罪嫌疑人不能不供认犯罪事实，很多情况下就连自己没做过的事情也被迫供认。因此，为了从宪法上保障被推测为无罪的犯罪嫌疑人的人权，为了用法律和事实来防止这类事情的发生，需要辩护律师的帮助，以确保犯罪嫌疑人拒绝供述或拒绝回答对自己不利的质问的权利。

于是就出现了在调查阶段警方或检方想方设法"拘捕"犯罪嫌疑人以获取"口供"，而被拘捕的犯罪嫌疑人则行使"委托辩护律师权"和"拒绝陈述权"来对抗警方或检方的现象。面对这种矛和盾正面冲突的情况，米兰达审判宣布只有提前告知犯罪嫌疑人拥有"委托律师权"和"拒绝供述权"之后，侦查机关才有权调查犯罪嫌疑人的规定，从而开创了刑事司法的新纪元。

对凶犯米兰达的审讯过程

1963年3月2日夜十一时许，在美国亚利桑那州的凤凰城，一名18岁的少女A下了公交车步行回家。看到少女A独自行走，墨西哥裔美国人埃内斯托·米兰达从背后捂住她的嘴将其强行推进自己车的后座。A是身患社交恐惧症且智力有点低下的少女，辍学以后在一家电影院小商店当服务员。那天由于电影散场稍微晚了一点儿，她下班的时间也比平时晚了一些。米兰达向郊外方向行驶20分钟左右便停在一处沙漠地带，对少女A实施强奸以后又抢走了她身上的4美元。作案后，米兰达开车将A送到她家附近，A的家人得知事情经过后报了警，负责侦破的警官库利经过坚持不懈地追踪和侦查，于3月13日终于抓住米兰达并把他关押在了警署讯问室。

米兰达1941年出生于墨西哥非法移民油漆工的家庭。5岁丧母，母亲去世一年后父亲再婚，于是他与继母和同父异母的兄弟共同生活。由于与继母和同父异母的兄弟相处不融洽，米兰达有一个十分不幸的童年。米兰达在家里家外常惹事，到中学二年级的时候因犯抢劫罪中途辍学。此后他继续惹事，数次出入警署和收容所，1959年18岁的时候自愿参军，可因不能忍受为期6个月的军训逃出了兵营。他被开除军籍后开始流浪生活，1962年21岁时与身边带着一儿一女的离婚女子图伊拉·霍夫曼（Twila Hoffman）相识、同居并生下一女，他本人在一家农产品装卸工地当夜间搬运工。

对米兰达的讯问在没有辩护律师的条件下从上午十时三十分开始大约进行了两个小时。库利等两名警官追究了米兰达对A的行凶过程，可米兰达一直否认自己的犯罪行为。于是库利启动了"列队指认程序（police lineup）"。列队指认程序指的是被害者或目击者隔着从里面看不到外面的特殊玻璃窗在犯罪嫌疑人及与其相似的几个人当中指认罪犯的程序。参加米兰达列队指认程序的共有4个人，其中3个人是从附近拘留所带出来的墨西哥裔美国人，他们体形都很相似，只是都没戴眼镜，米兰达戴着眼镜胸佩1号纸牌站在列队最左侧。被害者A通过特殊玻璃窗察看4个人以后说"1号人有点像，但不敢确定"。

米兰达问回到审讯室的库利："她认出我了吗？"而库利在被害者A明明没有完全指认犯罪嫌疑人的情况下谎称"A已经指认了"。米兰达当即表示要如实招供，两个警官也立即开始对米兰达的审讯。米兰达供述对A实施绑架、强奸的全过程，最后在警官记录的供词上签了字。供词记录文的最后还有如下一句话："我宣誓上述供词是在没有威胁和强迫以及利害关系的情况下出自我本人的意愿陈述的。我知道我的权利，也能理解我的陈述有可能对我非常不利。"然而，警官宣读这句话是在米兰达已经签完字以后的事情了。也就是说，两名警官在审讯米兰达之前并没有告诉米兰达拥有可以拒绝供述、可以得到辩护律师帮助的权利。

在只有犯罪嫌疑人米兰达和两名警官的审讯室里虽然没有发生过拷问或虐待行为，可警官的讯问内容和方式却引起了争议。米兰达在后来的法庭上主张确实有过"若不坦白就把最近发生的类似犯罪嫌疑统统扣在你的头上；只要承认强奸就不追究其他的抢劫嫌疑；如果坦白了就当作一般性犯罪把你送精神医院去治疗而不会惩罚你"等胁迫、利诱、虚假承诺等言行。对此，库利反驳，当时米兰达非常配合调查，审讯室里并没有强压性的氛围，米兰达也老老实实地交代了自己的罪行。

米兰达辩护律师的"奇谈怪论"

1963年7月对米兰达的刑事审判开始了。米兰达家庭贫穷请不起辩护律师，于是法庭为他指派了一名辩护律师，他叫阿尔文·摩尔（Alvin Moore）。摩尔是曾经在凤凰城为35名强奸犯辩护最后只有一个人被判有罪的有能力的律师。只是因年龄已经超过70岁，好多年没有为他人辩护过，故而被法庭指派给一些特殊犯罪嫌疑人作辩护。摩尔每当被指派的时候都对陪审团说"我真的不想参与这起案件的辩护。但无论案件如何我都会竭尽全力为被告人辩护的"。摩尔提出一般公民或一般律师难以理解的"奇谈怪论"，主张不能惩罚米兰达：

> 警官根本没有告诉被告人他在警署审讯室所做的供述在法庭上会对他本人产生不利影响的事实。在对犯罪嫌疑人进行审问之前也没有告诉他有权委托律师。两名警官有一个说事前告诉过他，而另一个则说没有告诉过他，到底谁在说真话不言而喻。两名警官将这个墨西哥青年带到审讯室后根本没有告诉他这些权利，这是很不公正的。[2]

从摩尔的这个主张来看，米兰达当时不知道宪法修正案第五条和第六条中保障"在刑事案件中不被迫提供对自己不利的证词的权利（反自我归罪特权）"和"为自我防御而请求律师帮助的权利"的内容，警官在讯问之前也没有将这些内容告诉过犯罪嫌疑人。因此，在不知道自己权利的情况下做出的供词不能作为证据采用在刑事审判中。对此，检方反驳如下：

　　　　作为辩护律师就应该懂得警官向被告人告知这些权利是没有必要的。我们应该相信我们的警官都是很优秀的，他们不会强迫可怜又无辜的青少年做出供词。警官没必要经受这种验证。不管被告人怎么说，包括库利在内的警官没有剥夺被告人的权利，也没必要剥夺被告人的权利。[3]

　　米兰达审判是以由9名陪审员判定有罪与否的陪审审判方式进行的，因此负责本案的法官耶尔·迈克法特（Yale Mcfate）有必要向陪审团说明在法律和判例中该如何判断供词效力的问题：

　　　　只要供词是犯罪嫌疑人自愿做出的，供词内容是否真实则全靠陪审员来判断。即使被告人被拘捕以后供认且辩护人缺席或没有被告知其供词在法庭上有可能不利于被告人自己，也不能认为犯罪嫌疑人做出的供词不是自愿的。[4]

法官没有接受摩尔律师的"奇谈怪论"，要求陪审员还是按照过去的法理来作出判断。陪审团仅用几分钟的时间评议完毕，一致通过有罪判决的决定。7天后法官向米兰达宣布以绑架和强奸罪判处短则二十年、长则三十年的重刑，摩尔不服这个判决上诉至亚利桑那州高级法院。法院以"供词是犯罪嫌疑人自愿做出的，只要没有宪法意义上的侵权行为，在律师缺席的情况下获取供词也是允许的。米兰达没有聘请律师，法庭也没有剥夺米兰达求得律师帮助的权利"为由对摩尔的上诉不予受理。

为了更好地理解米兰达审判，我们先了解一下此前美国法院在调查取证阶段如何判断犯罪嫌疑人供词的效力以及当时美国社会和法院的情况。

在联邦最高法院宣告米兰达审判之前，法院对供词效果的立场由迈克法特法官曾作过说明。对犯罪嫌疑人的供词只要在整个讯问过程中是自愿做出的，在刑事审判中就可以当作有效的证据，与侦查机关是否告知犯罪嫌疑人宪法上的权利无关。以这种"自愿性（volutariness）"标准做出的供词对侦查机关起到了非常有利的作用。虽然警方以刑讯逼供的手段获取的供词没有任何效力，但是，即使警方对犯罪嫌疑人采取利诱、逼迫的手段，只要让犯罪嫌疑人按时吃饭、睡觉，那么由于讯问在整体上是非强压性的，所以由此获取的供词可以认为是合法的证据。可由于案件的性质各不相同而无法提出明确的自愿性标准，有可能迫使侦查机关制造强压性氛围。考虑到犯罪嫌疑人在被拘捕、被调查过程中有可能受到潜在的威胁，需要制定一个切实可行的新标准。

1964年联邦最高法院逐步扩大了刑事犯罪嫌疑人得到律师帮

助的权利。梅西亚审判案（*Massiah Right vs. United States*，梅西亚诉联邦案）认为犯罪嫌疑人拥有在辩护律师缺席的情况下拒绝接受"诱导做出不利于自己的供词的讯问"的权利，最终作出以侵害这种权利而获取的供词不管是否自愿都不具有证据效力的判定。埃斯科韦多审判案（*Escobedo vs. Illinois*，埃斯科韦多诉伊利诺伊州案）判定犯罪嫌疑人的权利可以扩大到被起诉之前，保障犯罪嫌疑人在警方调查阶段接受调查的过程中也能得到辩护律师帮助的权利。当然，埃斯科韦多的案子给警方增添了不少的麻烦。在什么情况下获取的供词才能认定为证据，在什么情况下告知犯罪嫌疑人可以行使选择律师权或沉默权，向犯罪嫌疑人告知可以行使这些权利的时候是否该中断调查等都成了问题。由于各州法院对此的反应各不相同，联邦最高法院需要统一判例，向各执法机关提出一个明确的标准。

我们在"布朗审判案"中看过，20世纪五六十年代美国经济快速增长，随之整个美国社会也沉浸在社会上、文化上也应相应快速发展的氛围中，以黑人为主的社会弱势阶层旨在社会、文化变革的民权运动也蓬勃发展。不仅如此，越来越多的人主张像美国这样的文明社会的刑事司法，应该在打击刑事犯罪活动的同时，还要充分保障犯罪嫌疑人在宪法上的权利，以避免冤案的发生。美国民众还呼吁这个权利对穷人也应该同等赋予。联邦最高法院首席大法官沃伦在担任检察官时期以强硬手段对付犯罪活动而著称，然而当上大法官以后却出乎人们的意料，在调查过程和刑事审判过程中严格遵守法定程序，用法理最大限度地保障了犯罪嫌疑人的权利。梅西亚案、埃斯科韦多案、米兰达案就是他最

图42　超级首席大法官：沃伦首席大法官是从根本上改变美国社会，推动审判制度改革的历史性人物，至今仍受到人们的尊敬。其实，检察官出身的他在担任首席大法官之前是地地道道的共和党保守主义者，担任首席大法官之后勇于创新，作出了很多保护人权的审判。

具代表性的判决。

俗话说得好，"一个巴掌拍不响"，沃伦作出这样的判决，与"美国民权联盟（American Civil Liberties Union，ACLU）"和该联盟所属的律师们的热情支持是分不开的。"美国民权联盟"对推动舆论自由与宗教自由、禁止种族歧视、在犯罪嫌疑人权利受损的诉讼中直接指派辩护律师或向法院提出意见等促进美国司法制度改革的重大审判产生了深远的影响。因亚利桑那州法院的判决被关押在看守所的米兰达不知怎么回事于两年后的1965年6月向联邦最高法院提起了上诉，这件事情引起了"美国民权联盟"所属的律师罗伯特·科克伦的关注。律师团强调，犯罪嫌疑人选任辩护人权利是解决调查阶段中的不平等性和强制性的关键，指出在米兰达供认之前，警方并没有告知米兰达拥有行使沉默权和选任辩护人的权利以及与辩护人沟通的权利。律师团主张，如果侦查机关没有提前告知犯罪嫌疑人可以行使沉默权和求得律师帮助的权利，那么在没有律师的情况下形成的供词就不能成为犯罪嫌疑人有罪的证据。

划世纪的米兰达审判

1966年6月13日，联邦最高法院作出了9名大法官中5名大法官支持米兰达的判决。沃伦、雨果·布莱克（Hugo Biack）、威廉·道格拉斯（William Douglas）、威廉·布伦南（William Brennen）、艾毕·福塔斯（Abe Fortas）等偏向自由主义的大法官形成多数意见，哈兰、波特·斯图尔特（Porter Stewart）、拜伦·怀特（Byron White）、汤姆·克拉克（Tom Clark）等具有保守主义倾向的大法官站在了对立面。这一次，沃伦首席大法官打破只看判决要点的惯例，利用一小时左右的时间将判决理由从头到尾读了一遍。这充分说明这一次判决是法官们通过激烈的讨论和认真的研究而做出的结论。现在让我们看一看多数人的意见：

在最近一系列案件中，警方为了获取供词普遍采用了肉体暴行和在与外部隔绝状态下持续进行的羁押讯问（custodial interrogation，将犯罪嫌疑人关在拘留所或警署审讯室进行讯问）的方法。在那个阶段警方很容易采用严刑拷打、威逼恐吓、利诱欺骗等不当策略。警方先让被审问者处于极度不安状态，然后使用威逼利诱等策略使被审问者放弃本属于自己的宪法上的权利。羁押讯问本身就是利用犯罪嫌疑人的弱点使其付出重大牺牲的不当措施。对于宪法修正案第五条规定的"反自我归罪特权"，我们的意见如下：

当犯罪嫌疑人处于羁押讯问状态时，"反自我归罪特权"便陷入危险之中。除非以充分有效的手段告知犯罪嫌疑人保持沉默权并确保其权利的行使得到尊重，否则应采取如下的措施：告知犯罪嫌疑人有权保持沉默；告知犯罪嫌疑人他所说的每一句话在法庭上有可能对他自己产生不利影响；告知犯罪嫌疑人有权要求辩护律师出席，如果没有能力聘请律师，在犯罪嫌疑人自愿的情况下应在审讯之前告知犯罪嫌疑人法庭会指派辩护律师的事实。这些事实被告知并得到这些机会，且得知自己拥有这些权利的情况下，犯罪嫌疑人才有可能选择性地放弃权利、回答讯问或同意陈述。只要这些告知和放弃事实在正式审判过程中没有被检方证实，或者至少在被检方证实之前通过讯问获取的任何证据都不能作为对犯罪嫌疑人不利的因素而使用。

也曾有人提出实施羁押讯问的社会必要性比"反自我归罪特权"更大的主张，然而比这些问题更重要的是这一特权任何时候都不能被剥夺。我们可以根据一个国家施行自己的刑事法律的方式来衡量这个国家的文明程度。[5]

我们再看看反对意见中怀特大法官的少数派意见：

多数意见的核心是，如果没有程序上的保护措施，因拘禁状态下内在的强压因素，从处于拘禁状态的犯罪嫌疑人那里获取的任何供词都不是他自由选择的。可是，即使警察对犯罪嫌疑人使用刺激性或利诱性的方法使其做出答辩，也不能看作强制下做出的自白。事实上，法院在这个判决书上记录的讯问与其说是惯例，不如说是例外。在以拘禁讯问获取的供词上存在强制性的情况下，也不能说犯罪嫌疑人得知自己拥有求得律师帮助的权利之后主动放弃其权利而做出供词就不存在强制性。

犯罪嫌疑人供认或承认不利事实其本身不是无效证据，被视为无效的只是被强制的那一部分。我怀疑多数意见是否遵循了这种区分。多数意见主张警察的讯问是在威胁性的气氛中进行的，可他们根本没有出示他们做出这一结论和对程序性保护手段的合理依据。多数意见对犯罪嫌疑人的供认持极其不信任的态度，殊不知供认还具有给犯罪嫌疑人提供心理上的安慰，提高回归社会的希望的优点。不管是什么样的政府，其最基本的职能是对个人及其所拥有的财产提供安全保障。没有有效履行防止私人暴力和报复行为的义务而片面强调人的尊严和文明价值也是不合理的。正因为法院提出的这个原则，包括杀人犯、强奸犯在内的众多犯罪分子有可能被释放出来，而这些犯罪分子一旦主客观条件成熟就会重新走上犯罪道路。

从这个角度上看，虽然对警察拘禁讯问加以更多的限制是值得期待的事情，但法院也不应该利用宪法精神给警方套上"宪法紧身衣（constitutional straitjacket）"，而应该更多地考虑如何让警方以更加温和的方式接近犯罪嫌疑人。[6]

带有立法性质给警方提示的业务方针的多数意见的要点是，与外部隔绝的审讯室就其气氛来说本质上就是恐怖的、具有威胁性的。因此，要想保障犯罪嫌疑人自由供述必须具备相应的程序，而违背这一程序所获取的供词不能作为有罪证据来使用。相反，少数意见则是，该程序与供认的自愿性无关，也不是宪法要求的，反而偏向于保护犯罪嫌疑人的权利，无法对犯罪行为做出应有的惩罚。

米兰达审判及争论结果

米兰达判决是正面否认当时的调查惯例，放宽犯罪嫌疑人权利的划时代的决定。然而，保守的美国人却强烈谴责最高法院轻视犯罪预防，把犯罪嫌疑人的权利看得比被害者权利更重。也有人发出担忧的声音，认为若将"米兰达规则（Miranda Rule）"照搬执行，供认率就会下降，众多犯罪者会被释放出来。警方也表示不满，说"还没来得及拘禁讯问，调查的手脚就被束缚住，把打击犯罪保护社会的警察当成犯罪者"。

1968年，联邦议会制定了"如果确实认定犯罪嫌疑人的供词是出自自愿的，那么联邦法院就不管'米兰达警告'适用与否，应将犯罪嫌疑人的那份供词认定为有效证据"的法律。在1968年举行的总统选举中，共和党候选人理查德·尼克松（Richard Nixon）提出了"法律与秩序"的口号。他批判米兰达判决会让犯罪率越来越高、定罪率越来越低，从而使追求和平的公民陷入危险之中。他还承诺或者废除米兰达判决，或者任命限制"米兰达警告"适用范围的法官为首席大法官。

其间，学者们关于米兰达规则在调查阶段中如何被应用和米兰达规则的实施对暴力犯罪的举报率、坦白率、定罪率有何变化等问题进行了实证性研究。出乎批评者的意料，实施米兰达规则不仅没有降低警察获取供词的效率反而更顺利地获取了供词，在其他数据上也几乎没有什么变化，对暴力犯罪的公权力也没有因此被削弱。1969—1970年三位大法官更迭，借此机会联邦法院在狭义解释米兰达规则要点的同时对该规则作了补充说明。最高法院判定，下级法院按照修正后的法律即便没有提示"米兰达警告"，但只要犯罪嫌疑人出于自愿，就允许其做出供词。2000年联邦最高法院宣布米兰达原则已经成为美国文化的一部分，就连联邦议会也无权废止。联邦法院维护基本原则这一点值得我们铭记在心上。尽管反对声音十分强烈，但侦查机关还是根据米兰达判决的旨意制作了"米兰达警告卡片（Miranda warning cards）"，让警方向被捕或接受讯问的犯罪嫌疑人出示警告卡片。

在历史的法庭上

经过激烈的争论，最高法院作出了对米兰达有利的判决，即作出了与对A的绑架、强奸无关的抢劫罪的判决。1967年2月因禁中的米兰达在亚利桑那州法院接受了再次判决。当时，因女儿的抚养问题与同居的霍夫曼争吵的米兰达向负责社会福利的官员说"霍夫曼不适合当女儿的监护人"，听到这个消息的霍夫曼向检察官陈述"第一次探监的时候米兰达曾向我坦言A的确是被他强奸的。他还求我向A转告，如果A撤诉，自己还可以考虑与A结婚"。听完霍夫曼在法庭的证词之后，陪审团当即判米兰达有罪，法官也作出了与初审同样的判决。米兰达向州高级法院上诉但被驳回，又上诉到联邦最高法院，但被最高法院判定上诉无效。1972年，米兰达被假释以后复印"米兰达警告卡片"，签上自己的名字以每张1.5美元的价格出售，后因违反假释纪律又被关押，直到1975年12月才获释。1976年1月31日，米兰达在凤凰城一家酒吧玩纸牌的时候与他人发生斗殴，被对方刺伤胸部和腹部不治而亡。两个当事人接到警察的米兰达警告卡片之后表示拒绝辩护律师的帮助，但就凶杀一事互相推诿，拒不供认。最终警方到底没有分辨出真凶，米兰达含冤结束了自己的一生。

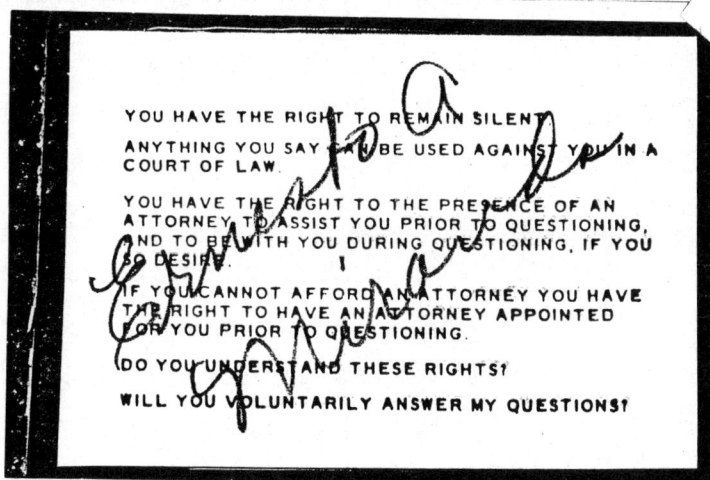

PN 2 Phoenix, Ariz. Feb. 11--SPECIAL TO THE WASHINGTON POST
An autographed reproduction of a Miranda card.

图43 米兰达出售的"米兰达警告卡片"：米兰达吹嘘自己就是制定"米兰达原则"的人，在自制的"米兰达警告卡片"上签字并出售。具有讽刺意义的是，这个不齿于人类的罪犯青年竟成了尊重人权的一个象征被载入了史册。

据后人评价，法庭上的9名大法官一般根据各自的信仰和理念作出不同的判断。警官为了从羁押中的犯罪嫌疑人那里获取口供经常使用诱骗的小伎俩，这些对当过检察官的沃伦首席大法官来说是司空见惯的事情。他详细介绍这种调查技法和案例，一改过去当检察官时的态度，强调必须敢于摆脱这种"三级调查"的圈子。专门研究米兰达审判的权永法律师在自己的著作《米兰达审判》中说道，在米兰达审判中，提出多数意见的大法官都站在贫苦家庭出身的米兰达的角度上分析了米兰达案，事实上那些大法官也都是贫苦家庭出身。由于这些法官都出身于铁路工人、锅炉工、新教的穷牧师、中小商人、木匠等家庭，因此他们特别强调犯罪嫌疑人的人权。而出身于著名律师、大老板家庭的法官们则强调犯罪的预防和社会秩序。法官的理念如何形成、那些理念如何反映在判决中，这是非常重要的问题，但又是几乎无人过问的问题。我们认为在米兰达审判中对社会弱者的同情意识起到了很大的作用。

米兰达审判是美国刑事司法史上最大限度地保护犯罪嫌疑人人权并由此改变刑事司法发展方向的一次划时代的决定。调查程序本质上是强制性的，因此侦查机关与犯罪嫌疑人之间在力量对比上很难达到平衡。在这种情况下，羁押中的犯罪嫌疑人理应通过辩护律师的帮助进行答辩或者干脆拒绝答辩，而米兰达判决为保障赋予犯罪嫌疑人的"反自我归罪特权"和"求得辩护律师权"所提出的原则，正是体现调查阶段"武器对等原则（又称武器平等原则，即在审判中双方必须在对等的地位上进行法庭争论的意思）"的第一步。全面否定现行调查程序的米兰达判决，在供词的证据合法方面摒弃过去的"自愿性"原则，采用了"程序的合法性"（惯例的转变），从而在刑事司法所有领域普及依法从事、保护犯罪嫌疑人权利方面做出了重大的贡献。当时美国司法部正处于以沃伦首席大法官为主根据司法实证主义进行的"刑事程序革命（revolution in criminal procedure）"之中，而米兰达判决意味着"刑事程序革命"的顶点。

现在我们再来看看米兰达判决正确与否的问题。可以说米兰达判决应验了现代一句法律格言："宁愿漏掉十个犯人，也不冤枉一个无辜的人（Better that ten guilty persons escape than that one innocent suffer）。"也许还会存在相反的观点，"处罚十个人，其中难免有一两个是无辜的人"。现在看来，前者将重点放在慎重甄别罪犯以免无辜的人受冤屈上，而后者则把重点放在严惩犯罪、维持社会秩序上。这个问题取决于双方的人生观和社会意识，因此没必要期待一致的意见。不能只考虑自己会成为犯罪被害者的一面，还要考虑有可能成为国家权力被害者的一面。不管是什么时期还是什么场所，现代国家的刑法要求行使司法权的人要深刻反省以各种理由（个人与侦查、审判机关的属性，要求严惩犯罪的社会气氛）将一个无辜的人打成犯罪分子的历史现实，详细规定程序，慎重对等调查和审判。米兰达判决中的多数意见和少数意见虽然在理念上、政策上都站在不同的立场上，但在以法理为基础试图进行激烈的争论这一点上值得深思熟虑。

米兰达判决对美国的侦破程序或刑事审判产生了什么样的实质性影响呢？经过实证我们已经看到在主要犯罪的举报率、自首率以及定罪率方面没有实质性的变化。犯罪嫌疑人绝大多数或者以明辨形式或者以默认形式放弃米兰达权利并在没有律师帮助的情况下应对警方的讯问，警方则据此获取了供词。出现这样的现象，是因为警方采取了以巧妙的方法说服犯罪嫌疑人放弃米兰达原则的侦破技法。而检方与法院以米兰达原则能够减轻在举证和判断供词证据效力方面的负担为由支持米兰达原则。从这个角度上也有人批评米兰达原则成了侦查机关易于操作的事前程序，成了一句"香烟盒上的警告词"。在这一点上，导入并实施米兰达原则的韩国也是一样。如果按照米兰达原则进行讯问，那么就应该允许辩护律师提前介入警方的讯问过程来为犯罪嫌疑人提供帮助，但要做到这一步不管是法律上还是现实中还需要很长的时间。但是，仅就让普通公民认识"国家在惩罚罪犯的同时也十分重视合法程序，即使是暴力犯罪嫌疑人也赋予保护权利"的法律词汇这一点上也有很大的教育价值。

韩国宪法第十二条第二款和第四款规定犯罪嫌疑人的沉默权和寻求辩护律师帮助的权利，第五款规定："任何人未被告知逮捕或拘禁的理由和得到辩护律师帮助的权利，不得被逮捕或被拘禁"，从而将米兰达原则规定为宪法上的国民权利。第五款又添加"抓捕或拘禁犯罪嫌疑人的时候，警方必须即时向其法定家属通知抓捕（拘禁）理由、日期、地点"的规定，强调了后续通知程序。为了进一步保障犯罪嫌疑人或被告人的基本权利，强调刑事诉讼中的合法程序，宪法从第十二条第一款至第七款对上述条款做了具体而详细的规定。这说明韩国宪法已经对过去权威主义时期发生的非法逮捕和拘禁民主运动人士、侵犯他们的人权、给家属带来痛苦的一系列行为作了反思，遵从国民的意愿，命令所有国家机关杜绝侵害犯罪嫌疑人基本权利的事例再次发生。

最后我们再回看一下米兰达审判案的主角米兰达。尽管米兰达成长的家庭非常不幸，但其犯罪行为之凶恶远超大家对其不幸的家庭同情的程度。法院的判决让米兰达暂时松了一口气，但因女友的背叛还是付出了应有的代价。遭女友背叛，其原因也在于他自身。杀死米兰达的凶犯没有受到惩罚，其中有一条法理，就是让米兰达暂时抱有一丝希望。到底怪罪谁、埋怨谁呢？然而，在米兰达审判中的"奇谈怪论"被人们接受的同时给犯罪嫌疑人提供了一只盾牌，这该归功于谁呢？又是什么造化呢？纵观世纪性的审判案例，往往发生"坏当事者"造就"好法理"的怪事。在韩国也经常发生一些特殊的当事者对法律条文作出违背传统说法的"奇谈怪论"式的解释或主张，这时只要我们注意避免先入为主的陷阱，以善意来观察那些"奇谈怪论"，法官们看待世界的眼光就会豁然开朗。

01　苏格拉底审判案

[1] 韩国《高中哲学》教科书，韩国精神文化研究院。

[2] 柏拉图：《苏格拉底的申辩》。

[3] 同上。

[4] 同上。

[5] 同上。

[6] 同上。

[7] 同上。

[8] 同上。

[9] 同上。

[10] 李正浩：《柏拉图对话篇记行2〈斐多篇〉：苏格拉底并没有说过恶法也是法》。

[11] 柏拉图：《斐多篇》。

02   喀提林审判案

[1] 金永振：《重看公元前63年的喀提林"阴谋"——对西塞罗和萨卢斯提乌斯评价的对比》。

[2] 西塞罗：《说服中的政治》。

[3] 盐野七生：《罗马人的故事》。

[4] 同上。

[5] 同上。

[6] 金永振：《重看公元前63年的喀提林"阴谋"——对西塞罗和萨卢斯提乌斯评价的对比》。

[7] 迈克尔·帕伦蒂：《恺撒之死》。

[8] 自公元前149年设立的陪审团审判制度——常设调查机构代替之前的公民大会审判之后在长达200年的时间内以一般刑事法庭发挥作用。

03   托马斯·莫尔审判案

[1] 朴泓圭：《漫步在蒙田的随笔中》。

[2] 同上。

[3] 托马斯·莫尔：《乌托邦》。

[4] 同上。

[5] 同上。

[6] 这是与莫尔同一时代的英国文学家、法学家托马斯·惠廷顿盛赞莫尔才华时说的话。不为私利私欲所动摇，始终按照自己的信仰行事，从这种坚定不移的品德上看，莫尔不愧是"一年四季以不变的气质生活的人"。

[7] 布莱恩·哈里斯：《非正义的行为》。

[8] 同上。

[9] 朴源顺：《世纪审判》。

[10] 布莱恩·哈里斯：《不平等》。

[11] 同上。

[12] 朴源顺：《世纪审判》。

[13] 托马斯·莫尔：《乌托邦》。

[14] 同上。

04 马丁·盖尔审判案

[1] 蒙田：《随想录》。

05 伽利略·伽利雷审判案

[1] 姜明官：《来到朝鲜王朝的西洋物件》。

[2] 朱京哲：《欧洲人的故事》。

[3] 伽利略·伽利雷：《对话》。

[4] 朴源顺：《世纪审判》。

[5] 伽利略·伽利雷：《对话》。

06 查尔斯一世审判案

[1] 韩国《光海君故事》。

[2] 金振汉：《编写宪法的时间》。

[3] 布莱恩·哈里斯：《非正义的行为》。

[4] 同上。

[5] 同上。

[6] 同上。

[7] 同上。

[8] 同上。

[9] 同上。

[10] 约翰·基恩：《民主主义的生存与死亡》。

07　塞勒姆女巫审判案

[1] 罗莎琳·卡普：《塞勒姆村的巫女们》。

[2] 同上。

[3] 同上。

08　马伯里审判案

[1] 李范俊：《宪法法庭，述说韩国现代史》。

[2] 亚历山大·汉密尔顿、詹姆斯·麦迪逊、约翰·杰伊：《联邦论》（美国宪法评述）。

[3] 韩国美国史学会：《史料中的美国史》。

[4] 这是1819年9月6日杰斐逊总统写给斯宾塞·罗恩（Spencer Roane）信中的部分内容。

[5] 金振汉：《编写宪法的时间》。

09　德雷德·斯科特审判案

[1] 林尚赫：《小人是奴婢》。

[2] L.伦德纳·卡斯特、西蒙·郑：《推翻美国历史的审判31》。

[3] 同上。

10　德雷福斯审判案

[1] 朴源顺：《世纪审判》。

[2] 艾米尔·左拉：《我控告》。

[3] 朴源顺：《世纪审判》。

[4] 尼赫拉斯·哈拉斯：《我控告》。

[5] 同上。

[6] 韩国网络报刊Money Today：《随着时间的流逝记忆渐渐消失》。

11　洛克纳审判案

[1] 工人人数超过300人的企业和公共机关从7月1日起，工人人数在50～299人的企业从2020年1月1日起，工人人数在5～49人的企业从2021年7月1日起必须遵守每周工作时间不能超过52小时的规定。

[2] L. 伦德纳·卡斯特、西蒙·郑：《推翻美国历史的审判31》。

12　潘克赫斯特审判案

[1] 1947年9月2日，由5名法官组成的最高法院民事部宣告的这一判决由于过于激进，引发了韩国国内首次的宪法审判争议。

[2] 朴锡芬：《女性人物史——世界篇》。

[3] 同上。

[4] 米歇尔·伊莎伊：《世界人权思想史》。

[5] 理查德·阿尔蒂克：《维多利亚时代的人和思想》。

[6] 李南姬：《英国女性参政论者的反对者们》。

[7] 朴锡芬：《女性人物史——世界篇》。

[8] 艾米琳·潘克赫斯特：《关于我自己的故事》。

[9] 同上。

[10] 李南姬：《性别、身体、政治权利——英国女性参政论者的形象分析》。

13 布朗审判案

[1] L. 伦德纳·卡斯特、西蒙·郑：《推翻美国历史的审判31》。

14 艾希曼审判案

[1] 宋忠基：《纳粹为什么屠杀犹太人》。

[2] 汉娜·阿伦特：《艾希曼在耶路撒冷》。

[3] 同上。

[4] 同上。

[5] 同上。

[6] 阿兰·施皮奥：《法律人的出现》。

15 米兰达审判案

[1] 申东云：《新的人身束缚制度研究》。

[2] 权永法：《供认和沉默权以及米兰达审判》。

[3] 同上。

[4] 同上。

[5] 朴承玉：《米兰达原则》。

[6] 同上。

激发个人成长

多年以来，千千万万有经验的读者，都会定期查看熊猫君家的最新书目，挑选满足自己成长需求的新书。

读客图书以"激发个人成长"为使命，在以下三个方面为您精选优质图书：

1. 精神成长

熊猫君家精彩绝伦的小说文库和人文类图书，帮助你成为永远充满梦想、勇气和爱的人！

2. 知识结构成长

熊猫君家的历史类、社科类图书，帮助你了解从宇宙诞生、文明演变直至今日世界之形成的方方面面。

3. 工作技能成长

熊猫君家的经管类、家教类图书，指引你更好地工作、更有效率地生活，减少人生中的烦恼。

每一本读客图书都轻松好读，精彩绝伦，充满无穷阅读乐趣！

认准读客熊猫

读客所有图书，在书脊、腰封、封底和前后勒口都有"**读客熊猫**"标志。

两步帮你快速找到读客图书

1. 找读客熊猫

2. 找黑白格子

马上扫二维码，关注"**熊猫君**"

和千万读者一起成长吧！